DICCIONARIO DE ECONOMÍA Y EMPRESA

Coordinador general
Miguel Ángel Galindo Martín

Obra compuesta por nueve volúmenes referidos a los campos más importantes de la economía y de la administración de empresas:

DICCIONARIO DE HISTORIA DEL PENSAMIENTO ECONÓMICO
Economistas, escuelas y corrientes de pensamiento económico.
Luis Perdices de Blas (Universidad Complutense de Madrid)

DICCIONARIO DE ECONOMÍA APLICADA
Política económica, economía mundial y estructura económica.
Miguel Ángel Galindo Martín (Universidad de Castilla-La Mancha)

DICCIONARIO DE TEORÍA ECONÓMICA
Luis Palma Martos (Universidad de Sevilla)

DICCIONARIO DE FINANZAS
Juan José Durán Herrera (Universidad Autónoma de Madrid)

DICCIONARIO DE CONTABILIDAD, AUDITORÍA Y CONTROL DE GESTIÓN
Araceli Mora Enguídanos (Universidad de Valencia)

DICCIONARIO DE ECONOMÍA SOCIAL
Inmaculada Carrasco Monteagudo (Universidad de Castilla-La Mancha)

DICCIONARIO DE ECONOMÍA PÚBLICA
Santiago Álvarez García (Universidad de Oviedo)

DICCIONARIO DE DIRECCIÓN DE EMPRESAS Y MARKETING
Miguel Ángel Sastre Castillo (Universidad Complutense de Madrid)

DICCIONARIO DE ESTADÍSTICA Y ECONOMETRÍA
Javier Martín Pliego (Universidad Rey Juan Carlos)

GOBIERNO DE ESPAÑA MINISTERIO DE CULTURA

Esta obra ha sido publicada con una subvención de la Direccion General del Libro, Archivos y Bibliotecas del Ministerio de Cultura, para su préstamo público en Bibliotecas Públicas, de acuerdo con lo previsto en el artículo 37.2 de la Ley de Propiedad Intelectual.

Diccionario de Economía y Empresa.
Director: Miguel Ángel Galindo Martín

Diccionario de Teoría Económica

Cristo, 3 - 28015 Madrid (España).
Tel.: 915 595 130 - Fax: 915 595 072
www.ecobook.com

Imprime: Top Printer Plus, S.L.L.

ISBN Obra general: 978-84-96877-11-5
ISBN formato papel: 978-84-96877-43-6
ISBN formato e-book: 978-84-96877-44-3
Depósito legal: M-54503-2010

DICCIONARIO DE TEORÍA ECONÓMICA

COORDINADOR
LUIS PALMA MARTOS

LUIS FERNANDO AGUADO QUINTERO
CRISTINA BORRA MARCOS
ANTONIO GARCÍA SÁNCHEZ
CARMEN GONZÁLEZ CAMACHO
MANUEL JAEN GARCÍA
JOSÉ LUIS MARTÍN NAVARRO
MARÍA LUISA PALMA MARTOS
LAURA PIEDRA MUÑOZ
MARÍA LUISA RIDAO CARLINI
ASUNCIÓN RODRÍGUEZ RAMOS
CARLOS VILLAR RODRÍGUEZ

Nota del coordinador

Cuando el profesor Miguel Angel Galindo, coordinador general de esta obra, me propuso la estimulante tarea de confeccionar un diccionario de Teoría económica no calibré el esfuerzo que tal tarea supondría. En cualquier caso hubiera aceptado su envite.

Hemos tratado en las 850 voces que componen este diccionario cubrir los ámbitos más representativos de la Teoría Económica, con el inconveniente, o quizás la ventaja, de tener que encuadrar nuestro trabajo en una serie de diccionarios ya publicados, alguno de los cuales, sobre todo el de Economía Aplicada, ya habían tratado muchos de los términos. Cada diccionario de la serie ha buscado y a la vista del resultado, creo, conseguido trazar los elementos básicos de su disciplina. Así, la obra refleja un todo integrado, naturalmente uno de sus objetivos. En el diccionario que introduzco con estas líneas hemos incorporado junto con las voces imprescindibles, algunas próximas a los intereses docentes e investigadores de los autores y que constituyen líneas emergentes del análisis económico.

Coordinar la realización de las voces y cumplir con los plazos han sido tareas, enriquecedora la primera, generadora de desasosiego la segunda. Al culminar el trabajo debo agradecer la paciencia y comprensión del profesor Galindo y de la editorial, en la persona de María García Morales.

También debo agradecer la colaboración de los autores de las voces, en especial a los profesores José Luis Martín Navarro y Asunción Rodriguez Ramos por su ayuda en la revisión del documento y la discusión de algunos de sus contenidos. El tedioso trabajo de poner orden en el manuscrito final y tratar de evitar erratas de última hora, que ha llevado a cabo Jose Luís García Hidalgo, nunca estará suficientemente pagado, si bien quiero dejar, al menos, testimonio de mi agradecimiento.

LUIS PALMA MARTOS
Mairena del Alcor, Noviembre de 2010

Colaboradores y siglas

Aguado Quintero, Luis Fernando • Universidad de Sevilla • L.F.A.Q.
Borra Marcos, Cristina • Universidad Pontificia Javeriana. Cali. Colombia • C.B.
García Sánchez, Antonio • Universidad de Sevilla • A.G.S.
González Camacho, Carmen • Universidad de Sevilla • C.G.C.
Jaen García, Manuel • Universidad de Almería • M.J.
Martín Navarro, José Luis • Universidad de Sevilla • J.L.M.
Palma Martos, Luis • Universidad de Sevilla • L.P.M.
Palma Martos, María Luisa • Universidad de Sevilla • M.L.P.
Piedra Muñoz, Laura • Universidad de Almería • L.P.
Ridao Carlini, María Luisa • Universidad de Sevilla • M.L.R.
Rodríguez Ramos, Asunción • Universidad de Sevilla • A.R.R.
Villar Rodríguez, Carlos • Univerisdad de Sevilla • C.V.

Voces

A

abaratar. Reducir el precio. Puede ser tanto de un producto como de un factor de la producción o de cualquier activo. Si se produce por el funcionamiento del mercado, puede ser por aumento de oferta de un artículo, por falta de demanda, por competencia comercial, o por haber caído en desuso, no ser de temporada o haber pasado de moda. También puede producirse por un cambio en el marco normativo e institucional que regula la economía. (A.G.S.)

abundancia. Situación en la que las existencias de productos o la disponibilidad de recursos son elevadas respecto a la demanda o a las cantidades requeridas de los mismos. En tal caso, los productos o recursos abundantes tienden a experimentar disminuciones de su precio, a menos que sean susceptibles de acumularse para ser vendidos en futuras situaciones de reducida disponibilidad, que constituyen la situación de escasez, opuesta a la de abundancia.
La abundancia en sentido estricto, como opuesta a la escasez, requeriría una oferta ilimitada de los productos que son deseados por los individuos; pero, al ser las necesidades de éstos también ilimitadas, tan sólo podría alcanzarse en el caso de los bienes libres (o no económicos) como el aire u otros semejantes. (A.G.S.)

acaparamiento. Acción y estrategia para acumular productos o recursos antes de que lleguen al mercado, para su posterior consumo, uso o venta. Puede estar motivada por estrategias de competencia comercial entre empresas (restringir el número de competidores y lograr mayores márgenes comerciales) o por motivos especulativos (expectativas de aumento del precio con el tiempo), pero también por motivos de previsión ante situaciones de riesgo e incertidumbre económica derivadas de la inestabilidad social, política o militar. En cualquier caso, el acaparamiento se basa en la previsión de un aumento de la demanda y es una práctica especulativa. Para que una mercancía pueda ser "acaparable" es necesario que su oferta no pueda aumentar rápidamente en el tiempo y que no tenga sustitutos próximos; y, de otra parte, que su demanda sea inelástica, es decir, que las reacciones en las cantidades demandadas (reducciones) sean menos que proporcionales a las variaciones (aumentos) en el precio. Algunos bienes agrícolas, materias primas y fuentes de energía cumplen con estas condiciones, pero también lo hacen ciertos medicamentos. El acaparamiento sólo es posible en mercados muy reducidos, donde no hay suficientes oferentes y donde las comunicaciones son escasas e imperfectas. En un mercado abierto de dimensiones mundiales (¿globalizado?) el acaparamiento es una práctica especulativa de muy alto riesgo, que puede generar pingües beneficios pero también elevadísimas pérdidas a quienes la realizan. (A.G.S.)

acción. Documento que acredita haber aportado una determinada cantidad de dinero al capital de una sociedad, por lo que constituye una participación proporcional de su poseedor en el capital de dicha sociedad. Por su aspecto físico original y porque constituyen un título legítimo de participación en el capital de la sociedad (título de propiedad) es común referirse a ellas como "Título"; no obstante, en la actualidad pueden consistir en simples anotaciones en el correspondiente registro. Si en las acciones figura el nombre de su poseedor se dice que son "a la orden", mientras que si carecen de tal especificación se dice que son "al portador". Este hecho afecta a su transmisión: las acciones a la orden se traspasan mediante endoso, en tanto que las que son al portador pueden ser compradas y vendidas libremente en la bolsa de valores al precio (conocido como cotización o curso) que determine la interacción entre su oferta y demanda. Cada acción da derecho a percibir una parte proporcional del beneficio obtenido por la sociedad, lo que se conoce como "dividendos", y a participar en las decisiones que afecten a la sociedad con una cuota proporcional de voto. Por el contrario, el dueño de la acción no tiene derecho a exigir de la sociedad el reintegro del capital aportado, aunque sí puede vender la acción en el mercado o bolsa de valores, endosarlas o transferirlas como cualquier otro título de propiedad.

La suma o cantidad indicada en la acción representa su "valor nominal"; es el valor inicial al cual fueron emitidas y representa la aportación inicial al capital de la sociedad. Por lo general, no coincide con su cotización en el mercado de valores (que oscila constantemente) ni con el precio al que se negocian (intercambian) las acciones en un momento dado; este "precio de venta real" se denomina "curso de la acción". La cotización y el precio al que se negocian las acciones (curso) reflejan multitud de elementos. De un lado los que tienen que ver con la sociedad, tanto su valor nominal como la actitud de confianza o desconfianza que tengan los inversores hacia dicha sociedad: expectativas sobre los dividendos futuros, ampliaciones, evolución en el mercado, etc. De otro lado, también influye un conjunto de factores macroeconómicos: rendimiento de otro tipo de obligaciones, tasa general de interés, expectativas respecto a la evolución del conjunto de la economía, medidas de política económica y/o sectorial, regulación pública del mercado, etc. (A.G.S.)

aceleración (principio de). Teoría según la cual la inversión varía principalmente en función de la tasa de variación de la renta nacional y según su nivel absoluto. De acuerdo con este principio (teoría del acelerador) en períodos de crecimiento de la renta dicho crecimiento requiere una inversión adicional para aumentar la producción de bienes de consumo; por el contrario, en fases en que la renta disminuye o es constante no se requiere nueva inversión, o sólo se necesita la destinada a reemplazar, por desgaste, el equipo instalado. El acelerador surge en la medida en que, cuando la renta crece, cada incremento de la renta induce un aumento más que proporcional de la inversión. Esto significa que la inversión no sólo es función de las variaciones de la renta sino que el nivel de la nueva inversión será un múltiplo de la variación de la renta. Dicho múltiplo se denomina coeficiente acelerador, o simplemente acelerador. (A.G.S.)

acelerador. Es el parámetro por el cual debe multiplicarse una variación dada de la renta nacional para obtener el aumento de inversión que esa renta inducirá. Puesto que en las representaciones funcionales suele utilizarse la letra griega "α" para representar este multiplicador, es común referirse a él como "acelerador alfa". (A.G.S.)

acelerador (teoría del). *Véase:* Aceleración, principio de.

acomodación. Acción de política monetaria consistente en fijar unos objetivos de crecimiento e inflación y posteriormente fijar el Banco Central los tipos de interés de acuerdo con la evolución de la inflación, sin atender a otros objetivos. (A.G.S.)

actividad económica. Conjunto de acciones emprendidas por el ser humano para utilizar, combinar y transformar los recursos disponibles en la naturaleza para aplicarlos a la satisfacción de sus necesidades. En los procesos de combinación juegan un papel cada vez más importante tanto los bienes previamente obtenidos (bienes de capital) como el conocimiento y la capacidad creativa (creatividad) de los individuos participantes en dichos procesos.

Puesto que, como resultado de la actividad económica, se obtienen diferentes volúmenes de producción de bienes y servicios, es común utilizar por extensión este concepto para referirse a la evolución del volumen total de producción (a veces a través del indicador que supone su valor monetario). En estos términos se utiliza en expresiones como: "*Durante la crisis, la actividad económica cayó a una tasa superior al 2% anual*".

Es frecuente establecer números índice del valor monetario de la producción como indicadores de la actividad económica. Aunque puede calcularse para cualquier desagregación sectorial, es usual referirse a los principales sectores productivos: primario, industria, manufacturas, construcción, servicios.

Existe una relación directa entre actividad económica y empleo, de forma que (todo lo demás constante) un incremento en la actividad económica genera un incremento en el volumen de empleo en una economía. No obstante, esta relación evoluciona en el tiempo debido a los cambios en la función de producción, es decir, debido a los cambios en la forma en que se combinan los factores de la producción, el conocimiento y la creatividad. Esto es, la relación entre actividad económica y empleo depende de la tecnología empleada, entendida ésta en un sentido amplio. (A.G.S.)

aduana. Oficina pública establecida en las fronteras de un Estado para registrar las mercancías que pasan por ella -ya sean exportadas o importadas- y cumplir diversas funciones. De una parte, permiten el control técnico y sanitario de las mercancías en tránsito, por lo que suponen un necesario mecanismo de garantía y protección tanto de los consumidores como de la competencia. Pero, de otra, pueden tener un marcado componente fiscal mediante el cobro de los derechos y aranceles correspondientes a los movimientos de mercancías, lo que aporta una cierta proporción de los ingresos fiscales al Estado.

Este segundo objetivo introduce restricciones al comercio internacional por cuanto modifica los precios relativos de los bienes y servicios y por tanto las condiciones en las que compiten las empresas de los diferentes países, lo que tiene consecuencias sobre las posibilidades de elección de los consumidores y por tanto sobre su bienestar. Aunque el primer objetivo es *a priori* neutral en cuanto al comercio internacional, también puede utilizarse para condicionar los flujos de mercancías mediante el establecimiento de controles técnicos, sanitarios y estándares que favorezcan a unos productores en detrimento de otros.

Las aduanas son instituciones que expresan la soberanía de un Estado y por tanto, pueden instituirse de forma individual o mediante asociaciones de diferente tipo (uniones aduaneras, asociaciones de libre cambio, uniones económicas, etc.). En estos casos, cada estado cede parte de su soberanía a una entidad supranacional, al objeto de tener unas fronteras comerciales y aduanas comunes frente a terceros países y favorecer así los intercambios de bienes y servicios entre los países que forman parte de la asociación.

En ciertos regímenes de tipo federal existen también aduanas interiores que realizan las funciones de control y registro mencionadas, pero que no cobran derechos de importación o exportación. (A.G.S.)

agente económico. Los agentes económicos son cada una de las unidades de decisión que intervienen en los procesos de producción y distribución derivados de la actividad económica. Los agentes económicos intervienen tanto en las transacciones en el mercado (y fuera del mercado) como en la definición del marco jurídico, legal e institucional en el que la actividad económica se desarrolla. Es usual clasificar los agentes económicos en tres grupos: familias (economías domésticas), empresas y estado (sector público, en sentido más amplio).

Las familias (economías domésticas) juegan un doble papel en los mercados: son a la vez las unidades elementales en la demanda de consumo en los mercados de bienes y servicios, al tiempo que también son las propietarias de los recursos productivos (trabajo -incluidos el conocimiento, la creatividad y todo lo que entendemos como "capital humano"-, tierra y capital), que ofrecen a las empresas en los mercados de factores. Los bienes y servicios que adquieren en los mercados los pagan con los ingresos que obtienen de las empresas como remuneración a los factores en los mercados de factores.

El concepto de "economía doméstica" se suele usar para entender el agente económico "familia" en un sentido amplio. En general se considera que las economías domésticas sólo consumen, no producen, a pesar de que existan fenómenos conocidos de autoconsumo (especialmente en países y regiones menos desarrolladas y en zonas rurales), así como el autoconsumo de determinados servicios en los hogares (limpieza, cocina, etc.). Más allá de las dificultades que este hecho pueda entrañar a la hora de cuantificar el valor monetario de la actividad económica, podemos afirmar que las economías domésticas no realizan producción destinada a su venta en el mercado.

Las empresas son los agentes económicos cuya actividad está destinada fundamentalmente a la producción de bienes y servicios para su venta en el mercado. Para realizar su actividad necesitan factores productivos que les entregan las familias y bienes intermedios que adquieren en los mercados a otras empresas. A cambio de los factores de la producción pagan: sueldos y salarios como contrapartida del trabajo; intereses, beneficios, dividendos, etc., como contrapartida del capital; alquileres o simplemente renta como contrapartida de la tierra. Los bienes y servicios producidos por las empresas son ofrecidos en los mercados a las familias, a otras empresas y al sector público, que entregarán a cambio su precio. En ocasiones, se distingue entre empresas financieras y no-financieras, para diferenciar el papel especial que las empresas financieras juegan en las economías de mercado.

El sector público es el agente económico cuya intervención en la actividad económica es más compleja. De un lado, es el encargado de definir el marco jurídico legal e institucional en el que se desarrolla la actividad económica (es decir, de establecer las condiciones en las que los agentes toman sus decisiones) y de garantizar su adecuado funcionamiento. Por otra parte, a diferencia de los otros agentes económicos, utiliza su capacidad coactiva tanto para recaudar impuestos (de las empresas y de las economías domésticas), como para destinar parte de dichos ingresos a realizar transferencias sin contrapartida a ciertas empresas que considere de interés social o a algunas familias mediante subsidios de desempleo, pensiones de jubilación y otras. Además, el Estado acude a los mercados de factores como demandante y a los mercados de bienes y servicios como oferente y como demandante. Por último, ofrece gran cantidad de servicios al margen del mercado: defensa, cultura, sanidad, educación, seguridad. (A.G.S.)

ahorro. Parte de la renta, que no es gastada en los bienes y servicios que forman parte del consumo corriente, y que se reserva para satisfacer necesidades futuras. Esto lleva a abordar la cuestión de elección intertemporal de consumo, en la que cada consumidor puede elegir entre gastar toda su renta en el período presente, aplazar una parte de dicho consumo mediante el ahorro o bien anticipar el consumo de las rentas futuras mediante el endeudamiento. En esta decisión juega un papel relevante el tipo de interés (remuneración del ahorro y coste del endeudamiento) que hace que el consumo futuro se abarate o encarezca relativamente respecto al consumo presente. En términos porcentuales, la parte de la renta que se ahorra se denomina "propensión marginal al ahorro" y su opuesta "propensión marginal al consumo".
Ahorran las familias o economías domésticas cuando reservan parte de su ingreso neto para realizar inversiones (vivienda fundamentalmente), financiar la adquisición de bienes de consumo duradero (automóvil, electrodomésticos, etc.), mantenerlo como fondo ante eventualidades diversas, o simplemente para su consumo futuro (incluido el consumo por generaciones futuras). De otra parte, se habla también del ahorro de las empresas, para hacer referencia a la parte de los beneficios que no es pagada en impuestos ni distribuida como dividendos entre los accionistas.
El dinero ahorrado generalmente se deposita en cuentas bancarias (retribuidas con un cierto interés), lo que permite canalizar, mediante préstamos otorgados por el sistema bancario, el ahorro hacia la inversión.
Existe, por lo tanto, una relación clara entre la proporción del ingreso nacional que se destina al ahorro y la magnitud de la inversión y de la formación de capital. Esta relación resulta determinante para el crecimiento económico: sólo cuando el ahorro se canaliza hacia la inversión se generan las condiciones para el crecimiento futuro. Por el contrario, si no se canalizase tan sólo se estaría reduciendo la demanda presente y con ella la actividad económica.

Igualmente determinante es alcanzar un volumen de ahorro suficiente para financiar la inversión: si el consumo fuese excesivo el ahorro sería insuficiente para financiar la inversión, lo que dificultaría la reposición del equipo productivo y generaría una caída en la capacidad productiva futura. Si los mercados de capitales funcionan correctamente, el tipo de interés resultante emitirá las señales necesarias para que el volumen de ahorro sea el necesario para financiar la inversión. (A.G.S.)

área de librecambio. Área resultante de un Tratado de Librecambio entre dos o más países, mediante el cuál se eliminan los aranceles y otras barreras al comercio entre ellos, aunque cada país mantiene su política comercial respecto a terceros países.

Aunque este hecho permite una mayor autonomía financiera a los países miembros que una unión aduanera, las diferencias en la política comercial frente a terceros países genera problemas en el tratamiento de las reexportaciones de bienes o insumos importados, pues éstos quedan sujetos a diferentes tarifas según sea el país por el que entren, lo que requiere el mantenimiento de aduanas internas a estos efectos. Estas dificultades pueden desvirtuar por completo el sentido del acuerdo de librecambio, por lo que las uniones aduaneras se muestran como una opción más eficaz como mecanismo de integración comercial entre países. (A.G.S.)

asignación de recursos. Distribución de los recursos económicos existentes entre diversos usos alternativos. La asignación de recursos constituye uno de los problemas económicos básicos como consecuencia de la escasez de dichos recursos, mientras que sus posibles empleos (necesidades que pueden satisfacer) no lo son (de hecho, se dice que las necesidades son ilimitadas). De esta forma, es necesario elegir cómo asignar los recursos (combinarlos adecuadamente) disponibles de forma que se contribuya en la mayor medida posible a lograr los objetivos de la sociedad.

La atención de la teoría económica se ha centrado en resolver el problema de cómo determinar la asignación de recursos más eficiente posible, entendida como aquella que permite obtener el mayor volumen de producción con el menor uso de recursos. Si cada uno de los factores productivos tiene un precio de mercado y si cada uno de los productos que es posible producir se vende también a un precio de mercado, es posible encontrar la solución a este problema como resultado de la agregación de la resolución de los problemas individuales (elección individual) de optimización condicionada. Ello es así porque en el proceso de toma de decisiones, cada agente tiene en cuenta el coste de oportunidad asociado a dicha decisión, esto es, los ingresos que dejan de obtenerse por no dedicar los recursos disponibles a otras actividades (la mejor alternativa posible) o la satisfacción a la que renuncian por no elegir la mejor de las alternativas de consumo disponibles. (A.G.S.)

auge. Fase expansiva del ciclo económico caracterizada por un aumento en la producción y una disminución parcial o total del desempleo; es la etapa opuesta a la de recesión dentro de la fluctuación periódica de las actividades que se denomina ciclo económico. (A.G.S.)

autarquía. Situación en la cual un país se aísla del comercio internacional, procurando consumir sólo lo que produce internamente. Por lo general, esta decisión está motivada por consideraciones culturales o políticas (ya sea por nacionalismo económico o por bloqueo internacional derivado de sanciones políticas). Esta autosuficiencia se consigue usualmente a través de férreos controles, restricciones no arancelarias y prohibiciones directas. Entre las consecuencias de la autarquía se encuentran el atraso tecnológico (aislamiento de la corriente de innovación y de la actividad tecnológica internacional), el encarecimiento de los bienes producidos y la disminución de la variedad de la oferta nacional. El término es igualmente aplicable a cualquier unidad económica, no sólo a las economías nacionales. (A.G.S.)

autoridad monetaria. Término genérico con el que nos referimos a la entidad que controla la oferta monetaria de una determinada moneda y tiene el derecho de fijar las tasas de interés, y otros parámetros que controlan el coste y la disponibilidad de dinero, así como de establecer la política monetaria adecuada para velar por la estabilidad de la divisa y la evolución de la inflación. Habitualmente toma la forma de un banco central, independiente del poder ejecutivo, aunque a menudo el gobierno tiene el control *de facto* sobre la política monetaria mediante el control del banco central. Hay otros acuerdos, por ejemplo, un banco central de varias naciones, una caja de conversión que limita la emisión de moneda y coordina las actividades de varias entidades que pueden emitir billetes o monedas. Ésta es la forma que adopta el Sistema Monetario Europeo, con el Banco Central Europeo a la cabeza, encargado de fijar la política monetaria en la "zona euro" y de coordinar los Bancos Centrales de cada uno de los países que forman parte del sistema en el llamado Sistema Europeo de Bancos Centrales. (A.G.S.)

aversión al riesgo. Preferencia de los agentes a favor de opciones que reducen el riesgo asociado a la incertidumbre. Supone la actitud de minimizar el riesgo por parte de los agentes, ya que, dadas dos opciones con igual rendimiento previsto, se elegirá la que tenga un nivel menor de riesgo. Ante dos opciones de igual riesgo, elegirá la de mayor rendimiento esperado. Dicho de otro modo, sólo se acepta un incremento en el nivel de riesgo si el rendimiento esperado también se incrementa. Se asume que esta afirmación es universal y todos los inversores actuarán de esta forma.

La aversión al riesgo no sólo hace que la relación entre rendimiento y riesgo sea directa, sino que un individuo con aversión al riesgo sólo aceptaría una opción más arriesgada si llevase asociado un incremento del rendimiento más que proporcional.

Un individuo con aversión al riesgo nunca participaría en una lotería o juego de azar, puesto que el valor esperado es cero mientras que el valor cierto es negativo (cantidad apostada). Pero sí que contratará una póliza de seguro, puesto que consigue protegerse de una posible pérdida relativamente grande en el futuro a cambio de un coste relativamente reducido en el presente (prima de seguro). Es decir, el riesgo es asegurable. (A.G.S.)

azar moral. Es el riesgo derivado de que la existencia de un contrato puede generar un incentivo para que una o ambas partes del mismo modifiquen su comportamiento. Son ejemplos típicos la relajación en las medidas de seguridad al contratar un seguro (especialmente contra robos, incendios o responsabilidad civil), que al pactar un precio fijo por un producto a entregar en un plazo se reduzca la calidad o se alarguen los plazos o que en un contrato de agencia el agente no siga adecuadamente las directrices del principal.

Es posible referirse también a este concepto como riesgo moral. (A.G.S.)

B

balanza de pagos. Documento contable en el que se registran, de forma sistemática, todas las transacciones económicas de un país con el resto del mundo en un periodo de tiempo determinado (normalmente un año). Puesto que dichas transacciones se contabilizan por su valor monetario, puede entenderse la Balanza de Pagos como la relación entre la cantidad de dinero que un país gasta en el extranjero y la cantidad que ingresa de otras naciones.

El concepto de Balanza de Pagos no sólo incluye el comercio de bienes y servicios, sino también el movimiento de capitales, la ayuda al desarrollo, las inversiones extranjeras, los gastos militares y la amortización de la deuda pública.

La Balanza de Pagos se compone por las siguientes cuentas:

A. Cuenta Corriente
- 1. Balanza Comercial
- 2. Servicios
- 3. Rentas
- 4. Transferencias

B. Cuenta de Capital

C. Cuenta Corriente + Cuenta de Capital

D. Cuenta Financiera
- D.1. Total excepto Banco de España.
  - 1. Inversiones directas
  - 2. Inversiones en cartera
  - 3. Otras inversiones
  - 4. Derivados financieros
- D.2. Banco de España (variación de reservas y otros activos).

E. Errores y omisiones.

La cuenta corriente se subdivide en cuatro balanzas básicas: comercial (bienes), servicios, rentas y transferencias.
La balanza de bienes, también llamada de comercial o de mercancías, recoge todas las transacciones de bienes físicos o tangibles.
La balanza de servicios incluye turismo y viajes, transportes, comunicaciones, construcción, seguros, servicios financieros, informáticos, culturales y recreativos, tanto si son prestados a las empresas, como a las personas o a las diferentes agencias y organismos públicos (gobierno, comunidades autónomas, entidades locales y demás entes públicos), royalties y rentas de la propiedad intelectual.
En la cuenta de rentas, los ingresos son las rentas percibidas por los propietarios de factores (trabajo o capital) nacionales empleados en el extranjero, mientras que los pagos son las rentas que pagamos a extranjeros propietarios de factores productivos (trabajo o capital) empleados en nuestro país.
La cuenta de transferencias recoge las remesas de emigrantes, los impuestos, las prestaciones y cotizaciones a la Seguridad Social, donaciones destinadas a la adquisición de bienes de consumo, retribuciones a personal que presta servicios en el exterior en programas de ayuda, pensiones alimenticias, herencias, premios literarios, artísticos, científicos y otros, premios de los juegos de azar, cotizaciones a asociaciones benéficas, recreativas, culturales, científicas y deportivas, etc.
La cuenta de capital española recoge principalmente las transferencias de capital de las administraciones públicas con la Unión Europea (fondos de cohesión, FEDER y FEOGA) junto a otras partidas menores que proceden de la enajenación o adquisición de activos inmateriales no producidos o por la liquidación del patrimonio de emigrantes.
Las inversiones directas son aquellas en las que el inversor busca obtener una rentabilidad permanente y mantener influencia en los órganos de dirección de la empresa invertida.
Las inversiones de cartera son las adquisiciones de valores negociables cuando representen un porcentaje menor de la empresa invertida (el FMI establece el umbral en el 10% del capital) y no tienen como objetivo mantener influencia en los órganos de dirección de la empresa.
En otras inversiónes se recogen operaciones de préstamos comerciales y financieros.
Los derivados financieros incluyen las opciones, los futuros financieros, los warrants (tanto sobre acciones como sobre otros valores), las compraventas de divisas a plazo, los acuerdos de tipos de interés futuro, las permutas financieras de moneda o de tipos de interés y cualquier otra permuta financiera o *swap*, ya sea sobre índices, cotizaciones medias, o cualquier otra clase de activos.
La variación de la cuenta del Banco de España con el Eurosistema es la contrapartida principal de todas las operaciones de la Balanza de Pagos, cualquiera que sea su moneda originaria, el país del no residente, el sector institucional

residente y la naturaleza financiera o no de la operación, mientras que la variación de las reservas es el resultado de decisiones propias ligadas a su política de gestión de sus activos y a las directrices del Banco Central Eropeo.
El saldo global de la Balanza de Pagos es por tanto el resultado de sumar los saldos de las cuentas corrientes, las de capital, las financieras, y los errores que se hayan podido detectar en los cálculos y siempre será cero.
La existencia de superávit o déficit en alguna sub-balanza es algo normal; tan sólo será preocupante la situación cuando el desequilibrio sea muy importante y cuando se mantenga de forma sostenida en el tiempo. (A.G.S.)

balanza exterior. *Véase:* Balanza de Pagos.

balanza tecnológica. Registro del flujo de fondos entre un país y el resto del mundo debido a transacciones relativas a derechos de propiedad industrial en aspectos tales como patentes, licencias, *know-how* y asistencia técnica. La balanza tecnológica de un país recoge, por tanto, los ingresos obtenidos por venta de tecnología nacional al exterior frente a los pagos por adquisición de tecnología ajena. Debemos tener en cuenta que sólo se incluye las operaciones efectuadas por vía contractual, mientras que quedan al margen las que se llevan a cabo por la vía del comercio exterior de bienes y servicios con tecnología incorporada, así como las realizadas en el marco de una inversión directa. (A.G.S.)

banca. Término utilizado para referirse a los bancos comerciales y demás instituciones de intermediación financiera que, en sus diferentes modalidades, conforman el sistema bancario. También se usa para referirse al conjunto de actividades de bancos e instituciones de intermediación financiera en expresiones como "actividades de banca". (A.G.S.)

banca privada. Son las instituciones financieras de propiedad particular que realizan funciones de captación y financiamiento de recursos, persiguiendo con ello una utilidad o beneficio como resultado fundamentalmente del diferencial entre las tasas de interés aplicado al activo y pasivo. (A.G.S.)

banco central. Institución pública que constituye la autoridad monetaria de un país; posee y administra las reservas internacionales y tiene pasivos en forma de depósitos a la vista de otros bancos y de las entidades públicas del país o de particulares. Los bancos centrales constituyen la autoridad monetaria de un país. Aunque todos los objetivos de la política económica son también suyos, su consideración prioritaria es la estabilidad de los precios y el tipo de cambio. En la mayoría de las economías más desarrolladas, los bancos centrales poseen una alta independencia y una gran autonomía operativa con respecto a los poderes públicos, con lo que se busca garantizar una política monetaria independiente, alejada de los vaivenes de la política cotidiana y capaz de ofrecer un entorno monetario estable a las actividades económicas privadas. La tendencia actual en los países occidentales es a reforzar aún más la tradicional independencia de los bancos centrales con respecto a los gobiernos para garantizar así la estabilidad económica.

En los países de la Unión Europea que forman parte de la Unión Económica y Monetaria, las funciones de banco central las cumple el Banco Central Europeo y el Sistema Europeo de Bancos Centrales.

Las funciones precisas de un banco central varían según las regulaciones legales de cada país pero, en general, incluyen:

Fijar la política monetaria, realizando operaciones de mercado abierto, fijando la tasa de interés o de descuento para bancos comerciales, determinando el coeficiente legal de caja que éstos deben mantener y regulando diversos aspectos de sus operaciones;

regular la circulación fiduciaria mediante la emisión y puesta en circulación de moneda nacional, retirando la deteriorada y garantizando un suministro de efectivo adecuado a las necesidades del comercio;

actuar como banco de bancos y prestamista de última instancia, mediante la custodia y control del volumen de las reservas de la banca privada, el préstamo a los bancos comerciales (para que puedan hacer frente a sus eventuales necesidades y compromisos) a un tipo interés que se determina en función de las estrategias de la política monetaria y la coordinación e intervención en el mercado interbancario (es decir, conocen y controlan los préstamos que los bancos privados se conceden entre sí);

control e inspección mediante el diseño de las normas de funcionamiento de la banca privada, la autorización de la apertura de nuevos bancos y entidades de crédito, la inspección de su funcionamiento y la imposición de sanciones en su caso;

control de cambios, a través de la centralización de las reservas de divisas (lo que incluye no sólo las monedas y billetes emitidos por el extranjero sino también las cuentas en instituciones bancarias y los efectos a cobrar en el exterior), la gestión de los cambios de divisas y el control de todos los cobros y pagos internacionales. Frecuentemente se encargan de elaborar la Balanza de Pagos;

asesoramiento, mediante la elaboración de informes y el mantenimiento de publicaciones periódicas de carácter estadístico. La profesionalidad, rigor e independencia de los bancos centrales hacen que sus informes oficiales sobre la situación económica del país tengan un considerable efecto sobre las previsiones del gobierno y las expectativas empresariales, hasta el punto de acabar influyendo tanto en las decisiones de inversión privada como en las de gasto público;

"Banquero del gobierno", en la medida en que, históricamente, los bancos centrales han sido responsables de custodiar las reservas del estado y, frecuentemente, de gestionar el crédito al sector público y administrar las emisiones de deuda pública. No obstante, funciones de este tipo están cada vez más limitadas para garantizar la independencia de los bancos centrales con respecto a los gobiernos y facilitar la consecución del objetivo de la estabilidad monetaria. (A.G.S.)

banco de ahorro y préstamo. *Véase:* Banco comercial.

banco comercial. Institución que se dedica al negocio de recibir dinero en depósito otorgando por ello un interés (tasa pasiva), y darlo a su vez en préstamo, descuentos y otras operaciones financieras por las cuales cobra un interés (tasa activa), comisiones y gastos en su caso. (A.G.S.)

banco de emisión. *Véase:* Banco Central.

banco de reserva. *Véase:* Banco Central.

barreras a la entrada. Cualquier elemento que dificulta, frena o imposibilita el acceso de nuevas empresas a un mercado, a pesar de ser atraídas por los beneficios extraordinarios obtenidos por parte de las empresas ya instaladas, o por el crecimiento de la demanda. Estas barreras otorgan cierto poder de mercado a las empresas ya establecidas frente a las entrantes potenciales, lo que les permite obtener y mantener en el tiempo beneficios por encima de los que serían normales en una industria competitiva sin que entren en el mercado nuevas empresas que hagan disminuir dichos beneficios. Otra forma de entender las barreras de entrada consiste en un coste que deben soportar las entrantes potenciales del que están exentas las empresas ya establecidas.
Las barreras pueden surgir de forma natural (especial productividad o calidad de un recurso de la producción, ubicación estratégica, creatividad o conocimientos altamente cualificados y escasos, etc.), o por las características del proceso productivo (economías de escala o de aprendizaje, requerimientos de un volumen elevado de inversión inicial que se convierte en un coste hundido), pero por lo general obedecen a un comportamiento estratégico de las empresas: obsolescencia programada, diferenciación de productos y proliferación de marcas, control de recursos y factores de la producción estratégicos, control de los canales de distribución y aprovisionamiento, publicidad, incompatibilidad de estándares, etc.
Las barreras también pueden ser no económicas, derivadas de restricciones gubernamentales de cualquier tipo. Estas barreras a la entrada limitan severamente el carácter competitivo de los mercados y generan una tendencia hacia la creación de oligopolios o monopolios. (A.G.S.)

barreras al comercio internacional. Cualquier acción o política orientada a dificultar la importación de productos competidores de la industria nacional o la exportación de recursos productivos estratégicos, así como cualquier ayuda a la exportación de la producción nacional para poder competir con los precios internacionales a pesar de tener mayo-

res costes de producción o menor calidad. En ausencia de estas barreras, los movimientos internacionales de bienes y servicios se producirían exclusivamente por razones de precio y calidad.
Hay varios tipos de barreras a las importaciones: los contingentes o barreras cuantitativas (límite a la cantidad), los aranceles o barreras impositivas (tasa aduanera que incrementa el precio de venta interior) y las barreras administrativas (trámites aduaneros, sofisticadas normas sanitarias y de calidad, incompatibilidad de estándares, etc.).
Los instrumentos de fomento a la exportación son de varios tipos: comerciales (facilidades administrativas, servicios de información y asesoramiento, publicidad y promoción en exposiciones y ferias), financieros (préstamos y créditos a la exportación, frecuentemente a tipos de interés muy bajos) y fiscales (desgravaciones fiscales, devolución de impuestos y subvenciones directas).
Las ayudas fiscales a la exportación pueden conducir a situaciones de dumping, en las que el producto se vende en el extranjero a un precio inferior al nacional e incluso a precios inferiores a su coste. Algo parecido ocurre con lo que, recientemente, se ha dado en llamar dumping ecológico (exportaciones a precios artificialmente bajos que se consiguen con métodos productivos muy contaminantes y perjudiciales para el medio ambiente) y dumping social (exportaciones a precios artificialmente bajos que se consiguen mediante trabajadores mal pagados o esclavizados, trabajo infantil, trabajo de presos, etc.). (A.G.S.)

barreras no arancelarias. Cualquier método, excluyendo los aranceles, que utilicen los gobiernos para limitar las importaciones. (A.G.S.)

base monetaria. Término utilizado para referirse a la cantidad de dinero existente en una economía; es lo que habitualmente se denomina dinero líquido, puesto que refleja los recursos de inmediata disponibilidad. Incluye el dinero efectivo en manos del público (monedas y papel moneda, cuentas de ahorro y depósitos a la vista) y los activos de caja de los bancos comerciales (tanto el efectivo como las reservas que los bancos comerciales mantienen en el banco central).
También se conoce como dinero de alta potencia debido al gran efecto que los cambios en la base monetaria pueden tener en la masa monetaria a través del multiplicador bancario.
El control de la base monetaria está encomendado a la autoridad monetaria de cada país, habitualmente el banco central. Las modificaciones de la base monetaria se realizan a través de las modificaciones en el tipo de interés de redescuento (al que está dispuesto a prestar dinero a los bancos comerciales) y mediante operaciones de mercado abierto (compraventa de títulos de deuda pública y otros activos a los bancos comerciales). (A.G.S.)

beneficio. Importe que resulta de la diferencia entre los ingresos obtenidos con la venta de la producción y los costes en los que se ha incurrido para generar dicha producción. Es por tanto el resultado neto de la actividad económica de las empresas.

Hay ciertas diferencias entre el concepto contable de beneficio y el concepto económico: mientras en el concepto contable sólo se incluyen los costes que tienen una contrapartida documental (pagos o flujos monetarios), en el concepto económico se incluyen además todos los costes de oportunidad (ingresos o rendimientos que se dejan de obtener por dedicar los recursos a la actividad de la empresa en vez de destinarlos a la mejor de las alternativas disponibles); entre estos costes de oportunidad se incluye el que podemos llamar "rendimiento normal de la inversión". Dicho de otro modo, una empresa que generase un beneficio contable coincidente con el considerado normal para una inversión de un volumen parecido, al ser considerado un coste de oportunidad, tendría un beneficio económico nulo.

El beneficio es la remuneración del empresario por el esfuerzo de combinar diversos factores productivos en un proyecto determinado, detectar oportunidades de negocio, asumir y gestionar un determinado nivel de riesgo y tomar las decisiones oportunas para que el proyecto empresarial sea completado.

El nivel de beneficio alcanzado varía en función de cuál sea la actividad emprendida y las condiciones del mercado, lo que lo convierte en una poderosa señal de mercado para la asignación de los recursos. Los empresarios tienden a dirigirse hacia las actividades con mayores niveles de beneficios, orientándose así la inversión, a través de las señales del mercado, hacia los usos que más recompensa la demanda de la sociedad. (A.G.S.)

beneficio extraordinario. Todo beneficio por encima del considerado beneficio normal o rendimiento normal de la inversión. (A.G.S.)

beneficio normal. Diferencia entre ingresos y costes que compensa exactamente el coste de oportunidad derivado de dedicar los recursos del empresario a la actividad en vez de al mejor de sus usos alternativos. Dentro de este beneficio normal, habrá un componente de rendimiento de una inversión equivalente y carente de riesgo y, para cada sector o tipo de actividad, una prima por riesgo asociada al riesgo estándar inherente a dicha actividad. Podemos, por tanto, entender el beneficio normal como el beneficio necesario para compensar el coste de oportunidad derivado tanto del volumen de inversión comprometido como del riesgo inherente a la actividad realizada. Esto significa que el beneficio normal puede variar de unos sectores y actividades a otros. (A.G.S.)

beneficios, (maximización de). Acción estratégica de la empresa tendente a establecer los niveles de producción y ventas necesarios para obtener la mayor diferencia posible entre ingresos y costes. Es una asunción común en la teoría económica de la empresa que ésta se comporta como un agente maximizador de beneficios y que la estrategia maximizadora es la que guía todas sus decisiones empresariales. (A.G.S.)

bienes. Todo aquello que tiene aptitud para satisfacer necesidades o para contribuir a la actividad productiva. Aunque en esta definición no se hace mención a la naturaleza física o inmaterial de los bienes, es usual referirse con el término de bienes sólo a los que son tangibles, mientras que se reserva el concepto de servicios para aquellos productos intangibles que tienen aptitud para satisfacer necesidades o ayudar en la producción de otros bienes y servicios.
Los bienes se pueden clasificar de acuerdo con multitud de criterios. En función de su escasez relativa se distinguen entre bienes libres (abundantes) y económicos (escasos). En función de aquello para lo que son empleados se distinguen bienes de consumo y de producción. En función de si se agotan o no en su consumo se diferencia entre bienes duraderos y no duraderos; de acuerdo con cómo se consumen o emplean los bienes se distingue entre sustitutivos (se emplean o consumen alternativamente) o complementarios (lo hacen conjuntamente); de acuerdo con la evolución de su demanda ante incrementos en la renta se distingue entre bienes normales (aumenta su demanda) e inferiores (disminuye). (A.G.S.)

bienes complementarios. Son aquellos que deben utilizarse o consumirse conjuntamente. La relación que se establece entre bienes complementarios es tal que el consumo de unos va directamente aparejado al de aquéllos que lo complementan: así el consumo de automóviles requiere el de combustible, emplear un procesador de texto requiere un ordenador y electricidad, etc.
Existen diversos grados de complementariedad entre bienes diferentes: en algunos casos es muy alta, como cuando se necesita una llave para usar una cerradura, y en otros casos es más flexible, pudiéndose usar más o menos cantidad de un bien para complementar otro.
La demanda de los bienes complementarios tiene algunas particularidades que la distinguen de otros casos: si baja el precio de los electrodomésticos, por ejemplo, aumentará su consumo y -por lo tanto- el de electricidad, del mismo modo que una reducción del precio de la gasolina incrementará la demanda de automóviles a gasolina y reducirá la de automóviles a gasoil. (A.G.S.)

bienes culturales. La Convención sobre la protección y la promoción de la diversidad de las expresiones culturales de la UNESCO señala que las actividades y los bienes culturales expresan el “sentido simbólico, la dimensión artística y los valores culturales” de personas, grupos y sociedades”. En este contexto, una pregunta fundamental es cómo distinguir, si ello es posible, un bien económico ordinario de un bien cultural. En este marco, se pueden derivar ciertas características observables para clasificar a ciertos bienes y servicios como las pinturas, los conciertos de música, la literatura, el cine, los programas de televisión y los videojuegos, entre otros, con el adjetivo de culturales. En general, estos bienes y servicios comparten las siguientes características. En primer lugar, la producción debe implicar alguna forma de creatividad.

En segundo lugar, el objeto o servicio cultural debe generar y comunicar un contenido simbólico. En tercer lugar, el producto debe representar, al menos en potencia, una forma de propiedad intelectual, en especial aquella cubierta por los derechos de autor (*copyright*). (L.F.A.Q.)

bienes de consumo. Bienes que son utilizados directamente para satisfacer las necesidades de quienes los adquieren, es decir, cuya utilidad está en satisfacer la demanda final de los consumidores.
Bienes de consumo duradero son aquellos que proporcionan al consumidor la posibilidad de satisfacer algunas de sus necesidades durante un tiempo relativamente largo, como los muebles, los automóviles, la vivienda, etc.
Bienes de consumo no duradero son aquellos que se agotan o consumen completamente en el acto de satisfacer una necesidad, como la comida, por ejemplo.
La durabilidad de los bienes hace que su stock sea relativamente grande en comparación con la producción que llega al mercado, por lo que su demanda se ve mucho más afectada por los ciclos económicos y el estado general de la economía que lo que ocurre para el caso de los bienes no duraderos. (A.G.S.)

bienes de lujo. Bienes cuya elasticidad-renta en mayor que uno. Bienes cuya demanda crece más que proporcionalmente respecto al aumento de la renta que impulsa el aumento de su consumo. (J.L.M.)

bienes de mérito. El concepto de bien de mérito (también denominados "cuasi-públicos" o bienes preferentes) fue propuesto por A. Musgrave en 1957. Se entienden como tales aquellos bienes y servicios que son considerados tan meritorios o intrínsecamente valiosos que son provistos por el Estado a pesar de que pueden ser adquiridos a través del mercado. Son suministrados por el Estado ya que se entiende que sin la intervención estatal se demandaría una cantidad insuficiente de los mismos por varias razones: porque generan externalidades positivas; porque los mercados de capitales son imperfectos y porque la sociedad considera que representan valores o derechos fundamentales que deben ser accesibles a todos con independencia de su renta. Los bienes meritorios participan de determinadas características de los bienes públicos y privados. A diferencia de aquéllos, y al igual que los privados, los bienes de mérito están sujetos al principio de exclusión, esto es, las personas pueden estar obligadas a pagar por su uso. Los bienes de mérito tienen dos características: el público, por lo general, subestima sus beneficios y suelen tener externalidades positivas. Se consideran bienes preferentes los encuadrados dentro del campo de la educación, la salud, la vivienda o la cultura, como por ejemplo, parques, viviendas subvencionadas, hospitales públicos, bibliotecas públicas, museos. (A.R.R.)

bienes de producción. En sentido estricto, se consideran aquellos que generan o sirven para fabricar otros bienes o

servicios: son ejemplos típicos de bienes de producción las máquinas, herramientas y otras instalaciones que permiten organizar procesos productivos. Por otro lado, en un sentido más amplio, son todos aquellos recursos materiales, bienes y servicios que se utilizan como productos intermedios durante el proceso productivo, tales como materias primas, combustibles, útiles de oficina, etc., que se compran para la reventa o bien se utilizan como insumos o materias primas para la producción y venta de otros bienes o servicios. En este sentido, un mismo bien puede comportarse como bien de consumo, si es comprado por una economía doméstica y como un bien de producción, si es empleado por una empresa en su proceso productivo.
Cuando se adquieren bienes de producción de los que hemos definido "en sentido estricto" puede decirse que se trata de bienes de capital y por tanto se efectúa una inversión, pues se destina capital a la compra de objetos con el propósito de realizar actividades productivas y no de consumirlos por la utilidad que estos tengan por sí mismos. (A.G.S.)

bienes económicos. Bienes que revisten la doble condición de ser útiles y relativamente escasos en comparación con los usos alternativos que tienen y las necesidades que pueden satisfacer. Por ello su consumo es excluyente y tienen valor económico que se traduce en un precio de mercado cuando son transferibles. (A.G.S.)

bienes inferiores. Aquellos cuya cantidad demandada disminuye a medida que aumenta el ingreso de los individuos. (A.G.S.)

bienes intangibles. Expresión utilizada en determinadas ocasiones para referirse a los *servicios*. (A.G.S.)

bienes intermedios. *Véase:* bienes de producción.

bienes libres. Bienes que satisfacen necesidades o pueden emplearse para la producción pero que son superabundantes y no requieren de un esfuerzo especial para su disposición (por ejemplo el aire, la luz del sol, el agua de los océanos); están disponibles sin ningún coste de producción y nadie ha de excluirse de su consumo.
No obstante, pueden ser susceptibles de explotación económica, como por ejemplo la construcción de un hotel a orillas del mar, que aprovecha precisamente los bienes libres mencionados. (A.G.S.)

bienes normales. Aquellos cuya demanda aumenta al aumentar la renta de los consumidores. (A.G.S.)

bienes públicos. Son aquellos de cuyo disfrute no puede excluirse a ninguna persona, independientemente de quién pague por ellos, y cuyo consumo por un individuo no reduce la cantidad de ese bien disponible para otro individuo. Esto es, los bienes públicos no pueden ser disfrutados por un individuo sin que otros también tengan acceso a ellos, mientras que el consumo que una persona haga de tales bienes no disminuye el consumo de las restantes personas, a diferencia de lo que ocurre con los otros bienes, que por ello son llamados bienes privados. Cuando estas características se dan de un modo completo se habla de bienes públicos puros: al establecerse un sistema de justicia, una fuerza de defensa nacional o policial, un servicio de alumbrado público o un programa de conservación y mejora del medio ambiente, por ejemplo, no es posible suministrar el bien a quienes paguen por él y excluir de su disfrute a quienes no lo hagan.

Cuando, como frecuentemente ocurre, esto sucede sólo de un modo parcial, se habla entonces de bienes mixtos. Por ejemplo, la vacunación contra una enfermedad puede considerarse un bien mixto, pues ella incluye una utilidad privada -la propia protección- pero también una utilidad pública, la protección que se ofrece a los demás contra el contagio. En este caso se habla de la externalidad del bien, de la utilidad que éste confiere a quienes sin embargo no han pagado para obtenerlo.

El principal problema asociado a los bienes públicos es la diferencia entre coste social y privado y beneficio social y privado a ellos asociado. Estas diferencias hacen que la provisión de bienes públicos no pueda realizarse eficientemente a través del mercado. El oferente de los mismos no puede garantizar que sólo quienes paguen tengan derecho a obtener el bien; en tales circunstancias muchas personas no tendrían incentivo alguno para pagar por algo que, de todas maneras, estarán en condiciones de disfrutar, y por lo tanto quien produzca el bien no tendrá los incentivos para hacerlo. Por ello los bienes públicos se proveen generalmente a través de la acción de organismos públicos: gobiernos nacionales, regionales o municipales y asociaciones de diverso tipo.

El fenómeno de quienes pueden aprovecharse de la utilidad de un bien público sin haber pagado por ello es conocido como el caso del usuario gratuito o polizón (traducción literal de la expresión en inglés *free rider*). (A.G.S.)

bienes sustitutivos. Son aquellos que, aunque mantienen diferencias entre sí, satisfacen necesidades similares y que por tanto son empleados alternativamente, unos en sustitución de los otros. En tal caso un bien -o servicio- puede sustituir o entrar en competencia con otro; es el consumidor quien escoge la forma en que habrá de satisfacer sus necesidades.

Hay bienes que sólo en ciertos casos resultan sustitutivos, como cuando se escoge un regalo y pueden escogerse artículos muy diferentes; en otros casos los bienes pueden ser casi idénticos, como cuando diversas marcas se disputan un mercado bien definido y delimitado.

Las demandas de los bienes sustitutivos guardan una relación inversa: al aumentar el precio de un bien disminuye la cantidad demandada del mismo y ello provoca un incremento en la demanda de los bienes sustitutivos. Por ejemplo, un aumento en el coste de los billetes de avión generaría una reducción de la demanda de vuelos y aumentaría la demanda de viajes en tren de alta velocidad. (A.G.S.)

bienes y servicios. Expresión utilizada para explicitar que se está haciendo mención tanto a los bienes tangibles (reconocibles por sus atributos físicos) como también a aquellos intangibles (servicios) que son susceptibles de satisfacer necesidades así como de ser input intermedios en los procesos productivos. En ocasiones se utiliza la expresión "bienes" para referirse tanto a bienes como a servicios. (A.G.S.)

bilateralismo. [1] Relación comercial entre países basada en negociaciones entre las dos partes interesadas, sin que dicha relación se vea afectada ni afecte a las relaciones de ninguno de ellos con terceros países. Intercambio de bienes y servicios entre dos países mediante negociaciones o acuerdos gubernamentales. El término suele usarse de un modo poco preciso, incluyendo los arreglos internacionales que intentan compensar problemas de balanza de pagos entre dos naciones, las preferencias que se otorgan mutuamente o aludiendo a transacciones específicas de comercio internacional. El bilateralismo, como opuesto al multilateralismo o al comercio libre, resulta un sistema que restringe el comercio de las naciones involucradas, impidiendo el libre flujo de las mercancías y, por lo tanto, los beneficios de la especialización internacional.
[2] Pretensión de determinados grupos de presión económica y política que reclaman una relación fiscal en determinados Estados con alto grado de descentralización y autonomía. La pretendida relación bilateral se establecería así entre las regiones con más concentración de riqueza (sedes sociales de grandes empresas, residencia de grandes fortunas personales u otros motivos) para sustituir el sistema de tributación personal universal por uno mixto en el que dichas regiones ricas pretenden tener una balanza fiscal equilibrada. El efecto final es que las regiones ricas retienen la mayor parte posible de los tributos directos e indirectos contabilizados en su territorio independientemente del territorio en que se hayan generado dichos beneficios empresariales, rentas personales e impuestos indirectos. (A.G.S.)

billetes de banco. Dinero de curso legal. Medio de pago emitido por un banco central en soporte de papel, que representa la cantidad de dinero legal que en él se especifica. Aunque originariamente los billetes de banco eran convertibles en su contravalor en oro al ser presentados en el banco central emisor (de aquí este nombre) desde el último cuarto del siglo pasado ya no lo son. Véase *Papel moneda*. (A.G.S.)

bimetalismo. Sistema monetario en el cual dos metales, tradicionalmente el oro y la plata, desempeñan de manera simultánea el papel de patrón monetario siendo convertibles los billetes de banco por su contravalor en cualquiera de los dos metales. Este sistema cayó en desuso a partir del último tercio del siglo XIX a favor del monometalismo (más conocido como patrón oro), que definitivamente desapareció al eliminarse la convertibilidad de las monedas en el último cuarto del siglo XX. (A.G.S.)

boom. Término procedente de la lengua inglesa, que se utiliza para designar una fase de auge del ciclo económico, una expansión, generalmente intensa o rápida, de una economía nacional. Puede considerarse un sinónimo de auge o expansión, aunque tiene connotaciones más enfáticas que estos términos. (A.G.S.)

C

caja de Edgeworth. Diagrama ideado por el economista inglés Francis Y. Edgeworth, a fines del siglo XIX, de gran utilidad para el análisis de las situaciones de negociación e intercambio en las que existen sólo dos agentes económicos y no un mercado con precios de referencia La caja se construye utilizando las curvas de indiferencia de dos individuos con respecto a dos bienes: las del individuo A se dibujan partiendo del punto de referencia normal en los diagramas ("sudoeste"), mientras que las del individuo B se originan en el extremo opuesto ("nordeste"); las cantidades del bien 1 y 2 se sitúan en las ordenadas y las abscisas, respectivamente. Las sucesivas líneas IA e IB son las diversas curvas de indiferencia para cada uno de los individuos considerados.

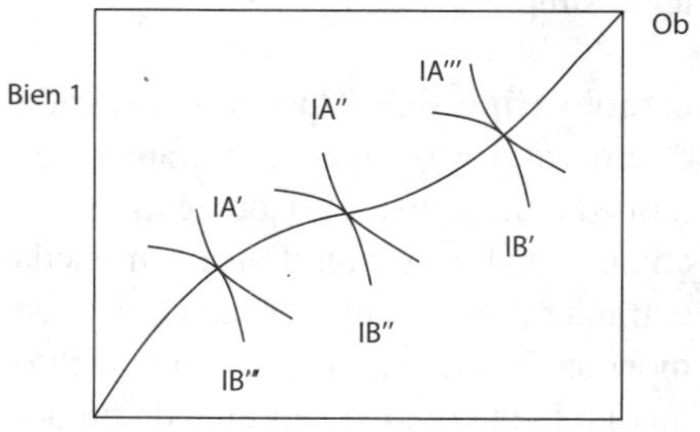

La caja permite ilustrar los diversos puntos de equilibrio (soluciones de tangencia entre curvas de indiferencia de ambos individuos) que se pueden alcanzar a partir de una misma situación en función de cuál sea el proceso de negociación y en qué términos se desarrolle. Estos posibles equilibrios (soluciones a un problema de intercambio entre los individuos) se representan por la curva que une los puntos Oa y Ob; no obstante sólo es relevante el intervalo de dicha curva que se encuentra incluido entre las curvas de indiferencia que definen las posiciones iniciales de cada individuo (ninguno de ellos aceptará una solución que empeore su posición de partida). Es lo que conocemos como curva de contratos.

Cuando este diagrama se utiliza para estudiar problemas de producción los bienes considerados pasan a ser entonces factores productivos y las series de curvas IA e IB representan en ese caso las isocuantas, situaciones en que las combinaciones de los dos factores permiten producir la misma cantidad de un bien.

La caja de Edgeworth se utiliza con frecuencia en el marco de la teoría del equilibrio general para ayudar a encontrar el equilibrio competitivo de un sistema simple. (A.G.S.)

cambio (tipo de). Tipo de conversión de una divisa o moneda extranjera en moneda nacional. Puede expresarse como el valor de una divisa o moneda extranjera expresada en unidades de moneda nacional (convención británica) o bien como la cantidad de unidades de moneda nacional necesarias para conseguir otra divisa (sistema europeo). (A.G.S.)

capacidad instalada. Término empleado para referirse al volumen máximo de producción que puede generar una empresa en un período determinado, siempre que produzca al menor coste posible asociado a dicha capacidad. Se relaciona estrechamente con las inversiones realizadas: la capacidad instalada depende del conjunto de bienes de capital que la empresa posee y establece, por tanto, un límite a la oferta en un momento dado. (A.G.S.)

capacidad no utilizada. Normalmente la capacidad instalada no se usa en su totalidad: hay algunos bienes que se emplean sólo en forma limitada puesto que ellos tienen un potencial superior al de otros bienes de capital que intervienen en forma conjunta en la producción de un bien determinado. En situaciones de contracción de la demanda el porcentaje de la capacidad instalada utilizado tiende a disminuir, aumentando la capacidad ociosa o no utilizada. Puesto que las fluctuaciones de la demanda son más rápidas que las posibilidades de ajuste de la capacidad productiva instalada (inversión o desinversión) es posible que las empresas experimenten oscilaciones a corto plazo en el porcentaje de uso de dicha capacidad instalada cuando haya un desajuste entre las previsiones de demanda (necesidad de producción) realizadas en el momento de planificar la inversión y la demanda efectiva de cada período durante la vida útil de la inversión.

No debe confundirse con el volumen de recursos productivos que por obsoletos o por su relativa carestía no es rentable explotar y quedan en desuso. (A.G.S.)

capital. Factor de la producción, cuya retribución es el interés, que se materializa en bienes de producción en sentido estricto; es decir, bienes que son utilizados para elaborar otros bienes y servicios. No debe confundirse con el capital financiero, que es el volumen de dinero empleado para financiar la adquisición de estos bienes de capital. (A.G.S.)

capital cultural. En el campo de la economía de la cultura, el concepto de capital cultural se puede emplear desde dos perspectivas, una macroeconómica y otra microeconómica. La perspectiva macroeconómica es sugerida por David Throsby para analizar aspectos referidos al crecimiento económico, la sostenibilidad y la inversión en actividades culturales. En este caso, el capital cultural se define como un "activo que incorpora, almacena o genera un valor cultural más allá del valor económico que posea". Definido así, el capital cultural se puede presentar bajo dos formas: capital cultural tangible (pinturas, esculturas, edificios históricos, sitios arqueológicos) y capital cultural intangible (música, literatura, tradiciones, valores, creencias heredadas que constituyen la cultura de un determinado grupo social). Desde una perspectiva microeconómica el capital cultural se entiende como un capital específico, que permite entender mejor la formación del gusto y la demanda de bienes culturales. En este caso, el capital cultural es producto de una función de producción doméstica, asociada al bien particular (teatro, ópera, lectura, cine), que hace que los individuos sean más eficientes en la satisfacción presente de sus necesidades de apreciación cultural. De acuerdo con el enfoque de Gary Becker, el capital cultural se acumula a través del tiempo por la experiencia y la formación previamente dedicada al consumo del bien. (L.F.A.Q.)

capital humano. Conocimiento y experiencia que posee la población de un país. De forma más precisa, hace referencia a los conocimientos y experiencia que posee cada individuo y que pueden serle de utilidad para llevar a cabo actividades productivas. El desarrollo de esta teoría se debe fundamentalmente a Gary Becker. (A.G.S.)

capital-intensivo. Rama o proceso productivo que emplea más capital que otros factores de producción en relación a otros procesos o tecnologías productivas. La industria petrolera, por ejemplo, es más capital intensiva que la industria del mueble y ésta, a su vez, más capital intensiva que la mayoría de las formas de comercio. (A.G.S.)

cártel. Acuerdo formal entre empresas para fijar un precio, para distribuirse el mercado y/o para limitar la producción. Constituye una superestructura organizativa que, a partir de una estructura de mercado relativamente competitiva, genera un mercado oligopólico a los efectos de regular conductas, determinar volúmenes de producción y precios, etc. Implica la institucionalización de un acuerdo en el que las empresas respetan un estatuto o reglamento siendo frecuentes los castigos a los miembros que no cumplen con las bases del acuerdo. (A.G.S.)

ceteris paribus. Técnica de análisis consistente en dejar constantes algunas variables del modelo para analizar las consecuencias de la variación de otra u otras. (A.G.S.)

ciclo económico. Fluctuaciones de la actividad económica, caracterizadas por la expansión o la contracción de la producción y el empleo en la mayoría de los sectores de la economía. Los ciclos económicos son inevitables y recurrentes, con alternancia entre períodos de expansión y de recesión, que son atribuibles a diferentes causas.

Las fases principales del ciclo son la de auge o expansión, donde crecen la actividad económica total y el empleo, y la de recesión o contracción, donde disminuye el ritmo de la economía y descienden -o se estancan- dichas variables. El momento de la expansión máxima de la producción durante un ciclo se denomina cima, o cresta, con el cual se inicia un período de recesión (que si es muy profunda en intensidad o en duración se denomina crisis), el punto más bajo se conoce como valle o sima, a partir del cual comienza a desarrollarse una nueva etapa de recuperación, auge, expansión o crecimiento. Un ciclo económico completo se extiende desde un valle al siguiente pasando a través de una cima.

Podemos entender los ciclos como resultado de perturbaciones aleatorias (impulsos) que impactan en el sistema económico y desencadenan un patrón cíclico. Cada uno de estos impulsos se propaga en una forma que depende de la estructura subyacente del sistema económico. Los impulsos o shocks que producen fluctuaciones económicas podemos distinguirlos en tres categorías: shocks de oferta, que impactan directamente del lado de la producción (avances en el conocimiento tecnológico, cambios climáticos, desastres naturales, descubrimientos de recursos naturales o variaciones en los precios internacionales de las materias primas); shocks de demanda privada (cambios en la inversión o el consumo privado, muy dependientes de las expectativas sobre la marcha de la economía); y shocks de política, que son consecuencia de decisiones tomadas por las autoridades económicas y por lo general influyen directamente del lado de la demanda agregada.

La explicación de los ciclos constituye uno de los principales objetivos de la macroeconomía, al tiempo que un área muy controvertida. Entre las diferentes teorías, destacaremos el paradigma keynesiano en sus múltiples variantes, el paradigma neo-clásico y el monetarista. En el paradigma keynesiano, la inversión privada es la fuente principal de impulsos que desencadenan fluctuaciones económicas; las decisiones de inversión dependen de las expectativas sobre la rentabilidad futura, las cuales tienden a ser inestables. Su hipótesis fue que las fluctuaciones en la inversión conducían a desplazamientos en la demanda agregada y, a través de ella, en el producto agregado. Detrás de este enfoque subyace el supuesto de rigidez del salario nominal, de modo que las fluctuaciones en la demanda agregada se muestran como fluctuaciones en el producto, no como cambios en el nivel de precios.

Bajo el paradigma neo-clásico no es necesario suponer rigideces de precios o salarios para generar los ciclos, que igualmente pueden surgir en mercados competitivos con precios y salarios flexibles. El énfasis hay que ponerlo en la oferta agregada y en el comportamiento racional de los agentes económicos. Firmemente asentado en la teoría de las expectativas racionales, se considera que todo cambio anticipado (ya sea en la oferta monetaria o cualquier otro elemento de perturbación) no deben tener efecto alguno sobre el producto, sino sólo sobre los precios, suponiendo que todos los agentes entienden el funcionamiento de la economía y tienen expectativas racionales. Sólo los cambios no anticipados o sorpresivos en la política monetaria pueden impactar sobre el producto. En este sentido, los principales elementos de perturbación que generan ciclos son los cambios tecnológicos, variaciones inesperadas de la política fiscal o de la política monetaria, cambios inesperados en las regulaciones administrativas (controles técnicos y sanitarios) o cambios drásticos e inesperados en los flujos internacionales de inversión (error material en las instituciones encargadas de generar expectativas).

El paradigma monetarista sostiene que las recesiones son fruto de la política monetaria restrictiva orientada a controlar la inflación: al existir información asimétrica, las oscilaciones de la oferta monetaria inducen a error a los agentes económicos, por lo que ocasionan fluctuaciones en el output. Ante una expansión monetaria que genera incrementos de precios, los productores perciben inicialmente un simple cambio en precios relativos y no en el nivel general de precios; los trabajadores están dispuestos a ofrecer más trabajo porque perciben equivocadamente que el aumento en sus salarios nominales se trata de un incremento en los salarios reales. Se genera así una expansión de la actividad económica que no habría tenido lugar con información completa de los trabajadores y las empresas, hasta que llega un momento en que se hace insostenible y se invierte la tendencia. En este momento, las políticas monetarias restrictivas para reducir la inflación tienen el efecto opuesto: generan una mayor contracción de la actividad económica de la que sería de esperar con información completa. (A.G.S.)

coeficiente de caja. Fracción de los depósitos que los bancos mantienen en su poder. Se contabiliza siempre como un tanto por ciento. (A.G.S.)

coeficiente de Gini. Medida de desigualdad derivada de la Curva de Lorenz. Es el cociente entre el valor del área que hay entre la curva y la diagonal principal y el valor total del área bajo dicha diagonal. Varía entre cero (caso de igualdad extrema, en que la curva de Lorenz coincide con la diagonal) y uno (desigualdad absoluta, con la curva de Lorenz coincidente con el ángulo recto que forman los ejes).

Al representar en los ejes por un lado la población y por otro la renta, el índice de Gini nos indica el grado de desigualdad entre ciudadanos o, lo que es lo mismo, de concentración de la renta o la riqueza de un país en pocas manos. *Véase:* Lorenz, curva de. (A.G.S.)

colaterales (pagos). Pagos que se realizan, al margen del mercado, para compensar a las empresas que participan en un acuerdo de colusión, tras el que empeoran respecto a su posición de mercado antes del acuerdo. Se trata por tanto de un mecanismo para redistribuir los beneficios conjuntos obtenidos gracias a un acuerdo de colusión. (A.G.S.)

colusión. Acuerdo entre dos o más empresas para limitar o eliminar la competencia entre ellas, acordando repartos de la producción, de los mercados (geográfico o por tipo de productos), concertando precios, armonizando canales de distribución o cualquier otro mecanismo que limite la competencia en el mercado en que operan, incremente sus beneficios respecto a la situación previa al acuerdo y, por tanto, las aproxime a la situación de monopolio. (A.G.S.)

comercio exterior. Expresión equivalente a comercio internacional, que suele usarse entre regiones o áreas geográficas que no coinciden con la definición de país o nación, ya sean más amplias o más reducidas. (A.G.S.)

comercio internacional. Intercambio de bienes y servicios entre agentes económicos residentes cada uno en un país. Al vendedor (y, para este producto a su país) se le denomina exportador, mientras que al comprador (y a su país para este producto) se le denomina importador. (A.G.S.)

competencia. Situación en la que varias empresas concurren en un mismo mercado realizando diferentes estrategias productivas y comerciales al objeto de obtener beneficios económicos.
En ocasiones, suele usarse el término competencia para referirse al concepto de competencia perfecta, que es mucho más preciso y restrictivo. (A.G.S.)

competencia imperfecta. Estructura de mercado en la cual existe más de una empresa compitiendo pero cada una de ellas dispone de cierto poder de mercado, al menos en un segmento del mismo. Se trata, por tanto, de situaciones intermedias entre la competencia perfecta (ninguna empresa tiene poder de mercado) y el monopolio (sólo existe una empresa).
Hay dos estructuras básicas de competencia imperfecta que se distinguen por la existencia o no de interdependencia estratégica entre las empresas que componen el mercado y por la existencia de algún elemento de diferenciación parcial del producto, lo que otorga cierto poder sobre un segmento del mercado (en muchos casos por motivos geográficos).
Si existe una fuerte interdependencia estratégica entre las empresas se trata de un oligopolio, por lo general compuesto por pocas empresas, cuyo comportamiento acaba determinado por la interacción

entre las fuerzas que las empujan a cooperar en acuerdos colusorios frente a aquellas otras que dificultan tales acuerdos o las empujan a incumplirlos engañosamente.
Si no existe interdependencia estratégica entre las empresas y los productos están parcialmente diferenciados, estamos ante un mercado en competencia monopolística. *Véase*: mercado de competencia imperfecta. (A.G.S.)

competencia monopolista. Estructura de mercado en la que existe un número suficientemente amplio de empresas como para que desaparezca cualquier interdependencia estratégica entre ellas, al tiempo que el producto que ofrecen es parcialmente diferenciable por los consumidores. El mecanismo de diferenciación puede ser en muchos casos la ubicación geográfica del productor, pero también el servicio posventa o los servicios añadidos en el momento de la venta del producto. Esta situación les otorga cierto poder de mercado y les permite establecer precios por encima del coste marginal. *Véase*: mercado de competencia monopolista. (A.G.S.)

competencia perfecta. Estructura de mercado en la que existen numerosas empresas que ofrecen un producto homogéneo a un número igualmente amplio de compradores, de manera que ninguna empresa tiene capacidad para influir sobre el precio. Estas empresas no perciben la demanda de mercado (con pendiente negativa) sino que simplemente perciben el precio que prevalece en el mercado, que aceptan como un dato (son precio-aceptantes) para tomar sus decisiones de maximización de beneficios. Dicho precio es el resultado de la interacción de las decisiones de producción y de demanda del conjunto de agentes que operan en dicho mercado. Los consumidores también perciben el precio como un dato.
Para que exista competencia perfecta, además del elevado número de vendedores y compradores (todos ellos precio-aceptantes) y un producto homogéneo, sino que además la información debe ser perfecta (todos los agentes deben disponer de toda la información relevante para la toma de decisiones), no haber intervenciones del sector público y no haber barreras a la entrada o a la salida.
Es posible demostrar que las empresas que operan en un mercado en competencia perfecta producen y venden una cantidad tal que iguala el precio que prevalece en el mercado con su coste marginal. Si entendemos el precio como una estimación del valor social de la última unidad producida y el precio como una estimación del coste social de la última unidad producida, los mercados en competencia perfecta generan una asignación de recursos tal que el coste social de la última unidad producida se iguala con el valor que dicha unidad tiene para la sociedad.
Puesto que hay libertad de entrada y de salida del mercado, si el beneficio obtenido fuese superior (inferior) al rendimiento normal de la inversión, entrarían (saldrían) progresivamente las empresas incrementando (reduciendo) el volumen de producción y reduciendo

(incrementando) el precio que prevalece en el mercado hasta que el nivel de beneficios se sitúen en el correspondiente al rendimiento normal de la inversión.
Este modelo, aunque disociado de la realidad, es una consideración teórica útil a los efectos del análisis, en especial a efectos de evaluación de los resultados en cuanto a la asignación de los recursos, producción y precios de las demás estructuras de mercado. También es útil para el diseño de las instituciones encargadas fomentar la competencia y reducir las prácticas restrictivas de la competencia. *Véase*: mercado de competencia perfecta. (A.G.S.)

competitividad. Capacidad que tiene una empresa para obtener rentabilidad en el mercado en relación a sus competidores. La competitividad depende de la relación entre el valor y la cantidad del producto ofrecido y los insumos necesarios para obtenerlo (productividad), y la productividad de los otros oferentes del mercado. La competitividad se obtiene con la gestión adecuada de un conjunto de elementos como precio, calidad, diseño, atención al cliente o innovación, entre otras, que permiten a una empresa diferenciarse de las demás y otorgan a la empresa una posición ventajosa en el proceso de competencia en los mercados.
Extendida a escala de un país, la competitividad es el resultado agregado que se deriva de la competitividad de las empresas instaladas en el país y se refiere a su capacidad de vender productos o servicios en el mercado internacional, en relación a los otros competidores en el mercado.
Estructuralmente existen tres enfoques para en análisis de la competitividad: el tradicional, el enfoque estructural y nuevos enfoques.
El enfoque tradicional de la competitividad se basa en los costes laborales y el tipo de cambio. Estos dos factores determinarían los precios relativos de los productos de un país en el mercado internacional respecto a los precios de los productos de otros países. Las ganancias de competitividad se derivan de las políticas orientadas a la reducción de costes y las devaluaciones.
El enfoque estructural, considera que la tecnología es endógena en la actividad económica y se constituye en el elemento crucial para determinar las ventajas comparativas dinámicas. Se desprende de este enfoque que se deben concentrar esfuerzos en el aumento de la productividad y la incorporación y desarrollo de tecnología.
Los enfoques modernos, centran su atención en las condiciones que existen en la economía. Es decir, un país será más competitivo si dispone de un entorno que aumenta su capacidad para lograr mejoras en productividad y genera más incentivos para innovar. La competitividad se entiende así como la capacidad para alcanzar aumentos en productividad que se mantengan en el tiempo. (A.G.S.)

competitivo. Término empleado para calificar a empresas, técnicas o productos que pueden competir adecuadamente en un mercado sin quedar en des-

ventaja frente a los demás. Es decir, que mantienen un nivel razonable de competitividad. También puede referirse a una economía en su conjunto.
En ocasiones, se utiliza el término competitivo pare referirse a un "mercado competitivo" como sinónimo de un mercado en competencia perfecta. (A.G.S.)

concentración (índices de). La concentración es la desigualdad en la distribución de una determinada variable en una población. Hay concentración cuando dicha variable se agrupa en un subconjunto reducido de individuos, mientras que presenta valores muy reducidos en los demás.
Los índices de concentración son medidas que intentan estimar el grado de concentración o desigualdad en la distribución de determinadas variables.
En el caso de la renta o la riqueza, el índice de concentración más empleado es el conocido como Índice de Gini.
En el caso de la producción suele utilizarse el Ratio de Concentración, que mide la cuota de mercado de las mayores empresas (normalmente las cuatro o las ocho mayores empresas, dependiendo del tamaño del mercado). *Véase:* Herfindal-Hischnan, índice. (A.G.S.)

concentración de la producción. Situación en la que en un determinado mercado o sector se observan índices de concentración elevados, por lo que un reducido número de empresas domina el mercado. Esta situación genera una desventaja para los competidores de menor tamaño, reduce la presión competitiva y favorece los comportamientos colusorios y la obtención de rentas de monopolio. (A.G.S.)

concentración de la renta. Situación en la que el índice de Gini muestra valores elevados, por lo que un reducido número de ciudadanos controla la mayor parte de la renta y riqueza de un país. Esto genera importantes diferencias en el bienestar de los ciudadanos en el acceso a la educación, la sanidad y la cultura y en las posibilidades de movilidad social. (A.G.S.)

concurrencia. Término sinónimo de competencia.

conjunto asequible. Conjunto de combinaciones de consumo que el consumidor puede adquirir en el mercado, dada su renta y los precios de los bienes y servicios que consume. El conjunto asequible representa, por tanto, la restricción o limitación bajo la cual el consumidor tiene que tomar su decisión racional de consumo para maximizar su utilidad. Las fronteras inferiores del conjunto asequible las forman los ejes que representan los bienes de consumo. La frontera superior la forma la representación gráfica de la ecuación de presupuesto, es decir, aquellas combinaciones de consumo que son asequibles, dados los precios y la renta del consumidor, cuando éste gasta toda la renta de que dispone. (A.G.S.)

consumidor. Agente económico que consume los bienes o servicios proporcionados por los productores, es decir, que demanda los bienes y servicios para su consumo o empleo final. El consumidor toma decisiones sobre las diferentes alternativas de consumo (diferentes combinaciones de bienes y servicios) en función de su renta y de los precios relativos. (A.G.S.)

consumo. Desde una perspectiva microeconómica, hace referencia tanto al proceso de adquisición y uso de bienes y servicios para obtener con ello una utilidad o satisfacer una necesidad, como el gasto necesario para abonar su precio de mercado. El consumo puede por tanto expresarse en unidades físicas o en valor monetario.
Desde una perspectiva macroeconómica es el gasto total realizado por los consumidores de bienes y servicios en un periodo dado. Incluye todos los bienes de consumo comprados en el periodo, aunque muchos de ellos duran periodos más largos, por ejemplo los muebles, la ropa, los automóviles, etc. No incluye la compra de vivienda, que se considera gasto de inversión. (A.G.S.)

contingentes. Barreras no arancelarias al comercio internacional consistentes en establecer un límite en la cantidad a importar (contingente) de un determinado producto. (A.G.S.)

contracción. Disminución en la actividad económica, que puede darse en un mercado particular o en el conjunto de la economía. Puede entenderse como un sinónimo aproximado de recesión y depresión, aunque con un matiz de menor intensidad relativa. (A.G.S.)

contracción monetaria. Acción de política monetaria consistente en una reducción directa y deliberada de la masa monetaria. El efecto inmediato es una subida de los tipos de interés, lo que gradualmente genera reducciones en la demanda y en la producción. (A.G.S.)

control de cambios. Mecanismo establecido por el Estado para ejercer monitorización y control sobre todas o buena parte de las transacciones en moneda extranjera. Los controles de cambios pueden afectar sólo a las transferencias de capital o ejercerse también para los flujos de bienes y servicios. Cuando existe un control de cambios la moneda nacional no resulta del todo convertible, puesto que la libertad para cambiarla por divisas queda limitada por los requisitos que establecen las autoridades. (A.G.S.)

control de precios. Intervenciones públicas en los mercados para fijar valores determinados a las mercancías, en función de los objetivos que sobre ellos tengan los poderes públicos.
En los mercados de bienes y servicios los controles de precios suelen darse para establecer un precio máximo (por debajo del que generaría el mercado), en un intento por abaratarlos y facilitar el acceso a dichos bienes de los sectores más desfavorecidos de la población. Tales medidas asumen implícitamente que los altos precios se deben a la especulación, y que es posible controlarlos y estabilizarlos al margen de la actuación del mercado. Pero también se establecen precios mínimos (por encima del que prevalece en el mercado) para

garantizar un determinado nivel de renta a sus productores.
En la práctica, los controles de precios generan una asignación de recursos diferente de la que resultaría si se dejase fluctuar libremente el precio en los mercados, y en muchas ocasiones generan inconsistencia entre las decisiones de productores y consumidores (escasez de bienes o excedentes de determinados productos), por lo que requieren instaurar mecanismos alternativos para asignar la producción existente entre los demandantes o bien para gestionar los excedentes.
En el mercado de factores, es muy habitual el control de los salarios (establecimiento de un salario mínimo, ya sea en general, o para ciertas categorías de trabajadores) como mecanismo de protección de los trabajadores para garantizarles una renta mínima, pero que tiene también efectos sobre el volumen de empleo y por tanto en la lucha contra el desempleo. (A.G.S.)

convertibilidad. Capacidad que posee la moneda de curso legal en un país para cambiarse por la de otros. Esto implica que pueda comprarse y venderse libremente en los mercados de divisas a un tipo de cambio determinado, que expresa la cantidad de unidades de una moneda que es preciso entregar a cambio de una unidad de la moneda extranjera (sistema europeo) o el número de unidades de moneda extranjera que se obtendrían por una unidad de moneda nacional (convención británica). Puesto que las monedas cotizan en los mercados internacionales de divisas, es habitual referirse a los tipos de cambio como cotizaciones.
Mientras estuvo en vigencia el patrón oro la palabra convertibilidad significaba exclusivamente la posibilidad de cambiar la moneda por una cantidad dada de oro, es decir según una paridad fija. (A.G.S.)

corto plazo. Período de tiempo en el cual al menos uno de los factores de la producción es fijo, es decir, no puede modificarse la cantidad en la que se emplea en el proceso productivo. En sentido inverso, puede definirse el corto plazo como el período de tiempo inferior al mínimo requerido para que sea posible modificar las cantidades empleadas de todos y cada uno de los factores de la producción. Por lo general, el factor fijo suele ser el capital (capacidad instalada).
Debe destacarse que no se trata de una cantidad de tiempo fija para todas las actividades productivas. Dependerá de las características técnicas de cada actividad productiva la amplitud temporal del corto plazo en unos sectores respecto a otros, pues variará el período necesario para poder modificar la capacidad productiva. A modo de ejemplo, el período de tiempo que abarca el corto plazo no es el mismo para una empresa que produce energía eléctrica que para una empresa comercial dedicada a la compraventa de equipos informáticos.
Debe distinguirse claramente el concepto económico de corto plazo del concepto financiero y contable, que establece en un año el límite del corto plazo. (A.G.S.)

coste social. Valor alternativo de los recursos usados en la producción de un bien, más cualquier pérdida de bienestar o incremento en los costes que la producción de ese bien pueda ocasionar a cualquier otra actividad productiva. Nótese que sólo el primero de los sumandos (el valor alternativo de los recursos usados en la producción) puede reflejarse en el sistema de precios y, por tanto, ser asumido como coste privado. Siempre que una actividad genere efectos sobre el bienestar o sobre los costes de otra actividad productiva, el coste social diferirá del coste privado y la asignación de recursos a través del mercado no será eficiente. *Véase*: externalidad, para mayor detalle de las diferencias entre coste privado y coste social. (A.G.S.)

coste social del monopolio. Valoración económica de la pérdida de bienestar asociada al equilibrio (par precio y cantidad) del monopolio respecto al equilibrio que se obtendría si dicho mercado mantuviese una estructura de competencia perfecta.

Puesto que el monopolio genera un menor volumen de producción y un mayor nivel de precios, el excedente del consumidor se reduce respecto al que habría en competencia perfecta. El monopolio sólo es capaz de transformar una parte de esa reducción del excedente en beneficio extraordinario; el resto se pierde.

El coste social del monopolio es precisamente el valor económico de la pérdida de excedente del consumidor que el monopolio no es capaz de transformar en beneficio extraordinario. (A.G.S.)

coste-beneficio (análisis de). Término empleado para referirse tanto a una lógica de actuación en la toma de decisiones como a la técnica empleada para orientar la toma de decisiones racionales. El objetivo subyacente es obtener el mayor beneficio posible (los mejores resultados posibles) con el menor consumo posible de recursos (menor esfuerzo posible).

La lógica implica considerar, explícita o implícitamente, el "peso" total de los gastos previstos y compararlos con el total de los beneficios previstos de una o más acciones con el fin de seleccionar la mejor opción o la más rentable.

La técnica consiste en la enumeración y posterior cuantificación y valoración en términos monetarios de todos los costes y beneficios derivados directa e indirectamente de cada opción, para finalmente elegir aquella cuya diferencia entre beneficios y costes sea mayor. Este método se aplica a obras sociales, proyectos colectivos o individuales, públicos o privados, empresas privadas, planes de negocios, etc., prestando atención a la importancia y cuantificación de sus consecuencias sociales y/o económicas.

El análisis coste-beneficio alcanza su máxima expresión dentro de la Economía del Bienestar, fruto de la necesidad de dar respuesta a problemas económicos concretos. (A.G.S.)

costes. Valor económico de aquello que hay que entregar, pagar o a lo que hay que renunciar para conseguir algo, ya sea mediante la compra, el intercambio o la producción. En este último caso, el

coste representa lo que hay que entregar a cambio (mediante pago o renuncia) para obtener los diversos insumos que se necesitan para la producción.
Los costes serán explícitos o monetarios si surgen del intercambio mediante pago de su precio. Por el contrario, serán costes de oportunidad o implícitos si surgen de la renuncia a emplear los recursos en el mejor de sus usos alternativos. (A.G.S.)

costes a corto plazo. Coste mínimo asociado a cada volumen de producción cuando uno de los factores es fijo. En el corto plazo hay costes fijos y variables, medios y marginales.
Véase: corto plazo. (A.G.S.)

costes a largo plazo. Coste mínimo asociado a cada volumen de producción cuando todos los factores son variables. En el largo plazo no hay costes fijos, todos los costes son variables. *Véase*: largo plazo. (A.G.S.)

costes constantes. Industria en la que los precios de los factores se mantienen estables ante un incremente generalizado de la producción de la industria. Esta circunstancia sólo tiene lugar cuando los recursos empleados son genéricos, sin ninguna cualidad específica de la industria. (A.G.S.)

costes crecientes. Industria en la que los precios de algún factor se incrementan al incrementarse su demanda como consecuencia de un incremento generalizado del volumen de producción de la industria. Esto suele ocurrir con los factores más especializados y característicos de la industria. (A.G.S.)

costes de ajuste. Costes derivados de un cambio en el nivel de utilización de un factor de producción. Se incurre en él solo porque se desea aumentar la cantidad de factor. Las empresas deben planificar y organizar las variaciones en las cantidades de factores que utilizan; todo ello absorbe recursos y, por tanto, suponen un coste de ajuste. Cuando los niveles reales de utilización de los factores productivos no son los que minimizan los costes de producción, las empresas mejorarán su situación variando las cantidades de los mismos. Es decir, se enfrenta al problema de determinar la tasa óptima de ajuste equilibrando las ganancias (menores costes de producción) y los costes de ajuste de los cambios. En términos generales, para la determinación del cambio óptimo la función objetivo en un modelo de T períodos, tiene la forma:

$$\sum_{t=0}^{T} B_t(z_t) - A_t(z_t - z_{t-1})$$

donde B_t , A_t y z_t son, respectivamente, los beneficios, los costes totales de ajuste (que depende del tamaño del cambio del factor z) y la variable de decisión del período t. (L.P.)

costes decrecientes. Industria en la que los precios de los factores se reducen al incrementarse su demanda derivada para satisfacer un incremento generalizado en el volumen de producción de la industria. Esto suele ocurrir cuando se produce una innovación reductora de costes en la industria que fabrica algún input relevante o si en dicha producción hay fuertes economías de escala que sólo pueden explotarse cuando aumenta la demanda derivada del input como consecuencia del aumento generalizado del volumen de producción en la industria que fabrica el bien último. (A.G.S.)

costes de oportunidad. Valor de la producción alternativa a la que se renuncia para obtener un determinado volumen de producción o rendimiento que se obtendría en el mejor de los empleos alternativos de los recursos. El origen de los costes de oportunidad está la escasez, ya que sólo tiene sentido valorar y comparar las diferentes alternativas de utilización o empleo que se presentan cuando los recursos disponibles resultan escasos. (A.G.S.)

costes de transacción. Costes derivados de la búsqueda de información, del proceso de negociación, la supervisión y vigilancia, y la ejecución del intercambio, que son necesarios para que tenga lugar una transacción beneficiosa para ambas partes. Los costes de transacción no se incorporan directamente a los precios puesto que no es posible determinar anticipadamente su magnitud aproximada.
La existencia de costes de transacción explica por qué se buscan formas organizativas distintas al mercado para realizar determinadas transacciones. En especial, explican la existencia de la empresa como institución que organiza transacciones basadas en los principios de autoridad y cooperación. Así reduce los costes de transacción respecto a los que incurriría si se organizase a través de múltiples transacciones en mercados imperfectos. Análogamente, los límites a la expansión de la empresa se encuentran cuando el ahorro en costes de transacción es demasiado pequeño respecto al incremento en costes de gestión y burocracia empresarial. (A.G.S.)

costes fijos. Costes en los que incurre la empresa, independientemente del volumen de producción que mantenga, incluso si cierra o deja de producir. (A.G.S.)

costes (función de). Expresión funcional que relaciona, expresado en términos monetarios, el coste mínimo al que es posible obtener cada volumen de producción, dada la tecnología disponible (función de producción) y los precios relativos de los factores. (A.G.S.)

costes hundidos. En general, en economía se entiende por costes hundidos o irrecuperables aquellos gastos que no pueden recuperarse cualquiera que sea la decisión que se tome y, por tanto, un agente racional no debería tenerlos en cuenta a la hora de adoptar sus decisiones. En microeconomía, en el análisis de los mercados (en concreto, en la decisión entrada y salida de las empresas del mercado) este término se aplica para calificar aquellos costes que la empresa no puede recuperar aunque abandone el mercado (por ejemplo, gastos en publicidad o en I+D). Así, si no existiesen costes hundidos, la decisión de entrada y salida sería la misma; esto es, las empresas saldrían (entrarían) del mercado cuando sus costes medios fueran superiores (inferiores) al precio, es decir cuando hubiese pérdidas (beneficios). Pero si hay costes irrecuperables, se plantea la decisión de si es mejor abandonar el mercado o seguir produciendo, aún con pérdidas Por ejemplo, si se considera que todos los costes fijos son irrecuperables, la empresa, se guiará por los costes variables (sin considerar los fijos irrecuperables) y solo abandonará el mercado cuando el precio sea inferior al valor mínimo de los costes variables medios (pérdidas superiores a los costes fijos). Por otra parte, los costes hundidos pueden volverse una barrera de entrada, pues afectarán al cálculo de los precios que regirán tras la entrada de un nuevo competidor. Así, para que un mercado sea perfectamente disputable y la competencia potencial limite o elimine el poder de monopolio, es necesario que los costes irrecuperables sean reducidos o nulos. Si hay costos hundidos la amenaza de entrada no es suficiente para restringir el comportamiento monopolístico. (L.P.M.)

costes marginales. Tasa de variación del volumen de costes ante un incremento marginal del volumen de producción. Puede interpretarse como el incremento en los costes necesario para ampliar en una unidad la producción. Analíticamente se obtiene a partir de la derivada de la función de costes. (A.G.S.)

costes medios. Coste unitario de producción, estimado de forma igualitaria para todas las unidades producidas. Analíticamente se obtiene mediante la división de los costes totales en los que incurre la empresa entre el volumen de producción con ellos obtenido. (A.G.S.)

costes totales. Coste mínimo total asociado a cada volumen de producción. (A.G.S.)

costes variables. Parte del coste total que depende del volumen de producción en el corto plazo. En el largo plazo no tiene sentido hablar de costes variables frente a costes fijos porque todos los costes son variables. (A.G.S.)

coyuntura. Situación económica de un país, una región o una empresa en un momento determinado del tiempo y perspectivas futuras. La coyuntura se define por el estado actual y las variaciones previsibles a corto plazo de las fuerzas y las variables económicas más relevantes, como la demanda, el tipo de interés, el índice general de precios, la disponibilidad y el coste de la mano de obra, el déficit presupuestario y de la balanza de pagos, la accesibilidad a los mercados exteriores, la política nacional e internacional, etc. (A.G.S.)

creatividad. Factor de la producción que puede entenderse como una forma peculiar de capital humano y que genera una especial capacidad para ir más allá de la simple reproducción del conocimiento existente y el empleo de los recursos ya conocidos. La creatividad tiene que ver con la capacidad para analizar el conocimiento existente, la forma en que se combina y encontrar soluciones novedosas ya sea generando nuevo conocimiento o bien combinando de una manera diferente y novedosa el conocimiento y los recursos previamente existentes.

La creatividad cobra cada vez un papel más intenso en la explicación de las diferencias en los niveles de innovación tecnológica y en los procesos de crecimiento y desarrollo económico de las regiones. Puede entenderse como uno de los elementos que diferencian y permiten identificar al empresario innovador schumpeteriano. (A.G.S.)

crecimiento económico. Incremento de la producción de bienes y servicios de una sociedad en un período de tiempo respecto al período anterior. También hace referencia a la tendencia secular experimentada por dicha producción. Habitualmente se estima en su valor monetario a través del Producto Interior Bruto, aunque también puede estimarse a través de la Renta Nacional; ambos conceptos presentan ligeros matices en cuanto a la producción en el extranjero por recursos nacionales y a la producción en el país por recursos extranjeros. Al objeto de realizar comparaciones homogéneas entre países, suelen analizarse las tasas porcentuales de crecimiento así como el incremento de la renta nacional por habitante.

Para que el crecimiento tenga lugar es necesario disponer de mano de obra con suficiente cualificación y especialización (factor trabajo y capital humano), una adecuada dotación de capital (inversión), tecnología adecuada (innovación) y factor empresarial. Además, el incremento de la producción ha de ir acompañado de un incremento equivalente de la demanda (interna y externa), lo que dependerá del poder adquisitivo de los consumidores (distribución de la renta) y de que la demanda se adecue a sus necesidades (competitividad).

En el corto plazo, el crecimiento está íntimamente relacionado con los ciclos económicos, dada la variación en la magnitud y el signo de las tasas de crecimiento de unos períodos a otros. Por el contrario, en el medio y especialmente largo plazo, el crecimiento económico está relacionado con la tendencia subyacente al ciclo. (A.G.S.)

crecimiento económico en términos reales. Es el crecimiento económico en términos físicos o en términos monetarios una vez deducida la inflación. Es el incremento que se obtiene con datos valorados a precios constantes, respecto a un periodo base. El crecimiento real del Producto Interno Bruto, se define como el incremento efectivo de los volúmenes producidos de bienes y servicios, expresado en valores constantes, es decir el valor de las unidades físicas a los precios de un año de referencia, aislando de esta forma los efectos que introducen las fluctuaciones de los precios. (A.G.S.)

crisis. Perturbación duradera de la actividad económica que genera una fase recesiva del ciclo, una contracción de la actividad económica (producción) y del empleo. La crisis mantiene un matiz de mayor intensidad que la simple recesión, tanto por su magnitud como por su extensión temporal y su generalización al conjunto de sectores productivos, la quiebra de empresas y el deterioro de la confianza de los agentes económicos. Las crisis pueden tener su origen en un sector y transmitirse al resto de la economía e incluso difundirse a escala internacional. (A.G.S.)

cuasi dinero. Instrumentos de pago que no son completamente líquidos: depósitos de ahorro y a plazo fijo que existen en el sistema financiero. Al no tener tanta liquidez como el dinero efectivo o los depósitos en cuenta corriente o a la vista, se los considera casi, pero no exactamente, como dinero circulante. (A.G.S.)

cuasi renta. Renta adicional obtenida por un factor productivo en función de la inelasticidad de su oferta; es decir, en función de sus características específicas y su escasez, que lo convierten en un factor especialmente relevante en el proceso de producción. (A.G.S.)

cuentas nacionales. Sistema de registros contables, a escala de un país o de una región, que sirve para calcular las magnitudes agregadas objeto de estudio de la macroeconomía: Producto Interior Bruto, Renta Nacional, Inversión, Ahorro, Consumo Privado, Consumo Público, Exportaciones Netas, Consumos Intermedios (flujos interindustriales de bienes), etc.
A través del estudio detallado de las cuentas nacionales es posible comprender cómo se ha comportado la economía en un período dado. Existen tres formas básicas en que se pueden calcular estas magnitudes: la aproximación que parte del análisis de los ingresos, la que parte del gasto y la que se basa en la producción (valor añadido). Estos tres enfoques dan lugar a tres diferentes modos de describir los valores agregados de la nación, descripciones que, aunque diferentes, son congruentes entre sí pues se refieren básicamente al mismo objeto de estudio. (A.G.S.)

curva de contratos. Curva que representa todos los posibles equilibrios (soluciones a un problema de intercambio entre individuos) y que son asumibles por ambos dadas sus respectivas posiciones de partida antes del intercambio.
Obtenida a partir del modelo de la Caja de Edgeworth, es el tramo de la curva que une todos los puntos de tangencia entre curvas de indiferencia de ambos individuos, comprendidos entre las curvas de indiferencia que indican las posiciones iniciales de cada uno de los agentes antes del intercambio.
El que sean puntos de tangencia entre curvas de indiferencia supone que representen posiciones en las que las relaciones marginales de sustitución entre bienes coinciden para ambos individuos, es decir, coinciden sus valoraciones relativas de los bienes, como condición para que se alcance un acuerdo.
La extensión (longitud) de la curva de contratos nos da una idea de la magnitud de las ganancias derivadas del intercambio, mientras que la posición relativa en la curva nos indica el reparto

de dichas ganancias entre los individuos que participan en el intercambio.
El concepto de curva de contratos (al igual que el modelo de la Caja de Edgeworth) puede extenderse a cualquier negociación entre agentes económicos e incluso a la asignación de recursos productivos entre diferentes productos, adaptando adecuadamente las curvas de indiferencia por líneas isocuantas y las relaciones marginales de sustitución por las relaciones marginales de sustitución técnica. *Véase:* Caja de Edgeworth. (A.G.S.)

curva de costes. Representación gráfica de la función de costes. Es el lugar geométrico de los puntos que indican el menor coste al que es posible obtener cada volumen de producción, dada la tecnología disponible (función de producción) y los precios relativos de los factores. (A.G.S.)

curva de indiferencia. Representación gráfica de todas las combinaciones de consumo que un consumidor considera equivalentes entre sí; por tanto, el consumidor se mostrará indiferente entre todas esas combinaciones (le proporcionan una utilidad o satisfacción equivalente). La elección de una entre todas ellas la realizará en función de los precios relativos de los bienes y de la renta de que disponga; es decir, en función del coste de mercado de cada una de ellas en comparación con la renta de que dispone el consumidor.
Cada curva de indiferencia genera tres subconjuntos de combinaciones de consumo. Las combinaciones indiferentes (están en la curva), las peores o no-preferidas (están por debajo de la curva, más próximos al origen) y las mejores o preferidas (están por encima de la curva, más alejados del origen).
La elaboración de sucesivas curvas de indiferencia da lugar al denominado mapa de indiferencia, que sirve para expresar las preferencias del consumidor para cualquier combinación de consumo, en función de la utilidad que le proporcionan. Las curvas de indiferencia son convexas hacia el origen, generalmente se acercan (pero no tocan) a los ejes que representan los bienes de consumo y no se cruzan entre sí porque ello implicaría una inconsistencia lógica en las preferencias del consumidor.
El mapa de indiferencia tiene infinitas curvas de indiferencia. Esto no significa que todo consumidor esté permanentemente calculando curvas de indiferencia, sino que es capaz de calcular cualquier curva que necesite para tomar su decisión racional de consumo. Es decir, el consumidor no compara todas y cada una de las posibles combinaciones de consumo del mercado, pero es capaz de comparar cualquier combinación que sea relevante para tomar su decisión racional de consumo.
Al comparar dos curvas de indiferencia, podemos afirmar que la que se encuentre más alejada del origen es preferida (las combinaciones de consumo que la forman proporcionan mayor utilidad) que la más cercana al origen. Pero esta relación es sólo de orden, no cuantitativa. (A.G.S.)

curva de Phillips. Relación inversa entre la tasa de desempleo (u) y la tasa de inflación (Π), medida ésta en términos de crecimiento de los salarios monetarios.Su origen se encuentra en un trabajo de 1958 de A.W. Phillips sobre el comportamiento de los salarios monetarios en el Reino Unido durante el periodo 1958-1957. Phillips encontró una correlación negativa entre el aumento de los salarios monetarios y la tasa de desempleo. Samuelson y Solow repitieron el proceso con datos de EE.UU. para el periodo 1990-1960 y encontraron la misma relación negativa pero utilizando la tasa de inflación en lugar de la variación de los salarios nominales. Por ello, la curva de Phillips se ha utilizado tanto para describir la relación originaria como esta última. La curva de Phillips tiene pendiente negativa, cuanto mayor es la tasa de desempleo menor es la tasa de inflación. Esto es, la curva sugiere que existe una relación de intercambio (*trade-off*) entre inflación y desempleo. En otras palabras, al combatir la inflación el desempleo aumenta; por el contrario, si se lucha contra el desempleo reactivando la economía con una expansión de la demanda agregada, habrá que aceptar un aumento de la inflación. El argumento es el siguiente: a medida que aumenta la demanda agregada, la presión sobre los precios es mayor y éstos comienzan a elevarse mientras el paro disminuye. A corto plazo, dado que los salarios nominales tienden a elevarse en menor medida que los precios, los salarios reales descienden, lo que abarata el coste de la mano de obra y las empresas aumentan su demanda de trabajo.

Analíticamente, una versión lineal de la curva de Phillips es:
$\pi = A - \beta\,(u - u^*)$ donde A es un constante (la tasa de inflación cuando $u = u^*$); β es una coeficiente que muestra la respuesta de inflación a la diferencia entre la tasa de desempleo y su nivel natural; π es la tasa de inflación;) u es la tasa de desempleo; u^*es la tasa natural de desempleo.

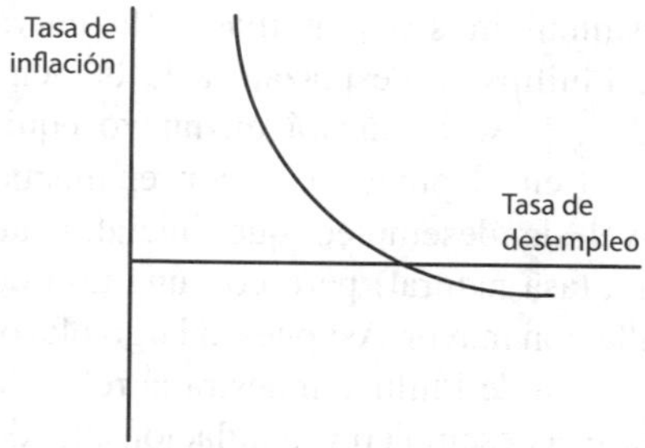

En el largo plazo, la relación descrita por la curva de Phillips pierde validez. Ello porque en el largo plazo los salarios nominales terminan por recoger las elevaciones de los precios, con lo que las reducciones iniciales de los salarios reales desaparecen y las empresas despiden a los trabajadores que habían contratado. No se da, por tanto, una relación inversa entre inflación y desempleo. Phelps y Friedman mostraron que la curva de Phillips no era estable y que se desplazaba en el tiempo a medida que variaban las expectativas de inflación. Su proposición es la siguiente: *a largo plazo la economía se desplazará hacia la tasa natural de desempleo, cualquiera que sea la tasa de variación de los salarios y de los precios*. El gráfico inferior ayuda a comprender el proceso de ajuste: supongamos que el gobierno desea combatir el desempleo y adopta medidas que impulsan la demanda. Esto provoca un movimiento a lo largo de la curva de Phillips a corto plazo inicial ($CP_{1C/P}$) de "A" a "B", disminuyendo el desempleo (por aumento de la contratación ante la caída de los salarios reales) y aumentando la inflación. A medida que se ajusten las expectativas de inflación, los salarios monetarios recogerán el incremento de precios, las empresas disminuirán sus plantillas y la curva de Phillips se desplazará a la derecha ($CP_{2C/P}$). Se alcanzará un nuevo equilibrio en el punto "C", con el mismo nivel de desempleo que inicialmente (u*, tasa natural) pero con una tasa de inflación mayor. Así pues, a largo plazo, la curva de Phillips muestra la relación entre el desempleo y la inflación cuando la inflación esperada se ajusta a la tasa de inflación observada, es decir, cuando la inflación se anticipa totalmente. Por ello, a largo plazo la curva de Phillips, es vertical, no existiendo ninguna relación de intercambio entre inflación y desempleo. Analíticamente, la curva de Phillips ampliada con expectativas de inflación viene dada por: $\pi = \pi^e - \beta (u - u^*)$, donde π^e es la tasa de inflación esperada.(A.R.R.)

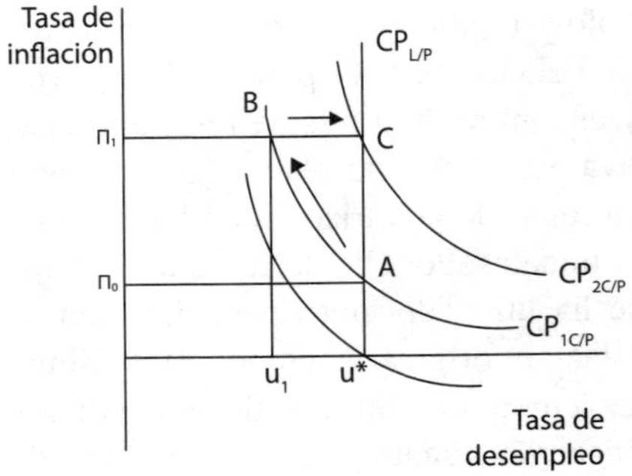

D

datos longitudinales, análisis de. Los análisis de datos longitudinales son los que se basan en un conjunto de datos de corte longitudinal, esto es, datos de seguimiento en la evolución de una determinada variable, y son por tanto aplicables a los valores adoptados por dicha variable lo largo del tiempo. Los estudios de datos longitudinales deben implicar necesariamente más de dos mediciones a lo largo del seguimiento. (M.L.R.)

datos transversales, análisis de. El análisis de datos transversales se basa en un conjunto de datos de corte transversal, esto es, datos obtenidos a partir de una muestra de los valores adoptados por una determinada variable en un momento determinado. (M.L.R.)

debe. En la contabilidad por partida doble, columna de la izquierda de una cuenta en la que se anotan las operaciones que implican una deuda, o una entrada de bienes o valores en el patrimonio de la empresa. (M.L.R.)

deducción. Reducción en el importe de la base imponible, o en el propio impuesto. Descuento, rebaja en una cantidad. (M.L.R.)

deducción de la base. Reducción de la base imponible -esto es, de la cantidad sujeta a gravamen- como consecuencia de exenciones establecidas en la normativa. (M.L.R.)

deducción de la cuota. Reducción que se aplica al contribuyente sobre la cuota tributaria que debe pagar, resultante de haber aplicado a la base imponible el tipo impositivo establecido. (M.L.R.)

déficit. Cantidad negativa resultante cuando los gastos superan a los ingresos. (M.L.R.)

déficit ajustado por inflación. Déficit público que deduce del pago de los intereses de la deuda pública el componente inflacionario. (M.L.R.)

déficit cíclico. Parte del déficit público medido inducido por el ciclo económico; si la economía se encuentra en una situación de recesión, los ingresos tributarios recaudados serán inferiores a los que se podrían obtener en una buena situación económica, al tiempo que los gastos serán superiores a los normales: mayores prestaciones por desempleo, ayudas a las empresas, y gastos destinados a reactivar la economía. Se entiende que el déficit adicional procedente de esta menor recaudación y de estos mayores pagos obedece a una situación estrictamente coyuntural, siendo en consecuencia una parte del déficit público a la que se atribuye un carácter temporal.

déficit comercial. Situación en que se encuentra un país cuando su balanza comercial presenta un saldo negativo, esto es, cuando los pagos derivados de las importaciones de bienes de un país superan a los ingresos procedentes de sus exportaciones. (M.L.R.)

déficit de caja. Cantidad resultante cuando los pagos y los ingresos que se toman en consideración para el cálculo del déficit son los efectivamente realizados, no los devengados. (M.L.R.)

déficit de la balanza de pagos. Situación producida cuando la Balanza de Pagos de un país presenta una situación negativa, esto es, cuando la diferencia entre los ingresos procedentes de transacciones que implican una entrada de divisas -exportaciones de bienes y servicios, importaciones de capital, transferencias, etc.- y los pagos que suponen una salida de divisas -importaciones de bienes y servicios, inversiones de capital en el extranjero, pagos de transferencia, etc.- es negativa. (M.L.R.)

déficit de la balanza por cuenta corriente. Saldo negativo en el componente de la Balanza de Pagos que recoge las transacciones económicas por intercambio de bienes, servicios y pago de transferencias. Es, por tanto, el saldo de una sub-balanza que no recoge los ingresos y pagos derivados de las transacciones de capital. (M.L.R.)

déficit estructural. También denominado déficit discrecional, es el componente del déficit que es independiente de la evolución del ciclo económico, esto es, el que depende de la gestión política y no de la coyuntura. Es el déficit que existiría si la economía funcionara en torno a su nivel de producción potencial: los ingresos recaudados serían los máximos, y los gastos públicos serían los normales para la actuación del sector público.

déficit gemelos. Situación en la que, de manera simultánea, existe un déficit presupuestario del gobierno y un déficit en la cuenta corriente. El enfoque de los déficit gemelos considera además la existencia de una relación de causalidad desde el déficit público hacia el déficit en la balanza de pagos, que se generaría del siguiente modo: un déficit presupuestario del Estado reduciría la oferta de fondos prestables de la economía, con lo que aumentaría el tipo de interés; los tipos de interés más elevados favorecerían la entrada de capital desde el exterior y, en consecuencia, la demanda de moneda interior, apreciándola y, en consecuencia, deteriorando la posición competitiva del país y el saldo de su Balanza por cuenta corriente. (M.L.R.)

déficit primario. Déficit público con exclusión de los pagos relacionados con el servicio y el pago de los intereses de la deuda pública. (M.L.R.)

déficit público. Diferencia entre el total de los ingresos y los pagos del Estado. (M.L.R.)

deflación. Reducción sostenida y generalizada en el nivel de precios de los bienes y servicios de una economía. Es el movimiento de los precios contrario a la inflación, y tiene su origen en una reducción de la demanda. (M.L.R.)

deflactor del producto interior bruto. Es un índice de precios que recoge la variación que se ha producido en el nivel de precios de todos los bienes y servicios producidos en un país. Se calcula como cociente entre el PIB del país en un año a precios corrientes y el PIB del país a precios constantes del año con respecto al cual se desee calcular la evolución de los precios. Tiene mayor cobertura que el IPC en la medición de la evolución de los precios -todo lo que se produce, y no sólo los componentes de la cesta de la compra tipo-, pero cuenta en cambio con los inconvenientes de no recoger los precios de productos importados y de ser una medida más rígida: sus datos se publican con retraso, y sólo es una medida válida para comparaciones interanuales. El deflactor se puede aplicar también al Producto Nacional Bruto (PNB), obteniéndose en consecuencia el Deflactor del Producto Nacional Bruto. (M.L.R.)

demanda. Cantidad de bienes, servicios, activos o factores que desean ser adquiridos por un individuo o conjunto de individuos a un determinado precio. (M.L.R.)

demanda, curva de. La demanda se suele representar gráficamente mediante la curva de demanda, que recoge las cantidades demandadas de los bienes, servicios, activos o factores -Q- (en el eje de abscisas) a cada posible precio -P- (en el eje de ordenadas). Dado que existen otros factores que afectan a la demanda, para su representación se utiliza la cláusula *ceteris paribus*, esto es, se utiliza el supuesto de que a lo largo de una curva de demanda todos los demás factores se mantienen constantes.

La curva de demanda

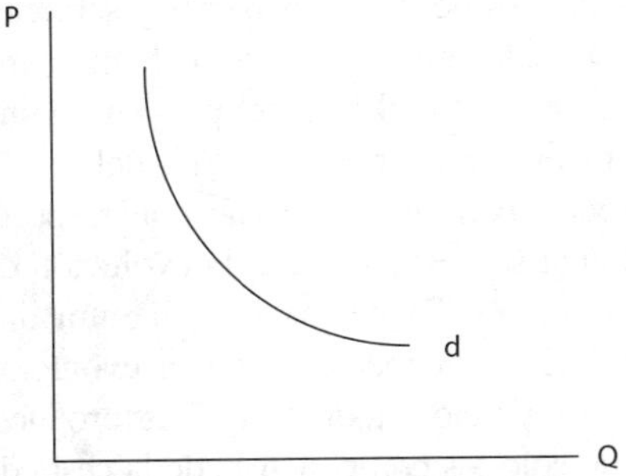

La pendiente de la curva determina el grado de respuesta de la cantidad demandada a las variaciones en los precios, concepto denominado elasticidad-precio de la curva de demanda. En función de su elasticidad, la demanda puede ser: rígida -cuando su elasticidad es nula; inelástica, si la variación en la cantidad demandada es porcentualmente inferior a la variación del precio; unitaria, cuando la variación porcentual de la cantidad demandada coincide con la del precio; elástica, cuando la cantidad demandada experimenta una variación porcentual superior a la del precio. *Véase*: elasticidad de la demanda. (M.L.R.)

La demanda rígida

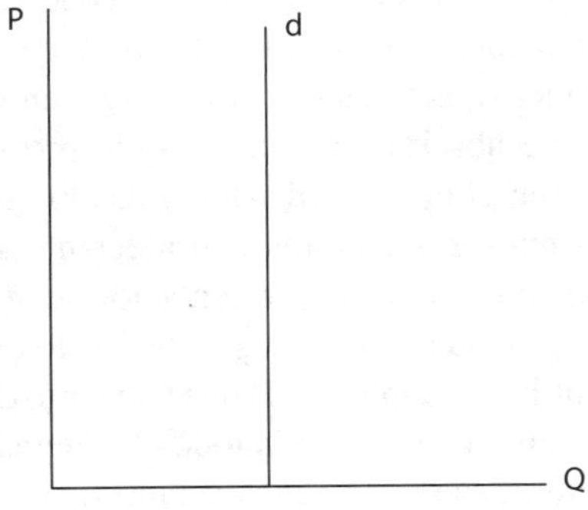

La demanda inelástica

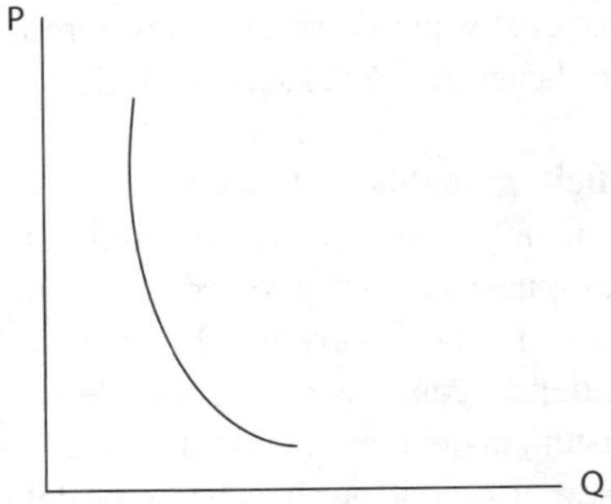

La demanda de elasticidad unitaria

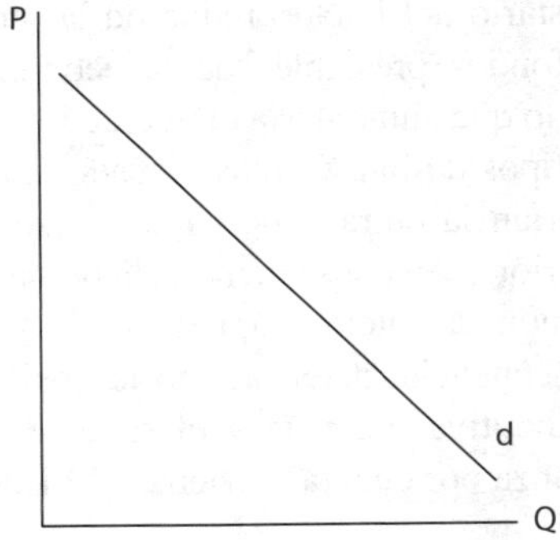

La demanda elástica

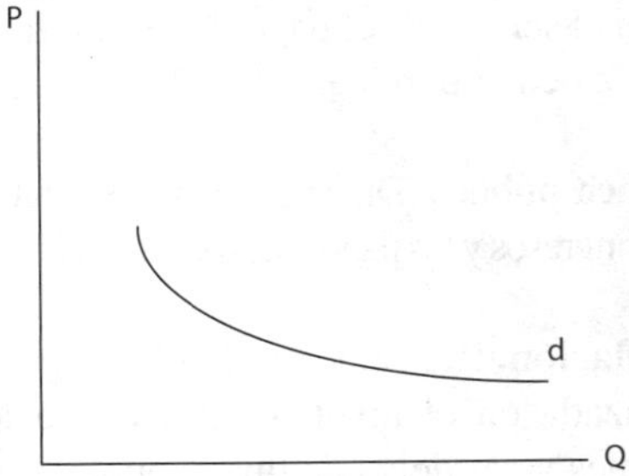

demanda agregada. La demanda agregada de una economía representa la cantidad total de bienes y servicios producidos que las familias, empresas, administración pública y resto del mundo desean adquirir a cada nivel de precios. Incluye por tanto la demanda total de bienes de consumo, más la demanda de bienes de inversión, la demanda -compra de bienes y servicios- por parte del Sector Público y la demanda neta del exterior -Exportaciones menos importaciones-. Así pues, la Demanda Agregada dependerá de las variables que afectan a cada uno de sus componentes, fundamentalmente los siguientes:

La demanda de consumo aumenta fundamentalmente con la riqueza y la renta disponible; además, la renta disponible depende del nivel de renta total, pero también de los impuestos -un aumento impositivo reduce la renta disponible- y las transferencias personales -un aumento de éstas aumentará la renta disponible y, en consecuencia, la demanda de consumo-.

La demanda de inversión incluye tres componentes: demanda de capital productivo, inversión en viviendas e inversión en existencias. Está determinada por diferentes factores, entre los cuales se puede destacar el nivel de producción -que afecta positivamente a la demanda de inversión- y el tipo de interés, de incidencia negativa en la misma. No obstante, la demanda de inversión es un componente heterogéneo y de gran volatilidad, que con independencia de la evolución de los citados factores se verá profundamente influenciada por las expectativas empresariales.

La demanda de bienes y servicios por el Estado: Incluye todas las compras del Estado, tanto las relativas a gastos corrientes como de inversión; excluye los pagos unilaterales del Estado -transferencias y subvenciones-, ya que no suponen directamente una demanda de producto, si bien pueden contribuir a las demandas de consumo e inversión.

Demanda neta del exterior: esto es, diferencia entre exportaciones e importaciones. Depende de la renta interior -por su efecto sobre las importaciones-, renta exterior -por su impacto sobre las exportaciones- relación entre los precios interiores y exteriores, y tipo de cambio: un encarecimiento de la moneda extranjera -por depreciación o devaluación de la moneda interior- abarata relativamente los bienes y servicios interiores frente a los del resto del mundo, aumentando las exportaciones y reduciendo las importaciones; lo contrario ocurrirá ante un abaratamiento de la moneda exterior, por apreciación o revaluación de nuestra moneda. (M.L.R.)

demanda conjunta. Se denomina así a la demanda que tiene lugar en los bienes complementarios, de modo que al aumentar la demanda de uno de ellos suele aumentar también la demanda del otro. (M.L.R.)

demanda de bienes y servicios. La demanda microeconómica de bienes y servicios representa la relación entre las cantidades demandadas de un determinado bien o servicio y las variables que la determinan: precio del producto, gustos de los consumidores, renta, tamaño del mercado. Para su análisis se utiliza la función de demanda, que es una relación matemática que recoge la relación entre la cantidad demandada del bien o servicio y los diferentes factores que afectan a su cantidad demandada; de este modo la función de demanda recogerá la relación existente entre la cantidad demandada del mismo y su precio, la renta del consumidor, el precio de otros bienes o servicios complementarios o sustitutivos del mismo, gustos de los consumidores o tamaño del mercado. Por ejemplo, si llamamos Q_x a la cantidad demandada de un determinado bien, podemos expresar la función de demanda del bien X del siguiente modo:

$Q_x = D(P_x, R, P_y, G, T)$,

Donde P_x es el precio del propio bien, P_y el de otros bienes complementarios o sustitutivos, R la renta del consumidor, G sus gustos y T el tamaño del mercado. La demanda de bienes y servicios se suele representar gráficamente mediante la curva de demanda, que recoge las cantidades demandadas de los bienes, servicios, activos o factores -Q- (en el eje de abscisas) a cada posible precio -P- (en el eje de ordenadas). Dado que existen otros factores que afectan a la demanda, para su representación se utiliza la cláusula *ceteris paribus*, esto es, se utiliza el supuesto de que a lo largo de una curva de demanda todos los demás factores se mantienen constantes.

Dado que la representación de la curva de demanda se realiza bajo la cláusula *ceteris Paribus*, la variación de cualquiera de los otros factores que influyen sobre la cantidad demandada origina un desplazamiento de la curva de demanda, hacia la derecha -en caso de variación de un factor que aumenta la demanda- o la izquierda, en caso de disminución. (M.L.R.)

Desplazamientos de la curva de demanda:

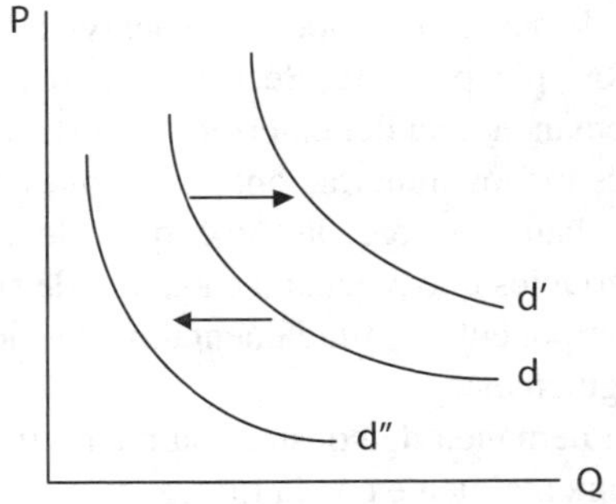

demanda de bienes y servicios por el Estado. Componente de la Demanda Agregada que incluye todas las compras del Estado, tanto las relativas a gastos corrientes como de inversión; excluye los pagos unilaterales del Estado -transferencias y subvenciones-, ya que no suponen directamente una demanda de producto, si bien pueden contribuir a las demandas de consumo e inversión. Las actuaciones del Estado en materia de política fiscal serán las que determinen el nivel que finalmente alcanzará este componente de la demanda. (M.L.R.)

demanda de capital. Relaciona la cantidad de factor capital que desean mantener las empresas con cada posible precio -tipo de interés-. En una situación competitiva el empresario demandará unidades adicionales de factor capital hasta que la contribución al ingreso de la última unidad demandada coincida con el tipo de interés. (M.L.R.)

demanda de consumo. Componente de la Demanda Agregada que recoge la demanda que realizan las economías domésticas de un país; cuantitativamente, es el componente más importante de la Demanda Agregada de un país. La demanda de consumo varía fundamentalmente con la riqueza y la renta disponible; además, la renta disponible depende del nivel de renta total, pero también de los impuestos -un aumento impositivo reduce la renta disponible- y las transferencias personales -un aumento de éstas aumenta la renta disponible y, en consecuencia, la demanda de consumo-. Diferentes teorías explicativas del consumo consideran un diferente concepto relevante de renta en la determinación de la demanda de consumo: si en la teoría keynesiana es la renta disponible corriente, en la hipótesis del ciclo vital los individuos planean un consumo uniforme a lo largo de su vida; según la teoría de la renta permanente, el consumo depende de la renta tendencial -renta media esperada a largo plazo- más que de la renta presente. La correlación del consumo con la renta es el origen del efecto multiplicador, por el cual las variaciones de renta afectan al consumo, éstas inducen a un aumento de la producción, ésta a su vez genera renta que nuevamente induce consumo. (M.L.R.)

demanda de dinero. Cantidad de dinero que los agentes económicos desean mantener en un momento dado y en unas circunstancias determinadas, para un determinado nivel de riqueza. Entre otros factores, depende del nivel de renta y del tipo de interés: la cantidad demandada de dinero aumenta cuando lo hace la renta, por aumentar la necesidad de liquidez para realizar pagos, y se reduce cuando aumenta el tipo de interés, por aumentar la preferencia del individuo hacia otras formas de riqueza más rentables -al aumentar el coste de oportunidad de mantener dinero-. Aunque la renta y el tipo de interés son los factores más relevantes para explicar la demanda de dinero, ésta se ve influenciada también por otros factores, tales como el nivel de riqueza -que aumenta la demanda de todos los activos-, y el riesgo de los activos alternativos al dinero -que aumentaría la demanda de éste en relación con la de otros activos más arriesgados-. Dado que el dinero es el activo líquido por excelencia, se supone que la demanda de dinero es una demanda de liquidez, frente a la demanda de otros activos menos líquidos pero más rentables. En la evolución del pensamiento económico se han elaborado diferentes teorías sobre las razones que inducen a los individuos a mantener una mayor o menor parte de su riqueza en dinero, en lugar de mantenerla en otros activos menos líquidos pero más rentables.

En el pensamiento neoclásico se consideran dos motivos para demandar dinero: conveniencia, esto es, demanda de dinero para hacer frente a los pagos habituales- y seguridad, es decir, demanda para hacer frente a la posibilidad de pagos imprevistos. No introducen la consideración de coste de oportunidad para el motivo seguridad, de donde la demanda de dinero depende fundamentalmente del nivel de renta. FISHER introduce la expresión cuantitativa, según la cual:

$$M \times V = P \times T$$, donde:

M es la cantidad de dinero -masa monetaria

V es la velocidad de circulación del dinero

P es el nivel de precios

T es el volumen de transacciones que se dan en la economía en un determinado periodo de tiempo. Al ser V una constante, y dada la estabilidad de T:

$$M = k \times P$$

Donde k es constante a corto plazo; se deduce en consecuencia que la masa monetaria circulante en la economía determina de modo proporcional el nivel de precios. Aunque esta expresión inicial de la teoría cuantitativa no se refiere explícitamente a la demanda de dinero, es posteriormente reformulada por MARSHALL y PIGOU, que consideran que al ser el volumen de transacciones de una economía dependiente de su nivel de renta expresan:

$$M = k' \times Y$$

Donde Y es el nivel de renta de la economía. Así pues, la cantidad de dinero demandada u ofertada (M) es proporcional al nivel de renta de la economía (Y). Posteriormente, Friedman y otros monetaristas asumen este principio -que denominan neutralidad del dinero-, aunque sólo a largo plazo.

Por su parte, Keynes identifica tres motivos para demandar dinero: transacción, precaución y especulación. La demanda de dinero por motivo transacción es la parte de riqueza que los individuos desean mantener en dinero para hacer frente a sus pagos habituales. Se identifica, en consecuencia, con el motivo conveniencia de los neoclásicos, y para Keynes depende fundamentalmente del nivel de renta. La demanda de dinero por motivo precaución es asimilable al motivo seguridad de los autores neoclásicos, siendo la parte adicional de riqueza que el público desea mantener en dinero para hacer frente a pagos imprevistos. Está también referida a la función de medio de pago del dinero, y Keynes la hace depender, como en el motivo transacción, del nivel de renta, aunque diferentes autores postkeynesianos -por ejemplo su discípulo Harrod, y también Baumol y Tobin- destacan que, al existir en este caso un componente de coste de oportunidad, es lógico suponer que también depende del tipo de interés. Por último, la demanda de dinero por motivo especulación supone en la teoría keynesiana una novedad frente al planteamiento neoclásico; si el tipo de interés se sitúa por encima de lo que el especulador considera que es el tipo de interés normal, $i > i_N$, espera una futura reducción -aumento en la cotización de los bonos-, por lo que preferirá mantener su riqueza en forma de bonos; si el tipo de interés se sitúa por debajo del normal $i < i_N$, el especulador espera una reducción del mismo -descenso en la cotización de los bonos-; si éste descenso es lo suficientemente importante para compensar el tipo de interés que ofrecen los bonos -lo que ocurre cuando el tipo de interés efectivo se sitúa por debajo de lo que Keynes denomina *tipo de interés crítico*, entonces sólo compensa mantener dinero. No obstante, desarrollos posteriores de la teoría de la demanda de dinero no han dado tanta relevancia a este comportamiento especulativo, de modo que se ha denominado demanda de dinero por motivo especulación simplemente a la demanda de dinero como depósito de valor que realizan los individuos cuando aumenta el riesgo de los activos alternativos al dinero. (M.L.R)

demanda de dinero, curva de. Relaciona la cantidad total demandada de dinero -Md- con el tipo de interés -i-, y tiene pendiente negativa. A lo largo de la curva de demanda de dinero se considera que el resto de los factores que influyen en su comportamiento se mantienen constantes; una variación de los mismos provocaría un desplazamiento de la curva de demanda de dinero -una variación en la cantidad de dinero que el público desea mantener a cada tipo de interés-. (M.L.R)

La curva de demanda de dinero.

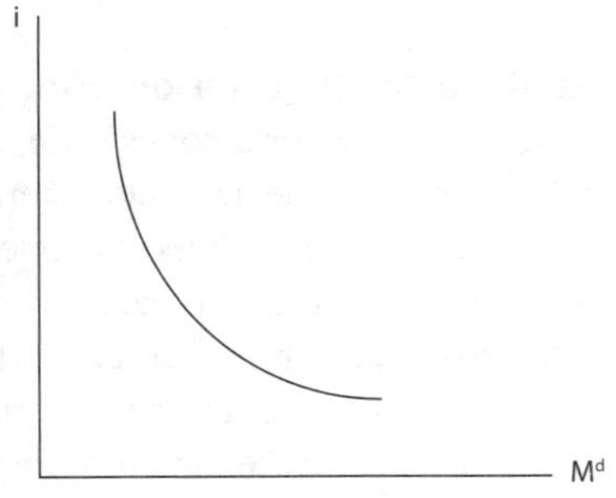

demanda de factores. Relaciona la cantidad que desean mantener las empresas de los diferentes factores productivos a sus respectivos precios. (M.L.R)

demanda del factor capital. Relaciona la cantidad de factor capital que desean mantener las empresas con cada posible precio -tipo de interés-. En una situación competitiva el empresario demandará unidades adicionales de factor capital hasta que la contribución al ingreso de la última unidad demandada coincida con el tipo de interés. (M.L.R)

demanda del factor trabajo. Relaciona la cantidad de factor trabajo que las empresas desean mantener con cada posible precio -salario-. Una empresa maximizadora de beneficios contratará unidades adicionales de factor trabajo hasta el punto en que el ingreso del producto marginal -contribución al ingreso de la última unidad utilizada de factor trabajo- iguale al coste marginal -salario-. En consecuencia, el empleador deseará contratar a cada salario la cantidad de trabajo con igual ingreso del producto marginal, por lo que la curva de demanda de trabajo coincide en este caso con la curva de ingreso del producto marginal. (M.L.R)

demanda de inversión. Entendida como demanda privada interior bruta de una economía. Incluye tres componentes: demanda de capital productivo -planta y equipo adquirido por las empresas-, inversión en viviendas -construcción de nuevas viviendas- e inversión en existencias -de materias primas, productos semielaborados y productos terminados-. Esta última se refiere exclusivamente a la inversión planeada o deseada en existencias, esto es excluye la acumulación de existencias por parte de las empresas que se produce de modo involuntario como consecuencia de una demanda inferior a la prevista. La inversión está determinada por diferentes factores, entre los cuales se puede destacar la variación en el nivel de producción -que afecta positivamente a la demanda de inversión- y el tipo de interés, de incidencia negativa en la misma. No obstante, la demanda de inversión es un componente heterogéneo y de gran volatilidad, que con independencia de la evolución de los citados factores se verá profundamente influenciada por las expectativas empresariales. (M.L.R.)

demanda derivada. Demanda que es consecuencia de otra demanda. El caso más representativo es el de la demanda de factores de producción -trabajo y capital-, procedente de la demanda que tiene lugar en el mercado de bienes y servicios que contribuyen a producir. Lo mismo ocurre con la demanda de capitales. (M.L.R)

demanda de trabajo. Relaciona la cantidad de factor trabajo que las empresas desean mantener con cada posible precio -salario-. Una empresa maximizadora de beneficios contratará unidades adicionales de factor trabajo hasta el punto en que el ingreso del producto marginal -contribución al ingreso de la última unidad utilizada de factor trabajo- iguale al coste marginal -salario-. En consecuencia, el empleador deseará contratar a cada salario la cantidad de trabajo con igual ingreso del producto marginal, por lo que la curva de demanda de trabajo coincide en este caso con la curva de ingreso del producto marginal.

La demanda de trabajo

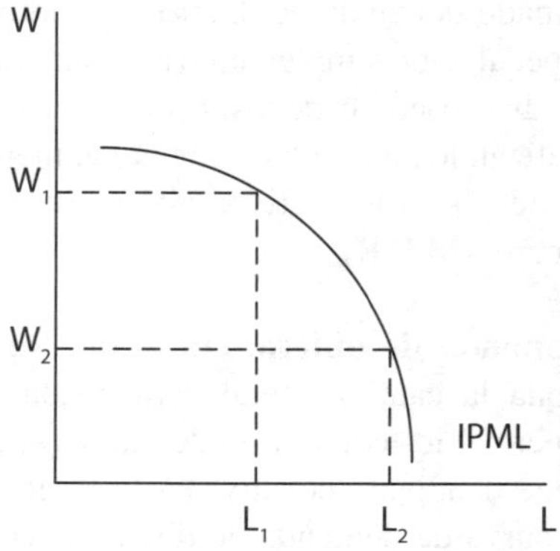

En este sentido, para un salario W_1, el empresario deseará mantener -dada la cantidad del resto de factores de producción, la cantidad de trabajo cuya contribución adicional al ingreso -ingreso del producto marginal del trabajo- se iguale con el coste del último trabajador, determinando una cantidad L_1; lo mismo para el salario W_2, que dará lugar a la contratación de L_2. (M.L.R.)

demanda neta del exterior. Esto es, diferencia entre exportaciones e importaciones. Depende de la renta interior -por su efecto sobre las importaciones-, renta exterior -por su impacto sobre las exportaciones- relación entre los precios interiores y exteriores, y tipo de cambio: un encarecimiento de la moneda extranjera -por depreciación o devaluación de la moneda interior- abarata relativamente los bienes y servicios interiores frente a los del resto del mundo, aumentando las exportaciones y reduciendo las importaciones; lo contrario ocurrirá ante un abaratamiento de la moneda exterior, por apreciación o revaluación de nuestra moneda. (M.L.R.)

depósito. Contrato por el cual un individuo, grupo de individuos, o una institución -depositante-, hace entrega a un depositario de un bien, a fin de que éste la custodie durante un determinado periodo de tiempo. (M.L.R.)

depósito aduanero. Circunstancia en que se encuentran las mercancías, en un recinto bajo control de la aduana, durante un plazo limitado, en que no abonan derechos de importación. Fundamentalmente se utilizan cuando el importador no conoce el destino final de la mercancía, que será importada o reexportada a otro país. (M.L.R.)

depósito a la vista. Depósito bancario en que el depositante puede retirar en parte o en su totalidad la cantidad aportada en cualquier momento, sin previo aviso. En general, no ofrecen intereses. (M.L.R.)

depósito a plazo. Depósito bancario en que el depositante no puede retirar la cantidad ingresada hasta que transcurra un plazo prefijado. Una vez transcurrido, el depositante puede retirar su dinero, así como los intereses correspondientes. Si el depositante necesita disponer de su dinero antes de la finalización de dicho periodo, debe contar con el permiso del banco o institución financiera, y hacer frente a un coste -en general, la pérdida de una parte de los intereses devengados-. Cuando el vencimiento es inferior a un año se denomina depósito a corto plazo; en caso contrario, sería un depósito a largo plazo. (M.L.R.)

depósito bancario. Cantidad de dinero que un individuo o institución mantiene en una cuenta bancaria. Los depósitos bancarios son un activo para el depositante, y un pasivo para la institución financiera que lo recibe, porque la entidad bancaria debe devolver la cantidad depositada en el plazo acordado, junto con los intereses devengados en su caso. (M.L.R.)

depósito de ahorro. Normalmente instrumentados en libreta, cuentan con una disponibilidad ligeramente inferior a la de los depósitos a la vista -no son movilizables mediante cheques-, y suelen ofrecer un tipo de interés. (M.L.R.)

depósito de garantía. Cantidad de dinero depositada en los mercados bursátiles por compradores o vendedores en los contratos de futuros o de opciones, para garantizar sus compromisos respectivos. (M.L.R.)

depósito de valor. Activo -real o financiero- que, por mantener su valor a lo largo del tiempo, se pueden utilizar para mantener la riqueza. (M.L.R.)

depreciación. Pérdida de valor que pueden experimentar los componentes del inmovilizado de una empresa, así como los bienes de consumo duradero, como consecuencia de su uso y el paso del tiempo -depreciación física- o por obsolescencia tecnológica. En el caso del inmovilizado de una empresa, los activos pierden con la depreciación su capacidad para generar ingresos. También se denomina depreciación a la pérdida de valor que experimenta el dinero. (M.L.R)

depreciación monetaria. Pérdida de valor que, en un sistema de tipos de cambio flexibles, experimenta una moneda con respecto a otra u otras, como consecuencia de las oscilaciones experimentadas por la oferta y la demanda en el mercado de divisas. (M.L.R)

desarrollo económico. Concepto más amplio que el de crecimiento económico. Cuando se utiliza frente al concepto de subdesarrollo hace referencia a las grandes diferencias en el nivel de vida que se dan entre distintos países. El desarrollo de un país no sólo depende de su renta, sino también de otros aspectos sólo modificables en el largo plazo como es el nivel educativo de la población, estado de la tecnología y métodos de producción utilizados, grado de distribución de la renta, tamaño y cobertura del Estado de bienestar, etc. (M.L.R.)

descuento. Operación financiera consistente en presentar a un banco los títulos de crédito en poder de una empresa, con el fin de que gestione su cobro y abone su importe. La cantidad que el banco abona al cliente es la que resulta al deducir del valor nominal de los títulos el tipo de interés correspondiente -tipo de descuento-, además de los gastos y comisiones derivados de la operación. (M.L.R)

descuento, tipo de. Tipo de interés que se aplica en las operaciones de descuento. (M.L.R)

deseconomía de escala. Situación en la que, ante un determinado aumento de los inputs que intervienen en un proceso de producción, se obtiene un aumento menos que proporcional en la cantidad de output. En consecuencia, la existencia de deseconomías de escala causa un aumento en el coste medio de producción. (M.L.R)

desempleo. En general, situación de una economía en que una parte de sus recursos productivos se encuentran sin utilizar. De modo más concreto se aplica a la situación en que una parte de la población activa de un país -población con edad, capacidad y deseo de trabajar- no encuentra empleo. (M.L.R)

desempleo, tasa de. Porcentaje de la población activa que no encuentra empleo. (M.L.R.)

desempleo cíclico. Es el que registra un país como consecuencia de una situación recesiva en su economía. (M.L.R)

desempleo encubierto. Personas que, aun considerándose desempleadas, no figuran oficialmente como tales: trabajadores desanimados que han dejado de buscar empleo de forma activa, trabajadores estacionales en la época en que no trabajan, personas subempleadas que realizan trabajos en jornadas muy cortas, o bien ocupadas en empleos para los cuales se encuentran sobrecualificadas, etc.

desempleo estacional. Desempleo que se genera en determinados sectores o en determinadas regiones en que la demanda fluctúa en función de la época del año en que se encuentren. (M.L.R)

desempleo estructural. Desempleo que existe como consecuencia de que las cualificaciones y/o la localización requeridas por los demandantes de empleo no coincide con las de la oferta de trabajo. (M.L.R)

desempleo friccional. Desempleo normal e inevitable que tiene lugar como consecuencia de los desajustes transitorios que se producen porque el mercado de trabajo se encuentra en constante movimiento: continuamente se producen vacantes por jubilación, despido o creación de nuevos empleos, al tiempo que acceden nuevos entrantes a la población activa: personas que terminan sus estudios, que alcanzan la edad laboral, o simplemente que por diferentes razones deciden comenzar a buscar un empleo. (M.L.R)

desempleo natural. Desempleo determinado por la actual estructura de la economía. Incluye el desempleo friccional y el estructural, tratándose por tanto de un desempleo que no se resuelve a corto plazo por un aumento indiscriminado de la demanda agregada. (M.L.R)

desempleo tecnológico. Desempleo que tiene su origen en la implantación de nuevas tecnologías que sustituyen a la mano de obra. Es una parte del desempleo estructural. (M.L.R)

desequilibrio. Situación que se produce cuando las diferentes variables económicas -normalmente la oferta y la demanda- no se encuentran en situación de estabilidad. (M.L.R)

desviación del comercio. Circunstancia que se produce cuando los flujos comerciales inicialmente existentes entre distintos países cambian como consecuencia de un acuerdo de unión aduanera entre los países firmantes del acuerdo. De este modo, las rutas comerciales preexistentes cambian entre cada uno de los países firmantes del acuerdo y entre éstos y el resto del mundo. (M.L.R)

deuda. Obligación por parte de una persona, grupo de personas o institución -deudor- de pagar de modo inmediato o en un plazo estipulado una cantidad de dinero a otra. (M.L.R)

deuda externa. Deuda total -pública y privada- que un país mantiene con el resto del mundo. (M.L.R.)

deuda pública. Títulos emitidos por el Estado cuando la recaudación obtenida por los cauces ordinarios no es suficiente para hacer frente al total de los pagos. La Deuda Pública se materializa en títulos de renta fija, que son adquiridos por los ahorradores, que de este modo proporcionan al Estado recursos extraordinarios. Dado que los Bancos Centrales no pueden ser compradores de Deuda Pública en el momento de su emisión, la financiación del déficit público mediante emisiones de Deuda

Pública no implica un aumento de la base monetaria en circulación, por lo que no es un mecanismo de financiación del déficit inflacionista en el corto plazo. No obstante, una vez transcurrido el plazo estipulado, el Estado debe amortizar la deuda y además hacer frente al pago de los correspondientes intereses. Por sus características y plazo de amortización, la Deuda Pública española puede tomar la forma de Letras del Tesoro -con un plazo de amortización comprendido entre tres y dieciocho meses, y que básicamente componen la Deuda Pública a corto plazo-, los Bonos del Estado -entre tres y cinco años y que suponen la Deuda Pública a medio plazo-, y las Obligaciones del Estado, con un plazo de amortización superior a los diez años -Deuda Pública a largo plazo-. La Deuda Pública se utiliza además como instrumento de política monetaria en las denominadas operaciones de mercado abierto, mediante las cuales el Banco Central compra o vende determinados títulos de Deuda Pública que se encuentran en poder de los bancos a un determinado tipo de interés, facilitando o limitando la liquidez circulante en la economía. (M.L.R)

deuda pública anotada. Emisiones de Deuda Pública que no se materializan en papel impreso, que se sustituye por anotaciones contables. El mercado de Deuda Pública anotada se crea en España en 1987. (M.L.R)

deuda pública pignorable. Deuda pública que se emite con la condición de que el comprador puede acudir al Banco Central y obtener la financiación monetaria de la totalidad o de una parte de la deuda. En España, hasta 1958, la deuda emitida por el Estado tenía el privilegio de pignoración automática en el Banco de España, dificultando considerablemente el control de la oferta monetaria en circulación. (M.L.R)

devaluación. Disminución en el valor de una moneda frente a otra u otras en un sistema de tipos de cambio fijos o de zonas objetivo, decidida por las autoridades a fin de mejorar la posición competitiva de un país o frenar la presión que los movimientos especulativos pueden ejercer sobre los bancos centrales. A diferencia de la depreciación, se trata de una actuación consciente y voluntaria por parte de las autoridades de los países implicados. (M.L.R)

diferencial de intereses. Cantidad porcentual que se añade al tipo de interés que en cada caso se toma como referencia para calcular el tipo de interés que finalmente se aplicará sobre la deuda. (M.L.R)

dilema del prisionero. denominación que recibe un modelo de conflicto analizado por la Teoría de Juegos, que muestra la dificultad de mantener la cooperación incluso cuando es mutuamente beneficiosa; se ilustra con el siguiente supuesto: dos delincuentes son detenidos e incomunicados entre sí. Se sospecha que han participado en un delito cuya pena es de diez años, pero no se tienen pruebas, de modo que sólo se les puede culpar con seguridad de un delito menor, cuya pena es de dos años. Cada uno de los prisioneros recibe además la promesa de que, si proporciona pruebas para culpar al otro del delito mayor, su pena se verá reducida a un año; en caso de que ambos confiesen, la pena para ambos será de cinco años. Evidentemente, ambos ganarían si ninguno confesara, circunstancia en que ambos se enfrentarían a una pena de dos años; no obstante, cada uno de ellos tiene presente los incentivos del otro a confesar y reducir su pena a un año, por lo que ambos acabarían confesando, enfrentándose a una pena de cinco años. En definitiva, el dilema del prisionero ilustra muchas circunstancias de la vida real y muestra que la cooperación es difícil incluso cuando implica una mejora en la situación de los dos participantes en el juego. (M.L.R).

dimensión óptima. Situación en que se encuentra una empresa cuando el mínimo de su curva de costes totales medios a corto plazo coincide con el mínimo de la curva de costes totales medios a largo plazo. (M.L.R)

dinero. Medio de pago generalmente aceptado. (M.L.R)

dinero, funciones del. El dinero desempeña fundamentalmente tres funciones: unidad de cuenta, es decir, unidad en que se valoran los precios de otros bienes y servicios; por su homogeneidad, soluciona el problema de la multiplicidad de precios relativos. En segundo lugar, medio de pago, que permite la superación de las operaciones de trueque por su aceptación general. Por último, en su función de depósito de valor el dinero es un almacén de valor para operaciones futuras. De las tres funciones, la última es desempeñada por muchos otros activos, y la de unidad de cuenta puede ser ocasionalmente desempeñada por monedas que no son de curso legal -dólares, pesetas-. La de medio de pago, en cambio, sólo puede ser realizada por el dinero, al menos con aceptación general. Por esta razón, se tiende a considerar que la función de medio de pago es, en sí misma, una función definitoria del dinero. (M.L.R)

dinero bancario. Dinero creado por la banca privada mediante la anotación en cuenta de los depósitos suscritos por los clientes. El dinero bancario es un activo para el poseedor, y una deuda para el banco. En la medida en que los individuos, empresas y otras instituciones pueden realizar pagos mediante cargos directos en cuenta, o mediante el pago de cheques, el dinero bancario funciona como medio de pago. (M.L.R)

dinero convertible. Dinero que es susceptible de ser cambiado por otro de igual valor nominal. (M.L.R)

dinero de plástico. Término con el que se hace referencia a las tarjetas de crédito. (M.L.R)

dinero fiduciario. O dinero signo, es un activo cuyo valor intrínseco como mercancía es muy escaso en relación con el valor con que cuenta como medio de cambio. Tampoco existe una contrapartida para el mismo en forma de oro o cualquier otro metal noble. Dicho valor como medio de cambio se mantiene porque la gente cree en el mismo, y por su declaración oficial como dinero por parte de las autoridades. (M.L.R)

dinero legal. Es el dinero signo emitido por una institución -en nuestro caso Banco de España, o Banco Central Europeo-, que monopoliza su emisión, y toma la forma de billetes o monedas metálicas. (M.L.R)

dinero mercancía. Dinero que adopta la forma de una mercancía que tiene pleno valor intrínseco, es decir, cuenta con valor como mercancía independientemente de su valor en el intercambio. No obstante, no todas las mercancías ofrecen cualidades adecuadas para su utilización como dinero. La mercancía elegida debe reunir las siguientes cualidades: no ser perecedera, ser fácilmente transportable, ser fácilmente divisible sin pérdida de valor, ser homogénea y ser de oferta limitada. (M.L.R)

dinero papel de pleno contenido. Certificados de papel respaldados por depósitos de oro por igual valor de los certificados emitidos. Cuando la economía utiliza como dinero oro o dinero papel convertible en oro, dicha economía se rige bajo un sistema de patrón oro. (M.L.R)

discriminación de precios. Práctica utilizada por algunas empresas consistente en imponer a un producto un precio diferente a distintos grupos de consumidores, o a un mismo consumidor por diferentes unidades de producto. En este sentido puede ser de primer grado, de segundo grado o de tercer grado. (M.L.R.)

discriminación de precios de primer grado. También denominada discriminación perfecta de precios, es una práctica consistente en cobrar a cada cliente su precio de reserva, esto es, el precio máximo que estuviera dispuesto a pagar por cada unidad adquirida. De ser posible su aplicación, la empresa se apropiaría íntegramente del excedente del consumidor. (M.L.R.)

discriminación de precios de segundo grado. Práctica consistente en cobrar a un mismo cliente precios unitarios diferentes por unidades o "bloques" distintos del bien o servicio. Este tipo de discriminación de precios tiene sentido en los mercados en los que el precio de reserva del consumidor disminuye a medida que aumenta el número de unidades adquiridas. (M.L.R.)

distribución funcional de la renta. Término que se refiere al modo en que la renta de una economía se reparte entre los diferentes factores participantes en el proceso de producción: la renta percibida por los trabajadores, por los empresarios y por los propietarios de los recursos naturales. (M.L.R.)

distribución personal de la renta. Modo en que se distribuye la renta entre los individuos, familias, y diferentes grupos sociales, sin tener en cuenta la procedencia de dichas rentas. (M.L.R.)

divisa. Moneda utilizada en una determinada región o país. (M.L.R)

dumping. Término inglés que se utiliza para hacer referencia a la práctica comercial discriminatoria en que una empresa fija precios inferiores para los productos importados con respecto a los bienes vendidos en el mercado nacional. Habitualmente, las empresas practicarán *dumping* si perciben una mayor elasticidad en la demanda de exportaciones que en la demanda interior. Para que exista *dumping* deben existir dos condiciones: la competencia debe ser imperfecta y los mercados deben estar segmentados, de modo que imposibilite el arbitraje. Actualmente se considera una práctica de competencia desleal, por lo que se encuentra prohibida en los tratados comerciales internacionales y por tanto sujeta a penalizaciones. Los diferentes tipos de dumping son dumping predatorio, dumping cíclico, dumping estacional y dumping persistente. (M.L.R.)

dumping cíclico. Durante un periodo recesivo, el precio puede caer por debajo del coste total medio a corto plazo, aunque la empresa producirá -y venderá, tanto al interior como al exterior- mientras supere el coste variable medio. (M.L.R.)

dumping estacional. Se aplica por liquidación de inventarios excesivos de un producto. El productor puede desviar una parte de los mismos a los mercados externos para no desequilibrar los internos. También es utilizable para promocionar productos en nuevos mercados. (M.L.R.)

dumping persistente. Cuando una empresa con poder de mercado utiliza la discriminación de precios para aumentar sus beneficios totales. A diferencia de lo que ocurre en el dumping predatorio, no se pretende eliminar a otras empresas, y es una situación que puede mantenerse en el tiempo. (M.L.R.)

dumping predatorio. Sucede cuando una empresa fija temporalmente un precio bajo en el mercado extranjero de sus exportaciones, con la finalidad de expulsar a sus competidores. Una vez que los competidores salen del mercado, la empresa puede utilizar su poder de mercado para aumentar los precios. (M.L.R.)

dumping social. Práctica utilizada por algunos países que producen a bajo coste y obtienen su producto a precios bajos como consecuencia de la aplicación de una legislación laboral poco favorable para el trabajador. (M.L.R.)

duopolio. Caso extremo de oligopolio en que sólo existen dos productores. (M.L.R.)

duopsonio. Caso extremo de oligopsonio en que sólo participan en el mercado dos demandantes o compradores. (M.L.R.)

E

Ecofin. Consejo de Asuntos Económicos y Financieros de la Unión Europea, integrado por los Ministros de Economía y Finanzas de los 27 países que componen la Unión Europea. Es el órgano encargado de aprobar anualmente el presupuesto de la UE, además de tener competencias en cuanto a la coordinación de las políticas económicas, seguimiento del cumplimiento por parte de cada uno de los estados miembros del Pacto de Estabilidad y Crecimiento y seguimiento de la situación económica. (M.L.R.)

econometría. Rama de la estadística que se utiliza para la construcción de modelos formales, con la finalidad de plantear y verificar hipótesis económicas y estimar parámetros económicos, habitualmente mediante la utilización de técnicas de regresión. La econometría parte de unos valores reales de unas determinadas variables económicas, y trata de obtener el valor de los parámetros de los modelos en que se encuentran dichas variables económicas, a partir de lo cual se trata de evaluar el grado de validez de los modelos usados en economía, explicar la realidad, predecir los valores futuros de dichas variables y, en su caso, hacer las recomendaciones necesarias en materia de política económica. En las últimas décadas se ha acentuado la utilización de modelos econométricos para la contrastación y validación de muchas de las afirmaciones que se formulan en la teoría económica. (M.L.R.)

economía: Aunque son muchas las definiciones de economía que se han dado a lo largo del tiempo, la más conocida es la de ROBBINS (1932) en su obra "*Ensayo sobre la Naturaleza y Significado de la Ciencia Económica":* "Ciencia que se ocupa de la utilización de medios escasos susceptibles de usos alternativos". Estudia por tanto el modo en que las sociedades administran unos recursos escasos para la obtención de unos determinados bienes y servicios y su distribución entre los diferentes individuos. Esta definición incluye la esencia del problema económico: en tanto que las necesidades humanas son ilimitadas -cuando se cubren unas inmediatamente surgen otras-, los recursos y los bienes económicos son limitados -escasos-. (M.L.R.)

economía aplicada. Parte de la ciencia económica que utiliza sus desarrollos teóricos para explicar y buscar soluciones a los problemas que se suceden en la práctica. (M.L.R.)

economía creativa. Desde la perspectiva económica, la creatividad se identifica como fuente de ideas para promover el surgimiento de nuevos negocios y sectores productivos. En este contexto, la creatividad puede ser entendida en un doble sentido: como fuente de innovación y, como un área de actividad económica específica: las industrias creativas. En abril de 2008 se publica el primer "*Creative Economy Report 2008*" por parte de la Conferencia de las Naciones Unidas para el Comercio y el Desarrollo (UNCTAD, por sus siglas en inglés) donde se afirma que "la economía creativa es un concepto en evolución, basado en la potencialidad de los bienes creativos para generar crecimiento económico y desarrollo". El sector creativo de la economía está integrado por las empresas vinculadas a la investigación y desarrollo, el diseño arquitectónico, el diseño gráfico, diseño de moda, software y servicios de programación, publicidad. Rápidamente el concepto de creatividad se ha expandido y adjetivado. En efecto, se habla de "industrias creativas", "clase creativa", "sistemas locales de producción creativos". Incluso, la Alianza Global para la Diversidad Cultural de la UNESCO creó en 2004 la red de "ciudades creativas". (L.F.A.Q.)

economía de la cultura. La Economía de la Cultura constituye un área de especialización reciente de la economía. Se define como la aplicación de la teoría y herramientas de la economía al análisis de la organización económica del sector cultural y del comportamiento de quiénes producen y de quiénes consumen los bienes y servicios culturales, incluyendo el papel del gobierno. Sus principales ámbitos de actuación se refieren a un amplio conjunto de actividades culturales: artes escénicas (teatro, danza, ópera, música en vivo), artes visuales (pintura, escultura), patrimonio (museos, bibliotecas, festivales), industrias culturales (libro, cine, televisión). Los principales interrogantes que enfrenta la economía de la cultura se refieren a: ¿los bienes y servicios artísticos y culturales presentan características especiales que distinguen su producción y consumo de los otros bienes en la economía?, ¿cómo reconocer, especificar y cuantificar las externalidades derivadas de las actividades culturales?, ¿cuáles son las mejores formas de intervención para estimular y sostener las actividades culturales?, ¿puede el libre mercado alcanzar niveles socialmente óptimos de producción de actividades culturales?. (L.F.A.Q.)

economía de la oferta. Política económica que se centra en aumentar la producción mediante medidas de fomento de incentivos que aumenten la oferta agregada de la economía, frente a las políticas de demanda tradicionales -fiscal o monetaria-. El aspecto esencial de la economía de la oferta se encuentra en los efectos incentivadotes que, sobre la inversión, la producción y el trabajo tendrían las reducciones impositivas, idea que se extendió sobre todo a comienzos de la década de los ochenta sustentando la política económica llevada a la práctica durante el mandato de Ronald Reagan en los Estados Unidos. Un instrumento esencial utilizado por los economistas de oferta fue la denominada *Curva de Laffer*, mediante la cual se intentó demostrar que la reducción impositiva no implicaría necesariamente un descenso de la recaudación y, consiguientemente, un aumento en el déficit público: un tipo impositivo excesivamente elevado causaría tal desincentivo en la economía que, en lugar de aumentar la recaudación, la reduciría; en consecuencia, de una reducción en el tipo impositivo se podía esperar un aumento de recaudación -por el efecto de los incentivos- y una reducción en el déficit público. (M.L.R.)

economía del bienestar. Rama de la microeconomía que se ocupa de explicar y buscar el nivel de bienestar colectivo para el conjunto de la sociedad. En la medida que trata de hacer recomendaciones en cuanto a las medidas que deben ser adoptadas para aumentar la utilidad del conjunto de la sociedad, se ha considerado una rama de la economía normativa. Se fundamenta en gran medida en torno al concepto de óptimo paretiano, y tuvo su principal desarrollo hacia mediados del siglo XX, encontrándose entre los soportes teóricos del denominado Estado de Bienestar. Su principal limitación se encuentra en la imposibilidad de encontrar una función de bienestar social que agregue las utilidades de los diferentes individuos (Teorema de la imposibilidad de Arrow). (M.L.R.)

economía de los derechos de autor. El derecho de autor o *copyright* forma parte de la legislación sobre la propiedad intelectual, constituye un mecanismo legal que permite que el producto del trabajo de los individuos creadores (o autores) no sea utilizado y copiado sin su permiso. Es decir, les otorga poder de monopolio durante un período de tiempo definido por la legislación, con el fin de obtener un rendimiento de sus creaciones. El análisis económico de los derechos de autor se puede enfocar como un caso particular de la provisión privada de un bien público. En razón de que la obra original una vez es creada, es decir, después de todo el proceso creativo, presenta la característica de no rivalidad en el consumo (bien público). Esto significa que, en ausencia de una protección (*copyright*) el coste de reproducir el original para un usuario adicional sería muy bajo (básicamente los costes del soporte físico -un CD en blanco, un lienzo, un folio en blanco- y de entrega), con lo que el autor o creador no resultaría recompensado por su esfuerzo inicial.

Los parámetros que configuran los derechos de autor tienen tres dimensiones: la altura, la amplitud y la longitud. La "altura" representa el estándar de originalidad necesaria para que un trabajo sea susceptible de ser protegido. La "amplitud" se refiere a la cobertura que la protección ofrece. En principio, los derechos de autor protegen de las copias no autorizadas, también otorgan derechos sobre la distribución de las copias, de las obras derivadas y de las actuaciones y exposiciones públicas. La "longitud" se refiere al período de tiempo durante el cual la expresión está protegida.

Si bien los derechos de autor buscan en principio estimular positivamente el trabajo creativo para el beneficio de la sociedad, también le generan costes. En particular, se distinguen dos grandes tipos de costes. Los costes sociales de restringir el acceso tanto a los consumidores como a los productores de nuevas obras creativas y los costes asociados a la administración de los derechos de autor y de hacer efectivo su cumplimiento. La literatura reciente introduce un tercer coste, en el sentido de que la protección de monopolio temporal que otorga los derechos de autor puede atraer la búsqueda de rentas en actividades protegidas, recursos que podrían alcanzar un mayor beneficio social en otros usos alternativos. En tal sentido, Stan Liebowitz y Richard Watt afirman: "[...] El derecho de autor considera un balance social: la ganancia social que es derivada del disfrute de bienes creativos debe ser equilibrada contra las ineficiencias que implica la fijación de precios por encima del coste marginal". (L.F.A.Q.)

economía de mercado. Sistema económico en que los agentes sociales actúan libremente dentro de un determinado marco institucional, en que la respuesta a los problemas económicos básicos -qué, cómo, para quién producir- viene dada por el mercado; el mercado es el mecanismo mediante el cual los compradores y vendedores interactúan, produciéndose un intercambio de bienes y servicios en el que se determina el precio de los mismos. En una economía de mercado los factores de producción son de propiedad privada, y nadie decide de modo individual la cantidad que hay que producir de cada uno de los diferentes bienes y servicios, ni su precio: dichas decisiones son conjuntamente adoptadas a partir de las actuaciones descentralizadas de los oferentes y demandantes que participan en el mercado, que actúan libremente guiados por su propio interés. Los primeros tratan de maximizar sus beneficios, lo que garantiza que ofrecerán los bienes y servicios deseados por los consumidores en función del precio; al tiempo, éstos tratan de maximizar su utilidad, con lo que utilizarán cuidadosamente sus recursos guiándose por los precios, que actúan racionando sus disponibilidades. En una economía pura de mercado la intervención del Estado es mínima, restringiéndose a regular un marco jurídico que garantice la propiedad privada y los intercambios del mercado. (M.L.R.)

economía de planificación central. Sistema económico en el que la respuesta a los problemas económicos básicos viene dada por el Estado. Tiene sus raíces teóricas en los trabajos elaborados por Karl MARX y Friedrich ENGELS a finales del siglo XIX. En su versión más estricta no hay propiedad privada de los medios de producción ni tampoco mercado, y es el Estado quien asume el papel de coordinador de la propiedad colectiva de los medios de producción. (M.L.R.)

economía mixta. En la práctica, pese al elevado grado de eficiencia con que funciona el sistema de economía de mercado, la evidencia nos muestra que el Estado debe intervenir complementando el libre funcionamiento de los mercados, determinando un sistema denominado economía mixta. Es el sistema económico en que se combinan los principios básicos de la economía de mercado con la intervención del Estado en determinados aspectos que se consideran de interés social, que son fundamentalmente los siguientes:

Redistribución de la renta y equidad: la distribución de la renta resultante del libre juego de la oferta y la demanda puede ocasionar excesivas desigualdades, de modo que se suele considerar conveniente que el Estado intervenga para lograr una distribución más equitativa, mediante las denominadas políticas redistributivas.

Estabilidad macroeconómica: mediante la utilización de políticas fiscal y monetaria con la finalidad de moderar las oscilaciones del ciclo económico y contribuir a que las principales variables macroeconómicas se sitúen cerca de sus niveles planteados como objetivo.

Fallos del mercado: que tienen lugar cuando el mercado no asigna eficientemente los recursos por diferentes circunstancias: bienes públicos, externalidades, poder de mercado, información imperfecta. (M.L.R.)

economía normativa. Las afirmaciones presentes en la economía normativa tratan de lo que "debería ser". Ofrecen por tanto recomendaciones de actuación fundamentadas en juicios de valor personales y subjetivos. Se contrapone a la denominada economía positiva. (M.L.R.)

economía política. Término introducido en 1615 por Antoine de Montchrestien inicialmente utilizado para el estudio de las relaciones económicas entre los diferentes sectores y clases sociales. Los autores pertenecientes a la escuela clásica afianzaron el uso general del término -Adam Smith, Ricardo, Malthus-, y por economistas neoclásicos como Walras o Jevons, como un modo de poner de manifiesto que lo que hoy conocemos como *Economía* afecta tanto a las familias y empresas como al Estado. No obstante, desde la publicación de los *Principios de Economía* de Alfred Marshall comienza a utilizarse progresivamente en término *Economía* en lugar del más restrictivo *Economía Política*, lo que marca una evolución en las materias objeto de interés en la disciplina. (M.L.R.)

economía positiva. También conocida como la ciencia económica del "ser o lo que podría ser", es la rama de la ciencia económica que analiza los comportamientos mediante explicaciones objetivas del funcionamiento económico, permitiendo la elaboración de leyes de carácter general. Contiene por tanto proposiciones que pueden contrastarse mediante la evidencia empírica. En contraposición a la economía normativa, los planteamientos presentes en las afirmaciones positivas carecen de juicios de valor. (M.L.R.)

economía sumergida. Parte de la actividad económica que se desarrolla en un país que escapa a los registros, estadísticas y controles oficiales. Aunque son actividades que dan lugar a la obtención de una determinada producción, su cuantificación es imposible, por lo que no pueden ser incluidas en el cómputo del Producto Interior Bruto. En unos casos se trata de actividades ilegales -prostitución, tráfico de drogas-; se admite de modo general que, puesto que tales actividades no pueden ser consideradas "bienes", su cuantificación no sólo no es posible, sino tampoco deseable. En otros casos son actividades legales, pero que se desarrollan al margen de los registros oficiales con la finalidad de eludir el pago de impuestos, cotizaciones a la Seguridad Social o tan sólo para evitar el cumplimiento de la normativa legal que afecta a la actividad; en estos casos, la existencia de economía sumergida distorsiona el cómputo del valor de la producción obtenida en una economía. (M.L.R.)

economías de escala. Situación en que, a medida que aumenta la producción, se reduce su coste medio. (M.L.R.)

ECU, European Currency Unit. Unidad de cuenta que fue utilizada en la Unión Europea -antes Comunidad Europea- entre 1979 y el 31 de diciembre de 1998, en que fue reemplazada por el euro. Se trataba de una moneda cesta, formada por cantidades determinadas de las monedas de doce de los entonces quince estados miembros que existían hasta 1995, y cuyo valor era una media ponderada de las diferentes monedas de los países participantes. El valor de dicha ponderación dependía de la participación de cada una de las monedas en el comercio intracomunitario, el Producto Interior Bruto de cada país y su respectiva cuota en el Fondo Europeo de Cooperación Monetaria. (M.L.R.)

ecuación de Fisher. Así denominada porque su creador fue Irving FISHER, es una expresión que relaciona los tipos de interés nominales y reales con las tasas de inflación previstas o esperadas:

$$r = i - \pi^e$$, donde:

r es el tipo de interés real

i es el tipo de interés efectivo u observado

π^e es la tasa de inflación esperada.

Mediante esta expresión se trata de valorar la erosión que puede experimentar

la pérdida de valor real de una deuda cuando existe inflación. (M.L.R.)

efectivo en manos del público. Total de la base monetaria circulante -dinero fiduciario- excepto el que se encuentra en las cajas de los bancos cajas de ahorro, y otras instituciones de crédito. (M.L.R.)

efecto demostración. Efecto por el cual las pautas de consumo de un individuo o grupo de individuos pertenecientes a un determinado nivel de renta se contagia a otro grupo de individuos de un nivel de renta igual o incluso inferior, induciéndolo a adquirir el mismo tipo de bienes y servicios. (M.L.R.)

efecto difusión. Impacto positivo que el desarrollo de un determinado país, región o zona tiene sobre otros. El efecto difusión en el caso de varios países tiene lugar como consecuencia de que, al aumentar el crecimiento y la renta de un país, aumenta su demanda interna, parte de la cual se destina a la importación de bienes y servicios a otros países; éstos ven aumentar su demanda externa, aumentando en consecuencia sus niveles de producción y renta. La mecánica de los efectos difusión en zonas más pequeñas es similar al que se produce entre países. (M.L.R.)

efecto expulsión, efecto *crowding-out*, efecto desplazamiento. Cuando existe un elevado déficit público y se requiere una importante emisión de deuda, el Estado tiene que competir con las empresas por la captación del ahorro. Para ello, la deuda pública debe emitirse a un tipo de interés que la haga atractiva para sus compradores. Por esta razón, aumentan los tipos de interés, aumentando el coste de financiación para las empresas y reduciéndose la demanda de inversión; de este modo, el aumento del gasto público provoca una expulsión de la demanda privada. (M.L.R.)

efecto giffen. Situación en la que, contrariamente al supuesto general, el aumento del precio de un bien -denominado bien giffen- provoca un aumento en la demanda del mismo. (M.L.R.)

efecto multiplicador. Efecto que tiene lugar como consecuencia de la correlación entre demanda de consumo y nivel de renta. Al aumentar la renta aumenta la demanda de consumo, que es un componente de la demanda agregada, aumentando el nivel total de ésta; al aumentar la demanda agregada las empresas tratan de satisfacerla, aumentando sus niveles de producción; el aumento de producción genera nuevas rentas para los factores que han participado en su obtención, generando nueva demanda de consumo, y así sucesivamente. La relevancia del efecto multiplicador será mayor cuanto mayor sea la proporción de renta disponible con respecto a la renta total, cuanto mayor sea la proporción consumida de la renta disponible -propensión marginal a consumir- y cuanto menor sea la proporción de la renta consumida que se destina a importaciones. (M.L.R.)

efecto Pigou, efecto del saldo real. Impacto positivo que ejerce sobre la demanda una reducción de los precios, que al aumentar el valor en términos reales de los activos líquidos, aumenta la riqueza real de los consumidores, estimulando la demanda de bienes y servicios. (M.L.R.)

efecto renta. En microeconomía se entiende por efecto renta el que tiene una variación del precio del bien sobre la cantidad demandada en el sentido siguiente: al aumentar (reducirse) el precio de un bien, desciende (aumenta) la renta real del consumidor, que ahora, con una misma renta nominal puede adquirir una menor (mayor) cantidad de bienes que antes. En el caso de los bienes normales, el efecto renta provoca un efecto sobre la cantidad demandada del bien inversa a la variación en el precio. Ante una variación en el precio de un bien, el efecto final sobre la cantidad demandada estará determinada por la suma del efecto renta con el efecto sustitución. (M.L.R.)

efecto repercusión. Efecto que, a partir del mayor crecimiento de un país, tiene lugar en el propio país mediante el resto del mundo: el crecimiento de un país genera un impacto positivo en otros mediante los efectos difusión. Aumenta la demanda de éstos, provocando una expansión de sus importaciones, parte de las cuales revertirán sobre el país que cuyo crecimiento aumentó en primer lugar. (M.L.R.)

efecto riqueza. Aumento de consumo provocado por un aumento en el valor de los activos reales o financieros en poder del individuo. (M.L.R.)

efecto sustitución. En microeconomía se entiende por efecto sustitución el que genera la variación en el precio de un bien sobre su tendencia a sustituirlo por otros bienes; así pues, ante un aumento en el precio de un bien, el consumidor tenderá a sustituir su consumo por otros bienes con menor encarecimiento relativo, para obtener la máxima satisfacción con el menor coste posible. El efecto sustitución es el factor más relevante para explicar la pendiente negativa de la curva de demanda, pues implica necesariamente una variación de la cantidad demandada inversa a la variación experimentada por el precio. No obstante, el efecto final sobre la cantidad demandada estará determinada por la suma del efecto sustitución con el efecto renta. (M.L.R.)

eficiencia económica. Una economía es eficiente cuando utiliza sus recursos de modo que es imposible lograr una reasignación de los mismos que permita que unos individuos mejoren sin que otros empeoren. Implica necesariamente que exista eficiencia en el consumo, en la asignación y eficiencia productiva. (M.L.R.)

eficiencia en el consumo. Una economía es eficiente en el consumo si no hay modo de redistribuir los bienes y servicios entre los diferentes consumidores aumentando la utilidad de unos sin reducir la de otros. (M.L.R.)

eficiencia en la asignación. Una economía es eficiente en la asignación de los recursos cuando no hay forma de reasignar los factores de producción entre los diferentes productores para aumentar la producción de unos sin reducir la de otros. (M.L.R.)

eficiencia en la producción. Una economía es eficiente en la producción si no hay forma de aumentar la producción de unos bienes sin reducir la de otros; en este sentido, una economía es eficiente en la producción cuando se encuentra situada sobre algún punto de la frontera de posibilidades de producción. (M.L.R.)

eficiencia marginal del capital. Aumento de producto que se obtiene en un proceso de producción como consecuencia del aumento en una unidad del factor capital utilizado, manteniendo constantes el resto de los factores productivos empleados. (M.L.R.)

eficiencia técnica. Se dice del proceso de producción de una empresa que es técnicamente eficiente con respecto a otros cuando obtiene la misma cantidad de producto con una menor cantidad de factores productivos, o alternativamente, cuando obtiene la mayor cantidad de *output* para una utilización dada de *inputs*. (M.L.R.)

eficiencia X. Grado en que la eficiencia productiva alcanza sus mayores niveles posibles. (M.L.R.)

elasticidad. Variación porcentual que experimenta una variable dependiente ante el cambio de una unidad porcentual en la variable independiente. (M.L.R.)

elasticidad de la demanda. La elasticidad de la demanda es una medida del grado de respuesta de la cantidad demandada de un bien ante un cambio en alguno de sus factores determinantes. (M.L.R.)

elasticidad-precio cruzada de la demanda. Se define como el cociente entre la variación porcentual de la demanda de un bien ($\Delta Q_1/Q_1$) y la variación porcentual del precio de otro bien ($\Delta P_2/P_2$) -complementario o sustitutivo- del anterior. Cuando los bienes relacionados son sustitutivos, sus elasticidades cruzadas son positivas: el aumento en el precio de uno de ellos aumenta la demanda del otro; por el contrario, cuando son complementarios, la elasticidad precio cruzada es negativa, en la medida en que el aumento en el precio de uno de los bienes reduce su demanda y también la del bien relacionado. (M.L.R.)

elasticidad-precio de la demanda. Es el cociente entre la variación porcentual en la cantidad demandada de un bien (ΔQ/Q) y la variación porcentual de su precio (ΔP/P), suponiendo constantes todos los demás factores que afectan a la cantidad demandada. La elasticidad-precio de la demanda depende de diferentes factores:

- Si es un bien de lujo o de primera necesidad -cuya demanda suele ser inelástica-.
- Si existen bienes sustitutivos cercanos, en cuyo caso la demanda del bien es más elástica;
- Parte de la renta que se gasta en el bien;
- Tiempo transcurrido, ya que en el largo plazo aumenta la elasticidad de la demanda de todo tipo de bienes. (M.L.R.)

elasticidad-precio de la oferta. Al igual que la elasticidad de la demanda, se define como la relación entre la variación porcentual de la cantidad ofertada y la variación porcentual en el precio. Su valor está determinado. (M.L.R.)

elasticidad-renta de la demanda. Trata de determinar la medida en que las variaciones en la renta de los consumidores afectan a la demanda de un bien. Se calcula mediante un cociente entre la variación porcentual de la cantidad demandada de un bien y la variación porcentual en la renta del consumidor, y permite, además de observar el modo en que diferentes bienes y servicios se ven afectados en diferente medida por las variaciones de la renta, determinar si un bien es normal o inferior. En el caso de los bienes normales, su demanda aumenta al aumentar la renta, con lo que la elasticidad renta de su demanda es positiva; por su parte, la demanda de los bienes inferiores se reduce al aumentar la renta, por lo que cuentan con una elasticidad renta negativa en su demanda. En cuanto a su valor absoluto, y de modo similar al caso de la elasticidad-precio de la demanda, la demanda puede ser rígida -elasticidad-renta nula-, inelástica -elasticidad renta comprendida entre cero y uno- o elástica -valor absoluto de la elasticidad mayor que la unidad- con respecto a la renta. (M.L.R.)

empobrecer al vecino, política de. Depreciación competitiva de una moneda, a partir de la cual distintos países tratan de aumentar su crecimiento respectivo a costa del resto del mundo. Mediante la depreciación de una moneda aumenta la competitividad y las exportaciones netas, al tiempo que se reducen la competitividad y exportaciones netas del resto de países. De este modo, aumentan el crecimiento y el empleo en los países cuya moneda se deprecia, a costa de un deterioro en la situación económica del resto del mundo, hecho que tiene especial relevancia cuando los países considerados tienen sus ciclos económicos sincronizados. (M.L.R.)

enfermedad de los costes de las artes escénicas. En su trabajo pionero de 1966 "*Performing Arts: The Economic Dilemma*", William Baumol y William Bowen diagnosticaron que las artes escénicas padecen el contagio de lo que se ha llamado: "enfermedad de los costes". Ésta se puede explicar a través de un modelo de dos sectores: uno de alta productividad que admite cambios tecnológicos rápidos que ahorran mano de obra (manufacturas; sector progresivo) y uno de baja productividad, intensivo en trabajo que admite mejoras tecnológicas lentas y esporádicas (artes escénicas; sector no progresivo). A lo largo del tiempo, los salarios se igualan entre sectores y crecen a la misma tasa que la productividad del trabajo en el sector de alta productividad. Este modelo tiene, entre otras, dos implicaciones. La primera implicación indica que el coste relativo de los bienes del sector de baja productividad (artes escénicas) crece en forma continua y mientras se mantienen constantes en el sector progresivo. La segunda implicación, se refiere a que los precios de los bienes del sector progresivo (manufacturados) aumentan menos rápidamente que los del sector que presenta rezagos en la productividad (artes escénicas). En esta situación, Baumol y Bowen concluyen que bajo circunstancias normales, es decir, que los precios aumenten en proporción a los costes y que la demanda sea elástica al precio, la demanda de mercado del sector no progresivo tendería a reducirse y su producción incluso podría desaparecer. Si bien los estudios empíricos muestran que los costes han crecido en las artes escénicas, como predice el modelo, han sido en parte mitigados por el aprovechamiento de las mejoras en las tecnologías de grabación y distribución, además de la introducción de técnicas de marketing que generan nuevas fuentes de ingresos distintas de la venta de entradas. (L.F.A.Q.)

enfoque monetario de la balanza de pagos. Así denominado al que destaca el impacto de las consideraciones monetarias en la interpretación de los problemas de la Balanza de Pagos. De forma inversa al planteamiento keynesiano, que sugiere que el desequilibrio interno es un fenómeno monetario, no real. Parte de la consideración de que la variación de los activos exteriores en poder de un Banco Central es igual a la variación de la cantidad de dinero menos la variación del crédito interior, y en consecuencia, sugiere que para mantener un determinado saldo en la variación de los activos interiores, hay que mantener un control del crédito interior, lo que implica la adopción de una política monetaria estricta. (M.L.R.)

equidad horizontal. Concepto de justicia en el tratamiento de los individuos según el cual quienes en los aspectos relevantes se encuentren en la misma situación deberían ser tratados de igual modo por las políticas públicas. (M.L.R.)

equidad intergeneracional. Concepto de justicia en el tratamiento de los individuos por el cual, en las políticas de ingresos y gastos públicos, los miembros de las generaciones venideras deben tener, en principio, las mismas oportunidades de la generación actual. (M.L.R.)

equidad vertical. Trata de establecer una diferenciación óptima en la aplicación de las políticas económicas de ingresos y gastos públicos entre individuos que, en los aspectos relevantes, son diferentes. (M.L.R.)

equilibrio. En economía se considera que una situación es de equilibrio cuando no existen fuerzas que provoquen una tendencia al cambio. (M.L.R.)

equilibrio competitivo. En un mercado competitivo, existe un precio en que coinciden los planes de oferta y demanda. A este precio le llamamos precio de equilibrio y a la cantidad que se intercambia a dicho precio la denominamos cantidad de equilibrio.

El equilibrio del mercado competitivo

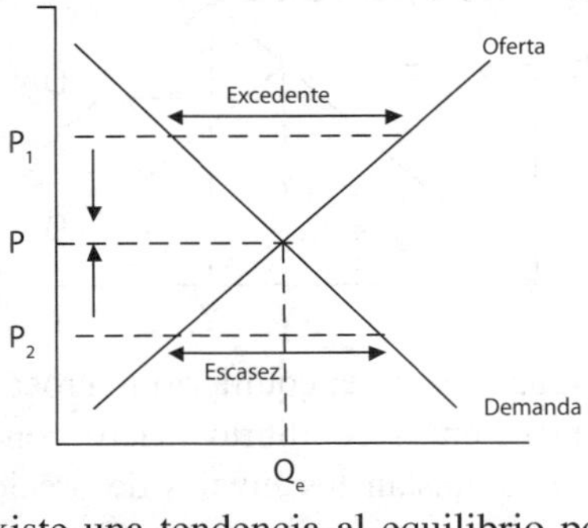

Existe una tendencia al equilibrio porque, cuando el precio es inferior, por ejemplo para $P_2 < P_e$, se produce un exceso de demanda -escasez- que presiona al alza sobre el mismo; cuando es superior, el exceso de oferta -excedente- tiende a reducirlo. Por este motivo, en un mercado competitivo, los precios tienden a alcanzar su nivel de equilibrio. Por el mismo motivo, ante una variación de alguno de los factores determinantes de la demanda o la oferta, la economía se situaría transitoriamente en una situación de escasez o excedente que presionaría para alcanzar un nuevo equilibrio. (M.L.R.)

equilibrio del consumidor. Situación en la que el consumidor elige la combinación de bienes que le reporta la máxima utilidad, dado el presupuesto limitado con el que cuenta.

El equilibrio del consumidor

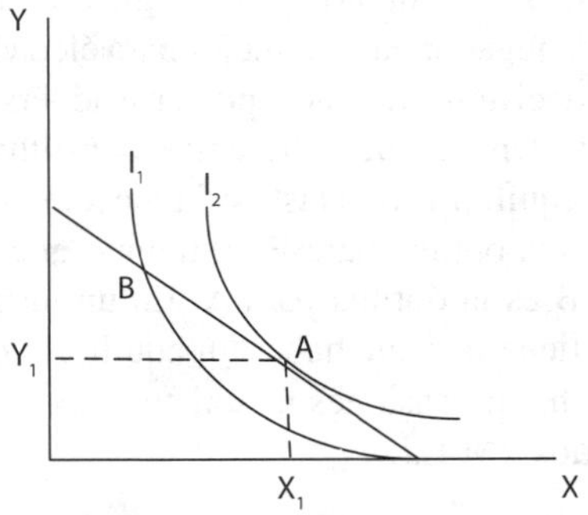

La decisión óptima del consumidor se dará en el punto en que la curva de indiferencia -que muestra la relación marginal de sustitución para el consumidor- es tangente a su restricción presupuestaria. La relación marginal de sustitución entre los bienes X e Y nos indica la cantidad de X de la que el consumidor se desprendería para adquirir una unidad más de Y. La recta de balance indica, dados los precios de ambos bienes, las combinaciones con las que gastaría todo su presupuesto. El individuo buscará una combinación de X e Y que se encuentre sobre la recta de balance al tiempo que le proporcione la máxima satisfacción. Esto ocurrirá en el punto A, por ser, de las combinaciones que agotan su presupuesto la que se encuentra sobre la curva de indiferencia más elevada, representativa de una mayor utilidad. El punto B, aunque compatible con su restricción presupuestaria, es representativo de una menor utilidad. Cualquier situación sobre una curva de indiferencia situada por encima de la I_2 sería incompatible con su restricción presupuestaria. (M.L.R.)

equilibrio de Nash. En Teoría de Juegos, es el conjunto de estrategias en que cada jugador hace lo mejor para él, dado la decisión adoptada por sus adversarios. Un par de estrategias constituye un equilibrio de Nash si la elección de A es la óptima para B, al tiempo que la de B es la óptima para A. En un juego no tiene por qué haber un equilibrio de Nash; en ocasiones no existe, o existen varios. (M.L.R.)

equilibrio general, teoría del. Inicialmente formulada por Leon Walras a finales del siglo XIX, estudia las condiciones necesarias para que todos los mercados se encuentren simultáneamente en equilibrio. Se asume como punto de partida la existencia de una interdependencia general, por lo que cualquier variación en el equilibrio del mercado de un bien provocará variaciones en otros mercados, tanto de otros bienes y servicios como de factores, con lo que se dará una reacción en cadena, que a su vez tendrá una repercusión sobre el mercado inicial. Cuando se alcanza una situación de equilibrio general, se maximiza de modo simultáneo la utilidad de todos los consumidores y los beneficios de las empresas, al tiempo que los recursos productivos se asignan a su uso más eficiente. Los modelos de equilibrio general se han desarrollado básicamente por Kenneth Arrow, Gerard Debreu y Lionel McKenzie en los años 50. (M.L.R.)

equilibrio macroeconómico a corto plazo. Es el punto en el que la producción agregada que se ofrece en la economía coincide con la demanda total que realizan familias, empresas, Estado y resto del mundo

Equilibrio macroeconómico a corto plazo.

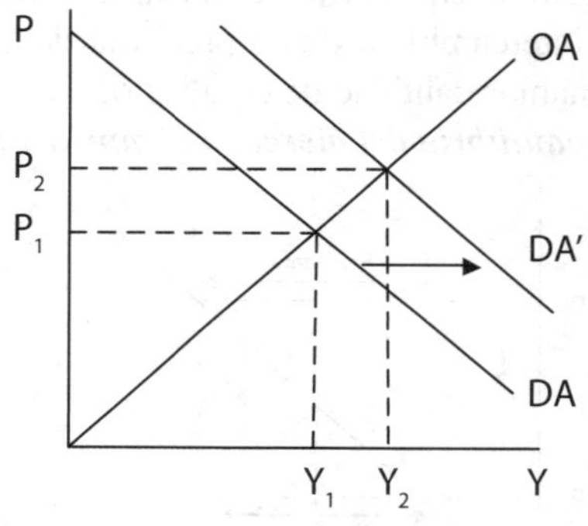

Al igual que en el equilibrio microeconómico, en el equilibrio macroeconómico se ajustan los niveles de precios permitiendo el ajuste entre la oferta y la demanda agregadas. Se asume que, en el corto plazo siempre existe equilibrio macroeconómico, porque el conjunto de empresas de la economía tratará de obtener la producción que se demanda. En este sentido, si por ejemplo como consecuencia de una política monetaria expansiva aumentan los niveles de demanda agregada, se generaría un exceso de demanda al que el conjunto de empresas de la economía trataría de responder mediante un aumento en sus niveles de producción, aumentando el nivel general de precios de la economía. Dicho ajuste a corto plazo también se hubiera producido ante una perturbación de la oferta -por ejemplo, un aumento en los precios de las materias primas, que hubiera desplazado hacia arriba la función de oferta agregada, reduciendo a corto plazo la producción agregada e incrementando el nivel de precios. (M.L.R.)

equilibrio macroeconómico a largo plazo. El equilibrio macroeconómico a largo plazo se obtiene cuando la producción agregada de la economía corresponde a la oferta agregada a largo plazo, que muestra la relación que existiría entre la producción agregada y el nivel de precios agregado cuando todos los precios son flexibles. La oferta agregada a largo plazo es vertical en el nivel de producción potencial de la economía. Una perturbación de demanda aplicada desde el nivel de producción potencial sólo causa efecto sobre la producción en el corto plazo. Por ejemplo, si nos encontramos inicialmente en equilibrio a corto y a largo plazo -Y_p, P_1- y se aplica una política monetaria expansiva, inicialmente la economía se situará en un nivel de producción superior al potencial, $Y_1<Y_p$, lo que significa que, al mismo tiempo, la tasa de desempleo es inferior a la considerada natural. En este punto se acelera el crecimiento salarial, que a su vez presiona al alza sobre los precios, desplazando hacia arriba la curva de oferta agregada a corto plazo y volviendo al nivel de producción a largo plazo. (M.L.R.)

El ajuste hacia un equilibrio macroeconómico a largo plazo

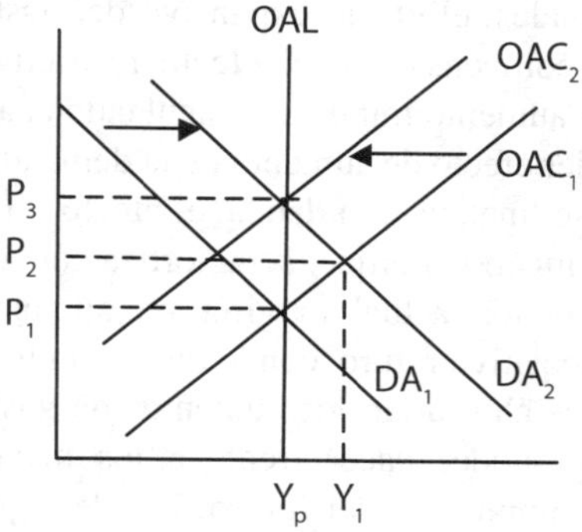

equilibrio parcial, análisis del. En el análisis del equilibrio parcial, el precio de un bien se determina mediante su oferta y su demanda asumiendo que la de todos los demás bienes y servicios se mantiene constante. El ejemplo más conocido es el modelo de oferta y demanda de Alfred Marshall. (M.L.R.)

equilibrio presupuestario. Se denomina así a la situación en que el total de gastos que debe realizar el Estado coincide con el total de ingresos que ha de recaudar por las vías ordinarias. (M.L.R.)

equivalencia ricardiana. También denominada proposición de Barro-Ricardo, es una teoría que argumenta que el aumento del gasto público no logra aumentar la demanda agregada. El planteamiento es el siguiente: ante un aumento de gasto público se genera un aumento del déficit que debe ser financiado mediante un aumento impositivo actual o mediante un aumento de la deuda pública en circulación; si el déficit se financia con un aumento impositivo para los contribuyentes actuales, el efecto expansivo del gasto se compensa con el efecto restrictivo del aumento impositivo, anulando cualquier efecto de aumento de la demanda; si se financia con deuda, el efecto sería el mismo, porque la amortización de la deuda actual exigiría un aumento impositivo futuro, con lo que los individuos ahorrarían los aumentos de gasto para poder hacer frente a los mayores impuestos del futuro. La idea, que fue inicialmente planteada por David Ricardo y retomada por Robert Barro en 1974, sugiere que, para la financiación de su gasto, el gobierno elige entre un aumento impositivo actual o un aumento impositivo futuro. (M.L.R.)

Espacio Económico Europeo, EEE. Mercado común, cuyos acuerdos se firmaron en mayo de 1992, entre los entonces doce países de la Comunidad Europea -Alemania, Francia, Italia, Bélgica, Holanda, Luxemburgo, Irlanda, Gran Bretaña, Dinamarca, Grecia, España y Portugal-, y los seis componentes con que entonces contaba la Asociación Europea de Libre Comercio (AELC): Finlandia, Austria, Noruega, Islandia, Suecia y Suiza. No obstante, tras el resultado negativo del referéndum suizo, el acuerdo sólo fue ratificado por los diecisiete países restantes. Además, se dieron nuevas transformaciones en su composición cuando en 1995, tres de los países de la AELC -Austria, Suecia, Finlandia-, pasaron a ser miembros de la Unión Europea, y Liechtenstein pasó a formar parte del EEE. El acuerdo del EEE está fundamentado en la libertad de circulación de mercancías, servicios, personas y capitales. No obstante, el EEE no constituye una Unión Aduanera propiamente dicha, porque no incluye los productos agrícolas ni pesqueros, no considera los impuestos indirectos ni tampoco una política exterior común. (M.L.R.)

espiral salarios-precios. Situación en la que, normalmente a causa de un aumento en los costes de producción, aumentan los precios provocando una disminución en el poder adquisitivo de los salarios, y posteriormente aumentan éstos, provocando un nuevo aumento de los precios y generando en consecuencia una situación de elevada inflación. (M.L.R.)

estabilidad de precios. Situación en que la inflación de una economía no muestra tendencia hacia su aceleración. La estabilidad de precios no implica necesariamente una tasa de inflación nula, que se considera poco realista e incluso poco recomendable desde la perspectiva de la asignación de recursos; se considera que una tasa de inflación lo suficientemente reducida como para no generar riesgo inflacionista -hasta un 2%, o incluso 3% según algunas opiniones- es compatible con una situación de estabilidad de precios. (M.L.R.)

estabilizadores automáticos. Gasto público y normas impositivas que tienen efecto de política fiscal expansiva cuando se contrae la economía, y restrictiva en etapas de expansión económica, sin necesidad de que las autoridades apliquen políticas fiscales discrecionales; por ejemplo, en caso de recesión económica, se reducen la renta, el empleo y el gasto, con el consiguiente descenso en la recaudación -impuestos directos, indirectos, cotizaciones a la Seguridad Social-; al mismo tiempo, el aumento del desempleo hace aumentar el número de personas que reciben las prestaciones correspondientes, aumentando los pagos del Estado sin que previamente haya existido un cambio deliberado en la política fiscal. Por el contrario, en caso de situación expansiva la recaudación aumenta y los pagos se contraen. (M.L.R.)

estado de bienestar. Término con el que se denomina a un modelo de organización de la sociedad en que el Estado garantiza que determinados servicios considerados de interés general alcanzarán a la totalidad de los habitantes del país. En las economías desarrolladas, la idea de Estado de Bienestar se consolida fundamentalmente desde la Segunda Guerra Mundial. (M.L.R.)

estado estacionario. En el modelo de crecimiento de Solow, situación en que con crecimiento de la población, el ahorro y el stock de capital, se llega al punto en que la producción per cápita y el capital per cápita se mantienen constantes, dado que el capital y la producción crecen a la misma tasa de la población. Dado que el modelo de Solow predice que esta circunstancia existirá con independencia del nivel de vida considerado como punto de partida en el país, si los países pobres ahorran a la misma tasa que los ricos y tienen acceso a la misma tecnología, acabarán alcanzándolos. (M.L.R.)

estanflación. Situación económica en la que coincide una elevada tasa de inflación con una situación de estancamiento económico. Supone un dilema para la aplicación de políticas económicas, ya que en caso de aplicar políticas expansivas para tratar el estancamiento se agravaría el problema inflacionista, y de optar por políticas contractivas para moderar la inflación, el estancamiento económico sería mayor. (M.L.R.)

estrategia dominante. En Teoría de Juegos, se denomina así a la estrategia que es más ventajosa para un trabajador con independencia de lo que hagan los demás. No siempre existe estrategia dominante, dado que en algunos casos, la mejor estrategia para un jugador estará condicionada por lo que decidan los demás. (M.L.R.)

Euríbor. El euríbor -*European Interbank Offered Rate*- es un tipo de interés de referencia para la eurozona que se publica diariamente. Se calcula a partir de los datos de los tipos de interés interbancarios de los 42 principales bancos europeos; dado que los bancos utilizan en sus préstamos interbancarios diferentes plazos, y en consecuencia diferentes tipos de interés, no existe un único Euribor, sino varios. Entre ellos, el Euribor a un año es el más conocido, por ser el que se utiliza como referente en el cálculo de los tipos de interés hipotecarios. (M.L.R.)

Euro. Nombre que se dio a la nueva moneda europea en la Cumbre de Madrid de 1995 en sustitución del antiguo ECU -moneda cesta europea-. Se constituyó desde el 1 de enero de 1999 en la moneda oficial de la eurozona, comenzó a circular el 1 de enero de 2002 y se generalizó su uso una vez transcurrido el primer semestre de dicho año. (M.L.R.)

Eurosistema. Autoridad monetaria en los países del euro, formada por el Banco Central Europeo y los Bancos Centrales de los países que han adoptado el euro como moneda. Aunque inicialmente estaba previsto que fuera el Sistema Europeo de Bancos Centrales -constituido por el Banco Central Europeo y los Bancos Centrales de los países miembros de la UE- quien asumiera la autoridad en materia de política monetaria, lo ha impedido el hecho de que, desde el nacimiento del euro y el Banco Central Europeo hubiera países que, aun formando parte de la UE, han mantenido sus antiguas monedas y sus propias autoridades monetarias. (M.L.R.)

excedente del consumidor. Diferencia entre el precio máximo que el consumidor estaría dispuesto a pagar por la cantidad demandada del bien y el precio que realmente paga en el mercado. Se puede relacionar con las curvas de demanda de los consumidores, que nos indican las cantidades que los consumidores pagarán por diferentes cantidades del bien considerado. El hecho de que la utilidad marginal sea decreciente implica que, para las primeras unidades del bien demandado, la utilidad supera el precio pagado por la cantidad consumida.

El excedente del consumidor

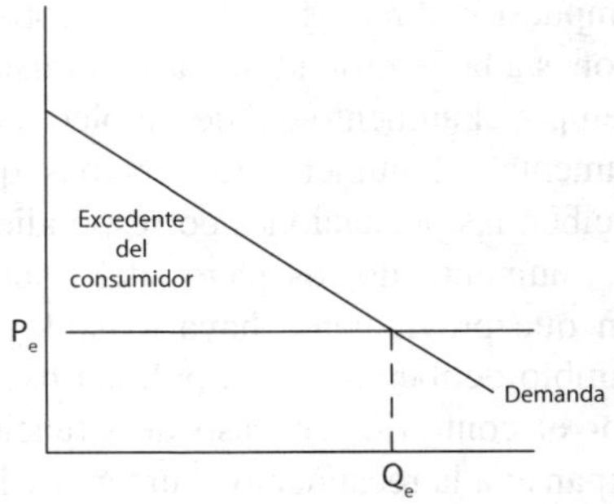

En términos gráficos el excedente total del consumidor que genera la compra de un bien es el área delimitada entre la curva de demanda y por encima del precio del mercado. Evidentemente, un aumento en el precio al que se ofrece el producto determina un descenso en el excedente del consumidor -al aumentar el precio se reduce la distancia entre las disposiciones a pagar y la cantidad efectivamente pagada-, así como un descenso en el precio del bien aumenta el excedente. (M.L.R.)

excedente del productor. El excedente de un productor individual es la diferencia entre el precio al que ofrece un bien y el precio más bajo al que estaría dispuesto a ofrecerlo -coste del bien-. La suma de los excedentes de todos los productores individuales determinaría el excedente del productor en el mercado.

El excedente del productor

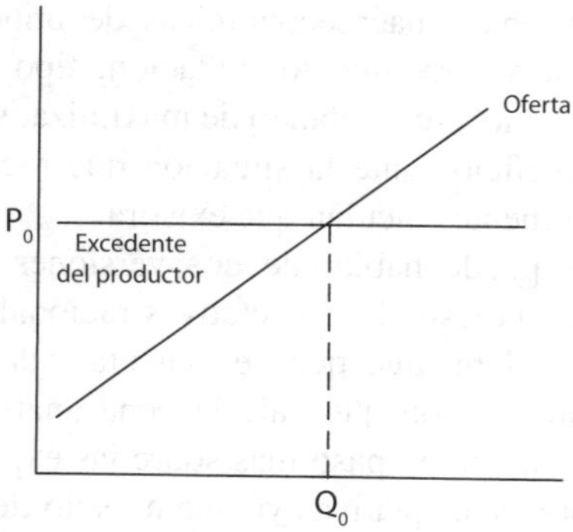

El excedente del productor en un mercado es, en términos gráficos, el área que queda por debajo del precio de venta del producto y por encima de la curva de oferta del mercado. Si el precio del bien aumenta, los productores experimentarán un incremento en el excedente del productor, que evidentemente no será igual para todos ellos; por el contrario, un descenso en el precio de venta del bien reduce el excedente del productor, por reducirse la distancia entre el coste de producción y el precio de venta del producto. (M.L.R.)

existencias. Cantidad de materias primas, productos en proceso de fabricación o productos terminados que las empresas mantienen voluntariamente para hacer frente a demandas futuras, o involuntariamente cuando se acumulan porque la demanda es inferior a la esperada. Cuando se analizan las existencias en el contexto de la demanda agregada son un componente de la demanda de inversión, y en tal caso sólo se toma en consideración la parte de las existencias que se considera inversión deseada o planeada por las empresas. (M.L.R.)

expansión económica. Aumento en la producción de bienes y servicios de una economía en un periodo determinado. Crecimiento económico. (M.L.R.)

expansión fiscal. Política fiscal expansiva; situación en que las autoridades deciden la aplicación de un aumento en sus compras de bienes y servicios, o un aumento en los pagos de transferencias, o una reducción impositiva, con la finalidad de expandir la demanda. Si las autoridades aumentan sus compras de bienes y servicios -entendidas como pagos bilaterales, sean de consumo o de inversión-, aumenta el componente de la demanda agregada compras de bienes y servicios del Estado; si se decide aplicar una expansión fiscal mediante un aumento en los pagos de transferencias, aumenta la renta disponible de las economías domésticas activando la demanda de consumo; por último, si las autoridades eligen una reducción impositiva como vía para practicar la expansión fiscal, los componentes afectados de la demanda son los privados, consumo e inversión. (M.L.R.)

expansión monetaria. Política monetaria expansiva, esto es, política monetaria que aumenta los niveles de demanda agregada. La autoridad monetaria aumenta la cantidad de dinero en poder del sistema bancario mediante compras en mercado abierto, facilitando la obtención de liquidez por parte de consumidores y empresas y expandiendo la demanda. Normalmente, cuando se aplica una expansión monetaria el Banco Central reduce el tipo de interés al que realiza sus operaciones con el sistema bancario, produciéndose una reacción en cadena sobre los restantes tipos de interés de la economía y, en consecuencia, facilitando y abaratando la obtención de crédito, lo que permite estimular la demanda global. (M.L.R.)

expectativas adaptativas. Existen expectativas adaptativas cuando la proyección sobre el valor que alcanzará una variable macroeconómica se forma mediante la observación de los valores pasados de dicha variable. Se asume de este modo que el futuro viene determinado por el presente, de modo que el valor futuro de la variable a estimar se obtiene mediante la observación de la evolución de dicha variable en los periodos anteriores. (M.L.R.)

expectativas racionales, hipótesis de las. Constituye uno de los principales supuestos de la Nueva Macroeconomía Clásica. Propuesta por Muth (1961) y desarrollado por Lucas y Sargent. La teoría de las Expectativas Racionales supone que los agentes económicos en el marco de la información de que disponen realizan predicciones óptimas- tan ajustadas como la de la teoría económica dominante, comportándose como grandes conocedores de la naturaleza de la variable sobre la que realizan la predicción. De este modo ajustan su conducta no sólo a los datos de la realidad presente, sino también a las expectativas de evolución que pueden inferirse a partir de ella.
De ese modo los inversionistas, compradores y vendedores, estiman el comportamiento futuro de diversas variables macroeconómicas de importancia -crecimiento, inflación, tipo de cambio, etc.- tratando de maximizar sus beneficios ante la situación que racionalmente calculan que existirá.
Se puede hablar de dos versiones de la hipótesis de expectativas racionales, una débil que tiene en cuenta toda la información que vale la pena analizar y supone un paso más sobre las expectativas adaptativas ya que no sólo tiene en cuenta la información pasada y la versión fuerte que plantea un marco de predicciones óptimas.
El hecho de que los agentes económicos procedan de esta manera, lo cual se comprueba casi siempre en la práctica, resta poder de maniobra a las políticas económicas de los gobiernos, pues los efectos de las mismas son anticipados y contrarrestados por quienes intervienen en el proceso económico. (M.L.P.M.)

exportaciones. Valor de los bienes y servicios obtenidos en un país que se vende al resto del mundo. (M.L.R.)

exportaciones netas. Exportaciones menos importaciones, esto es, valor de los bienes y servicios obtenidos en el país que se venden a otros países menos el valor de los bienes y servicios adquiridos en el país que se han obtenido en resto del mundo. (M.L.R.)

externalidad. Existe una externalidad cuando la producción o el consumo de un bien afecta a consumidores o empresas que no participan, respectivamente, en el consumo o la producción de dichos bienes, por lo que no se refleja en la demanda del producto-y por consiguiente en el precio de mercado de dicho bien- ni en los costes de producción. Pueden existir externalidades positivas y negativas. Las externalidades negativas asociadas a la producción o consumo de un bien suponen un impacto negativo sobre otros individuos, que no se tiene en cuenta ni en la demanda ni en el coste de producción de dicho bien, provocando una producción del mismo superior a la socialmente óptima. En la Figura adjunta se representa el caso de una externalidad negativa característica -la contaminación.

Una externalidad negativa: la contaminación

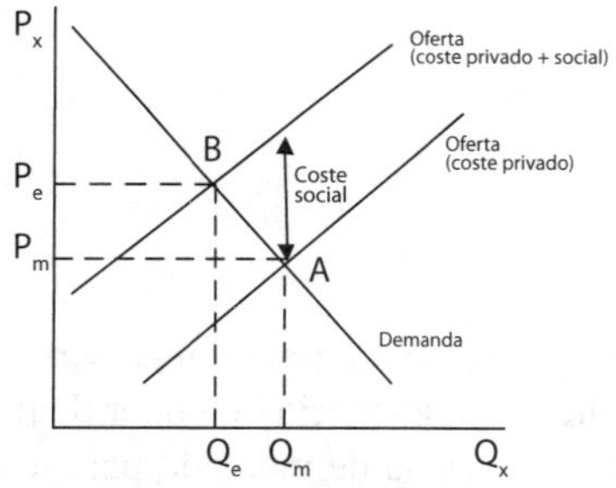

El mercado se encuentra en su situación de equilibrio en el punto A, dada la demanda y la oferta competitiva, la cual sólo se refiere a los costes marginales privados de la obtención del producto contaminante. Si a la oferta del mercado se le añaden los costes sociales, obtendremos la curva de coste social, que incorpora tanto los costes privados de la empresa como los costes externos derivados de la contaminación. El equilibrio de mercado determinaría un intercambio al precio P_m y una cantidad ofertada y demandada Q_m, equilibrio ineficiente al no tener en consideración la totalidad de los costes. El equilibrio eficiente se obtendría en el punto B, a un precio P_e; el oferente no tiene incentivos para producir al precio socialmente eficiente, pero esta situación se podría solucionar mediante una intervención del Estado consistente en la implantación de un impuesto a las empresas contaminantes de valor igual al coste de la contaminación, de modo que el coste privado coincidiera con el social. Por su parte, las externalidades positivas hacen que los mercados produzcan una cantidad inferior a la socialmente eficiente, porque la demanda del mercado no incorpora la totalidad del valor social del producto.

Las externalidades positivas

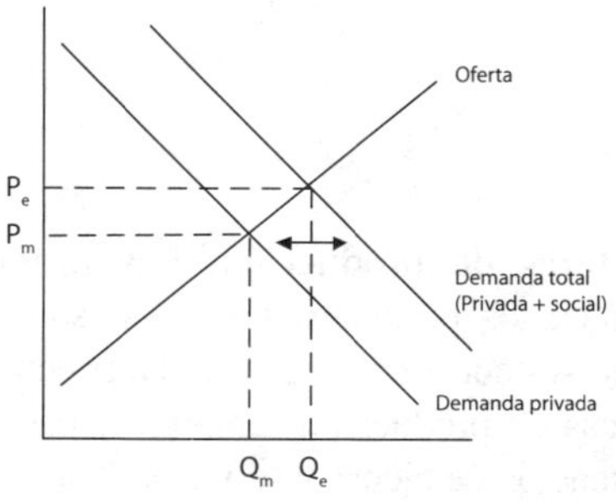

En el caso de una externalidad positiva la demanda social se encontraría por encima de la privada, por lo que no será tenida en cuenta en la producción del bien que las genera, determinando una producción inferior a la socialmente eficiente. En este caso, la internalización de dicha externalidad sería posible si el Estado subvencionara la producción de dicho bien, reduciendo los costes de producción y permitiendo la obtención de la cantidad socialmente óptima ($Q_e > Q_m$). (M.L.R.)

F

factores de producción. Los factores o recursos productivos -inputs- son los recursos que emplean las unidades económicas de producción -empresas- para la obtención de bienes y servicios. Tradicionalmente, los factores productivos se han clasificado en tres categorías. (M.L.R.)

factoring. Producto financiero que las instituciones financieras ofrecen a las empresas, consistente en la adquisición de créditos en poder de éstas y encargándose de su cobro, asumiendo o no el riesgo de impago -factoring con o sin recurso-. (M.L.R.)

fallos del mercado. El sistema de precios garantiza la asignación más eficiente si se cumplen una serie de condiciones: ausencia de poder de mercado, existencia de mercado para todos los bienes, derechos de propiedad bien definidos e información total y transparente. Cuando alguna de estas condiciones no se cumple, se producirá un fallo del mercado en la asignación de los recursos. Existen fundamentalmente cinco fallos del mercado: poder de mercado, externalidades, bienes públicos, ausencia de derechos de propiedad y asimetría en la información. La existencia de poder de mercado por parte de algunas empresas genera ineficiencia porque pueden elevar el precio de sus productos por encima del coste marginal; la presencia de externalidades hace que el consumo o la producción de un bien genere efectos positivos o negativos a terceros que no han participado directamente en la adquisición u obtención del mismo, por lo que dichos costes o beneficios no entran en el cálculo de la decisión económica de los agentes y se obtendrá una cantidad del bien inferior -en caso de externalidades positivas- o superior -con externalidades negativas- a la socialmente eficiente. Los bienes públicos, por sus características de *no rivalidad* y *no excluibilidad* hacen que, una vez obtenidos, sea imposible excluir a nadie de su disfrute, por lo que ninguna empresa tendría incentivos para su obtención, produciéndose en cantidades inferiores a la socialmente eficiente o incluso no obteniéndose; la ausencia de derechos de propiedad es un fallo del mercado que se da en el caso de recursos de propiedad común -bienes rivales pero no excluibles-, en los que no existen incentivos para invertir en mejoras que aumenten su productividad; por último, la información asimétrica se da en el caso en que comprador y vendedor tienen información diferente sobre una misma transacción, provocando una situación de discriminación de precios perjudicial para quien puede estar pagando más que los demás por el mismo bien. (M.L.R.)

fiduciario. Tipo de dinero que no cuenta con valor intrínseco, sino sólo el fundamentado en la confianza de que será aceptado de modo general en los intercambios y en su declaración oficial como dinero por partes de las autoridades. Es el caso de las monedas y billetes de curso legal. (M.L.R.)

flexibilidad en los mercados. Se dice que un mercado es flexible cuando los precios se ajustan con rapidez a cualquier variación experimentada por la oferta o por la demanda, permitiendo una situación permanente de equilibrio. El término adquiere un significado especial cuando se hace referencia al *mercado de trabajo*, evidentemente objeto de mayores regulaciones que el resto de los mercados como consecuencia de que, al estar formado por servicios, ofertados o demandados, indisolublemente unidos a seres humanos, requiere de unas instituciones y una normativa que permitan que el trabajo se desarrolle en unas condiciones dignas y en la medida de lo posible se puedan evitar situaciones de precariedad. En este contexto la idea de flexibilidad hace referencia a la posibilidad de fijar un marco regulador flexible que permita la adaptación de dicho mercado a una coyuntura económica cambiante. No obstante, no existe una idea concreta de la medida adecuada de la flexibilidad laboral, por ser un concepto objeto de distintas ideologías y juicios de valor: lo que para unos es un grado de flexibilidad adecuado, para otros puede resultar excesivo, o poner en peligro algunos derechos fundamentales de los trabajadores. (M.L.R.)

flotación. Situación en la que se encuentran diferentes monedas que mantienen entre sí una situación de tipos de cambio flexibles o flotantes, en que el tipo de cambio está determinado por el libre juego de la oferta y la demanda en el mercado de divisas. (M.L.R.)

flujo circular de la renta. El flujo circular de la renta se representa mediante un gráfico que muestra una explicación simplificada de la relación entre las empresas y los propietarios de los factores de producción.

El flujo circular de la renta

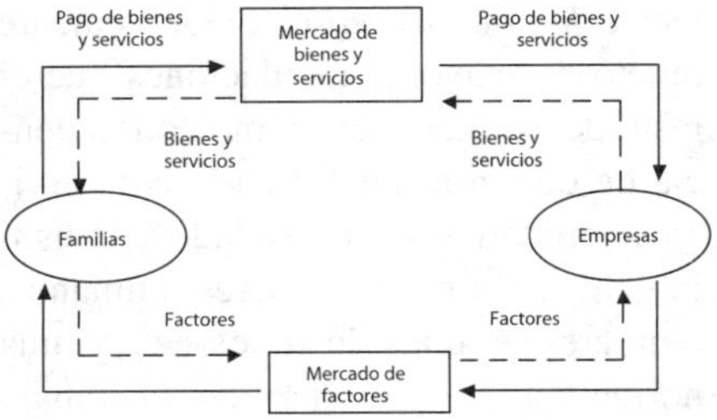

Se trata de una relación simplificada porque sólo considera las relaciones entre el total de economías domésticas y empresas totales de un país, sin tomar en consideración las ventas que las empresas realizan a otras empresas, el ahorro de familias y empresas, el sector público ni el sector exterior. De este modo se obtiene una relación de identidad entre las magnitudes producción, renta y gasto: el valor del producto obtenido por las empresas debe coincidir con la renta que reciben los factores productivos como retribución por su participación en el proceso de producción, y con el gasto realizado por las familias en la compra de bienes y servicios. Existen dos tipos de flujos: flujo real -representado en el gráfico con líneas discontinuas-, y flujo monetario, con líneas continuas. La parte superior del gráfico recoge el mercado de bienes: las economías domésticas acuden al mismo a adquirir los bienes y servicios que han producido las empresas y pagan por ello. En la parte inferior se recoge el funcionamiento del mercado de los factores de producción, al que las familias proporcionan trabajo y capital, recibiendo a cambio rentas -salarios, beneficios, alquileres- en concepto de retribución; así pues, el valor de la producción obtenida y vendida es recibido por las familias en concepto de rentas, y el valor de éstas se gasta en la compra de bienes y servicios.

frontera de posibilidades de producción. Modelo simple de representación del nivel de producción eficiente por parte de una sociedad. Aunque en una economía se producen múltiples bienes y servicios, en la elaboración de la FPP se introduce el supuesto simplificador de que sólo se obtienen dos bienes, X e Y, para cuya obtención se utilizan todos los factores productivos existentes en la economía. Muestra combinaciones eficientes de la producción de ambos bienes.

La frontera de posibilidades de producción

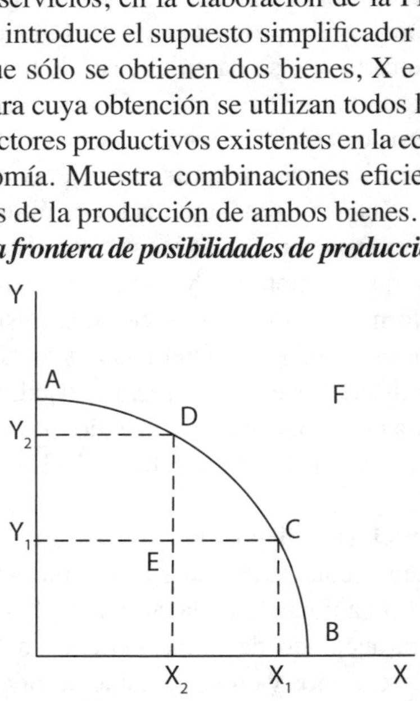

Los puntos que se encuentran sobre la frontera muestran combinaciones de bienes X e Y que la sociedad está produciendo de forma eficiente, con plena utilización de los recursos. El paso desde la combinación correspondiente al punto C (X_1, Y_1) al D (X_2, Y_2) implica que, para que la combinación de los dos bienes producidos siga siendo eficiente, el aumento en la cantidad producida de Y sólo es posible a costa de una reducción en la cantidad obtenida de X. El coste de oportunidad del aumento del producto X es igual al descenso experimentado en la producción de Y. El punto E, como todos los puntos situados bajo la frontera de posibilidades de producción, representa una asignación de recursos ineficiente, porque no hay una plena utilización de los recursos, que se están desaprovechando. Por último, el punto F, y en general, todos los situados fuera de la FPP representan combinaciones inalcanzables, porque la sociedad no tiene recursos suficientes para su obtención. No obstante, en el largo plazo, esas producciones serán posibles, si hay crecimiento económico.

El crecimiento económico en la FPP

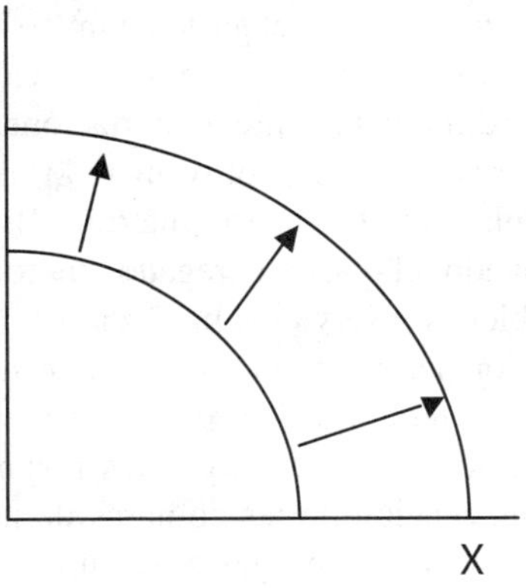

También se puede producir sólo una mejora en la producción de uno de los bienes, con lo que aumentarán las posibilidades de aumentar dicho bien manteniéndose constantes las del otro: se pueden dar mejoras tecnológicas, aumento de capital, aumento de trabajo cualificado o descubrimiento de nuevos recursos naturales que permitan que por cada unidad a que se renuncie de la producción de Y se pueda aumentar más la producción de X, y al revés.

Las mejoras tecnológicas

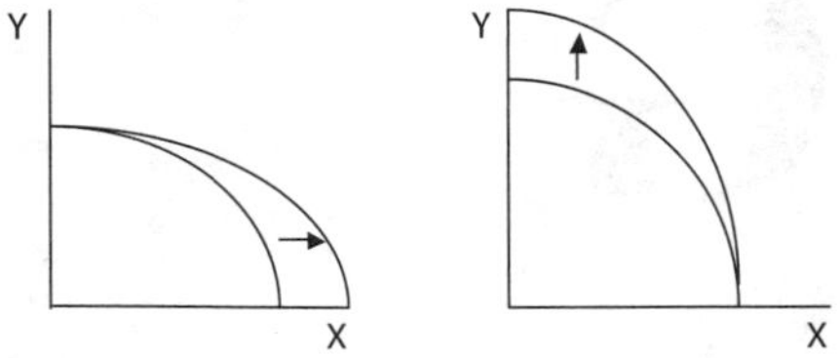

G

ganancias de capital. Aumento del valor de un activo que sólo se obtiene si se vende a un precio mayor al que fue comprado. (M.L.P.M.)

ganancias del comercio. Beneficios que se obtienen del intercambio o comercio entre las partes que debido a la especialización, serán mayores que las que se obtendrían si no se entra a comerciar. (M.L.P.M.)

gap inflacionista. Situación en que la producción agregada se encuentra por encima de la producción potencial. Normalmente asociada a situaciones de crecimiento económico donde el desempleo es bajo y alto el nivel general de precios. (M.L.P.M.)

gasto agregado. El gasto agregado en bienes y servicios finales producidos en el interior de un país es la suma del consumo privado, el gasto en inversión, el gasto público en bienes y servicios y la diferencia entre exportaciones e importaciones. Es otro método para calcular el Producto Interior Bruto sumando el gasto agregado de todos los bienes y servicios producidos en el interior de una economía. El consumo privado incluiría, los gastos en bienes y servicios realizados por los hogares, con excepción de las compras de nuevas viviendas; el gasto en inversión incluiría la compra en bienes de equipos de capital, inventarios y estructuras, incluyéndose como gasto de inversión las compras de nuevas viviendas; el gasto público incluiría los gastos en bienes y servicios de los gobiernos locales, regionales y estatales y las exportaciones netas (gasto en bienes y servicios que se producen en el interior del país pero realizados por los extranjeros y las compras domésticas de bienes extranjeros). Se puede calcular a través del flujo de fondos que entra en todas las empresas nacionales. A igual que el resto de métodos es necesario evitar la doble contabilización, para ello se omiten las ventas de materias y suministros destinados a la producción que unas empresas realizan a otras.

PIB: C+I+G+ X-M

Siendo PIB: Producto Interior bruto
C= Consumo Privado
I: Gastos de Inversión
G: Gasto de bienes y servicios públicos
X= Exportaciones de bienes y servicios
M= Importaciones de bienes y servicios. (M.L.P.M.)

gasto autónomo. Gasto en la demanda de bienes que no depende de la producción o de la renta. (M.L.P.M.)

gasto de consumo privado. Los gastos en bienes y servicios realizados por los hogares. Componente que integra el PIB si lo calculamos según el método del gasto agregado, que excluiría la compra de nuevas viviendas. (M.L.P.M.)

gasto de inversión. Se entiende por gastos de inversión a la suma que se dedica a la compra de capital físico productivo, maquinaria, la construcción de inmuebles y las variaciones de existencias. Las existencias se computan como gasto de inversión porque contribuyen a aumentar las ventas futuras de las empresas, al igual sucede con los inmuebles en la medida que generan un flujo de servicios futuros, para los propietarios del inmueble. (M.L.P.M.)

gastos fiscales. Son las subvenciones concedidas a empresas para el fomento de actividades concretas, vía exoneración o bonificación fiscal. Su monto total y su desglose debe especificarse anualmente en los presupuestos Generales del Estado. *Véase* beneficios fiscales. (M.L.P.M.)

gasto marginal. Gasto procedente de la compra de la última unidad. (M.L.P.M.)
gasto medio. Gasto por cada unidad que compra en el que incurre un consumidor. (M.L.P.M.)

gasto público. El gasto público comprende la compra de bienes y servicios por parte del sector público y las adquisiciones de inversión. La inversión del sector público hace referencia a las compras de bienes de capital realizadas por los distintos estamentos que integran el sector público y que en el caso de España abarcaría Corporaciones locales, autonómicas y estatales. El resto de compras se considera consumo público: gasto en bienes y servicios corrientes que se utilizan durante el año. Esto incluye los salarios de los empleados del sector público, sean funcionarios o no, y las materias primas utilizadas por los distintos organismos públicos, las compras en bienes tales como, material de oficina, automóviles, edificios, etc. Así como servicios, (legisladores, policía, defensa, educación etc.) El montante de este gasto en proporción al PIB se considera el indicador fundamental del peso del sector público en la economía. (M.L.P.M.)

Giffen, bienes. Reciben su nombre del estadístico y economista británico Robert Giffen (1837-1910). Son aquellos bienes en el que el efecto total de una subida de precios es un aumento de la cantidad comprada. Por tanto contradicen a la ley de la demanda como consecuencia de que el efecto sustitución de la subida de precio, que siempre sería una reducción en la cantidad comprada, es menor que el efecto renta; que en este caso y ante una menor renta real causada por la subida de precios, aumentaría el consumo del bien con lo que el efecto renta positivo contrarresta al efecto sustitución negativo. Se trata de un bien ultrainferior y ha de darse que represente una parte importante del presupuesto de un consumidor, de manera que ante una subida del precio de ese bien, la renta real del consumidor se vea seriamente afectada reduciendo el consumo de bienes que son relativamente más caros. (M.L.P.M.)

Gini, coeficiente. *Véase:* curva de Lorenz.

Goodhart, ley. Punto de vista según el cual muchas relaciones estadísticas particulares (en concreto las establecidas por los monetaristas) no pueden utilizarse para fines de política porque no dependen de relaciones causales. (M.L.P.M.)

Gordon-Shapiro, modelo. Este modelo parte del supuesto de que el precio teórico de una acción es igual al valor actual de los dividendos futuros que ella es capaz de proporcionar. Se utiliza para el cálculo del rendimiento esperado de una acción, que es el resultado de sumar los rendimientos de los dividendos más la tasa acumulativa de crecimiento de los mismos.

$$P_0 = \frac{D_1}{k_e - g} \rightarrow k_e = D_1/P_o + g$$

Siendo P_0 = el precio de mercado de una acción. D_1 = los dividendos del próximo año, g = tasa de crecimiento de los dividendos, y k_e= la tasa de rendimiento requerida por los accionistas. Sólo es aplicable cuando se supone que el porcentaje de crecimiento del dividendo es constante en el futuro, y que el rendimiento de los activos de la empresa también es constante. (M.L.P.M.)

Gossen, leyes. Leyes que reciben su nombre del economista alemán Hermann Henrich Gossen (1810-1858), uno de los primeros que se ocuparon del concepto de utilidad marginal, aunque permaneció ignorado hasta que el economista neoclásico Stanley Jevons lo mencionó en 1879.Gossen partiendo de que el individuo desea alcanzar la máxima satisfacción formuló dos leyes que llevan su nombre:
Primera ley de Gossen conocida como ley de la utilidad marginal decreciente que supone que la cantidad de satisfac-

ción que un individuo recibe de cada unidad de bien que consume disminuye a medida que se van satisfaciendo sus necesidades con un mayor consumo de unidades de ese bien.
Segunda ley Gossen o ley de la igualdad de las utilidades marginales ponderadas que supone que la máxima satisfacción para un individuo se logra cuando para todos los bienes la última unidad monetaria invertida en ellos provoca la misma utilidad. (M.L.P.M.)

grado de monopolio, o poder de monopolio. Índice de Lerner. Medida del poder relativo que una determinada empresa o grupo de ellas tiene sobre el total de la industria a la que pertenecen. También se habla de poder de monopolio como la capacidad de un vendedor o comprador de influir en el precio de un bien. *Véase:* índice de Herfinfal-Hirschmann. (M.L.P.M.)

Gran Depresión. La más conocida contracción económica a escala mundial y que tuvo su origen en EEUU. Su comienzo data del llamado *jueves negro*, 24 de octubre de 1929, cuando se produjo el desplome de la bolsa de Nueva York.
Algunos autores atribuyen el inicio de la depresión al desplome de la bolsa aunque la recesión había comenzado con anterioridad ya que hubo muchos otros factores que desempeñaron un importante papel en la misma. La bolsa de valores había experimentado un gran auge de 1921- 1929. Las cotizaciones habían subido mucho más deprisa que los dividendos pagados a las empresas. La caída de las cotizaciones no fue provocada por una gran noticia económica que alertara sobre el posible avecinamiento de una depresión sino con toda seguridad al fin de una burbuja especulativa. Los accionistas que habían comprado acciones a precios elevados previendo una subida aun mayor se asustaron e intentaron venderlas. El resultado fue una gran caída de precios. La crisis no solo redujo la riqueza de los consumidores sino que aumentó la incertidumbre hacia el futuro. Los consumidores y las empresas, decidieron ver cómo evolucionaban las cosas y pospusieron las compras de bienes duraderos y de bienes de inversión. Entre los meses de 1929 y 1930, la producción creció a un -8.6%, la tasa anual media de crecimiento registrada entre 1929 y 1932 fue de -8.3%, lo cual dio lugar a un aumento de la tasa de desempleo de 20 puntos porcentuales de 3,2% en 1929, a 24.9% en 1933.Hubo una gran caída de la producción industrial, que entre los meses de diciembre de 1929 y 1930 alcanzó el 24%.Este crecimiento estaba basado en la producción en masa de automóviles y radios y en el sector de la construcción. La caída del crecimiento fue el resultado de que se agotaron las oportunidades de inversión y de un descenso en la demanda de inversión, otros investigadores opinan que descendió también la función de consumo. La utilización de una política fiscal anticíclica era el método preferido para reducir las fluctuaciones cíclicas. Si una recesión se deterioraba y se convertía en depresión, la cura debería ser reducir los impuestos y aumentar el gasto público.

Estas políticas habrían evitado la intensidad con la que se mostró la Gran Depresión. Al mismo tiempo se produjo un error de política monetaria, al originarse una gran reducción de la cantidad nominal de dinero. Esta se debió fundamentalmente a las quiebras bancarias, ya que ante la caída en la producción muchos prestatarios no pudieron hacer frente a sus préstamos y aumentó la insolvencia de los bancos. Algunos autores como M Friedman opinan que la Gran Depresión es un ejemplo de la importancia del dinero y argumentan que la causa de que la recesión fuera tan grave se debió a que la Reserva Federal no evitó la quiebra de los bancos y la bajada de las existencias de dinero entre 1930 y 1933. La recuperación comenzó en 1933, una vez elegido presidente Roosevelt, se introdujo un cambio en la política monetaria y el crecimiento en la cantidad de dinero aumentó de manera espectacular en un 140%, a lo que habría que unir los efectos de los programas creados para sacar a EEUU de la Gran Depresión conocidos como *New Deal*. Muchos economistas argumentan que dichos programas tuvieron pocos efectos directos, en la recuperación, pero sus efectos indirectos, la impresión de que el gobierno hacía algo por sacar al país de la Depresión, contribuyó de manera significativa a modificar las expectativas en 1933 y a partir de entonces. (M.L.P.M.)

gravamen. Carga de carácter fiscal, impuesta sobre la riqueza, la renta o el gasto de los individuos o las empresas. (M.L.P.M.)

guerra de precios. Estrategia de las empresas pertenecientes a mercados oligopolistas consistente en aplicar una política de precios bajos con la intención de ganar cuota de mercado y provocar la salida de algunos competidores en el mercado. (M.L.P.M.)

gustos. Se refiere a las preferencias que los consumidores manifiestan por los diferentes bienes y servicios. (M.L.P.M.)

H

Haavelmo, proposición de. Precisión metodológica debida al economista noruego del mismo nombre, formulada en Econométrica (1943) y según la cual cuando dos variables de un modelo económico de dos ecuaciones están ambas influidas por una tercera variable, cualquier presunción de una relación lineal exacta entre las primeras puede ser errónea, e irrealista incluso en los casos más sencillos en que una de las ecuaciones sea una identidad. (M.L.P.M.)

Heckscher-Ohlin, teorema. Proposición formulada por el economista sueco Heckscher, y después desarrollada por su compatriota Ohlin en su obra Comercio interregional e internacional (1935) en que explican cómo funcionan los flujos del comercio internacional. Se apoya en la teoría de la ventaja comparativa de David Ricardo y nos dice que un país tiene ventaja comparativa en la producción de un bien cuando para producirlo se hace un uso intensivo de los factores que son abundantes en dicha economía. Por tanto, un país que tenga abundancia de capital tendrá ventaja comparativa en las industrias intensivas en capital, como es el caso de las industrias petrolíferas, y exportará este tipo de bienes; o las economía que son abundantes en mano de obra tendrán ventaja comparativa en industrias que hacen un uso intensivo de ese factor. Por tanto, se basa en la especialización en productos para los cuales existe mayor abundancia de factores de manera que el coste de oportunidad de producir esos bienes será menor que en países con escasez de los mismos. Así, el comercio internacional se basa en la existencia de diferentes dotaciones de factores entre países. (M.L.P.M.)

Herfindal-Hirschman, índice. El índice de Herfindahl, conocido como Índice de Herfindahl-Hirschman o HHI es un índice de concentración de mercado. Un índice de concentración muestra el número de empresas que forman parte de un mercado y la posición de cada empresa en el mismo y mide el grado de competencia en el mercado- Este índice es la suma de las cuotas de mercado al cuadrado de todas las empresas que formen parte del mismo, de manera que se pondera el peso específico de las empresas y se consideran todas las empresas que forman parte de un mercado.

$$Q = \sum_{i=1}^{n} q_i \qquad s_i = \frac{qi}{Q}$$

$$H = \sum_{i=1}^{n} s_i^2 \qquad \frac{1}{n} \leq H \leq 1$$

Siendo n el número de empresas que forman parte de la industria.

q: Cuota de mercado de la empresa i

s: Valor de la posición del participante i

Q: Valor total del mercado

H: Indice de Herfindal

Dentro de los valores que puede tomar un índice, existen dos valores extremos que determinan la posición en la que se encuentra el mercado.

Concentración Máxima: Cuando uno de los participantes percibe el total del valor del mercado y los demás nada, en este caso, existe un reparto no equitativo o concentrado y el índice toma valor 1.

Concentración Mínima: Cuando el valor del mercado está repartido equitativamente entre todos los participantes y por tanto, todas las empresas tienen la misma cuota de mercado y toma valor 1/n. (M.L.P.M.)

hiperinflación. Se trata de una inflación muy elevada, fuera de control de las autoridades económicas de un país, en la que los precios aumentan muy rápidamente, al mismo tiempo que la moneda pierde su valor y se producen alzas en los tipos de interés. Según algunos autores, como P.Cagan (1956) una economía se ve afectada por un periodo de hiperinflación cuando los precios crecen a tasas superiores al 50% mensual. Esto significa que el nivel general de precios se multiplica por más de 100 en un año. En situaciones de hiperinflación, los individuos tratan de desprenderse del dinero líquido del que disponen antes de que los precios crezcan más y el dinero pierda aún más su valor. Este fenómeno es conocido como la huida de dinero y consiste en la reducción de los saldos reales poseídos por los individuos, pues la inflación encarece la posesión de dinero.

La principal causa de hiperinflación es un aumento rápido y masivo de la cantidad de dinero que no está apoyado por crecimiento en la producción de bienes y servicios. Suele darse porque

las entidades emisoras de dinero producen moneda para hacer frente a los gastos de los gobiernos, con frecuencia debido a una política fiscal poco cuidadosa o por gastos militares en aumento. Las hiperinflaciones son excepcionales y extremas, suelen estar asociadas a crisis económicas, conflictos políticos, también a periodos de posguerra o a revoluciones sociales. Un ejemplo próximo lo encontramos con la inflación de Brasil entre 1980 y 2004. Durante varios años la inflación brasileña se medía en cientos de puntos porcentuales y hubo años que incluso miles.
El periodo de hiperinflación más conocido fue el caso de Alemania en el periodo posterior a la I Guerra Mundial (1922-.1923).En el mes de octubre de 1923, los precios crecieron un 29720%. La población se mostraba tan reacia a utilizar dinero que ciertos productos como el carbón o los huevos se utilizaban como moneda de cambio. Las empresas alemanas pagaban a sus trabajadores varias veces al día para que pudieran gastar sus ingresos antes de que perdieran valor.
Una hiperinflación de este tipo desorganiza la producción e impide el buen funcionamiento de los mercados, pues bloquea las transacciones y redistribuye la renta y la riqueza de forma notable. (M.L.P.M.)

hipótesis. Suposición de partida que se toma como base en una investigación para llegar a una conclusión. Puede ser confirmada o rechazada según los resultados de la investigación. (M.L.P.M.)

hipótesis del ciclo vital. Esta hipótesis está vinculada a los trabajos de Ando y Modigliani, supone que las personas administran su ingreso de tal manera que mantengan un flujo estable de consumo en el tiempo, en especial durante la vejez. Para ello, los individuos suelen ahorrar durante los años que son laboralmente activos para hacer uniforme su consumo a lo largo de toda su vida y de este modo poder contar con una renta suficiente durante su jubilación.
Esta hipótesis está asociada a la explicación de por qué el consumo depende de la renta a largo plazo. (M.L.P.M.)

hipótesis de la renta permanente. Esta hipótesis fue elaborada por M. Friedman (1957). En este caso el consumo también depende de la renta a largo plazo y se formula como aquel que resulta compatible con el mantenimiento de la riqueza. Según esta teoría, no todos los consumidores responden igual a todas las perturbaciones en la renta, ya que si tiene lugar un incremento transitorio en la renta de un trabajador, el individuo ahorrará una parte importante de la renta adicional. Por el contrario, si el trabajador ve modificada su renta como consecuencia de un ascenso, tenderá a consumir una parte importante de la misma, ya que esta variación tiene carácter permanente, por lo que se considera el concepto de renta a largo plazo. Esta teoría pone énfasis en que el ahorro permite a las familias la nivelación entre años buenos y malos. La renta permanente es la tasa de consumo que puede mantener una persona durante el resto de su vida, dada su riqueza actual, y el nivel de ingreso de ahora y del futuro. (M.L.P.M.)

hipótesis de la tasa natural. Hipótesis según la cual el desempleo acaba retornando a su tasa normal o natural, cualquiera que sea la inflación- Los economistas Friedman y Phelps hicieron una arriesgada predicción en 1968: si las autoridades económicas pretenden aprovechar la curva de Phillips, eligiendo una mayor inflación para reducir el desempleo, sólo conseguirán reducirlo temporalmente, por lo tanto no hay ninguna disyuntiva entre inflación y desempleo. Esta predicción era osada ya que en los años 60 se podía hablar del éxito aparente de la curva de Phillips. En 1958 Phillips había sugerido que existía una relación negativa entre inflación y desempleo. En 1968, Samuelson y Solow habían mostrado que se daba esta relación para los datos de Estados Unidos. Una década de datos había confirmado dicha relación. Para algunos economistas parecía ridículo sostener que la curva de Phillips se desplazaría en cuanto las autoridades económicas trataran de utilizarla. Sin embargo, esto fue lo que ocurrió. Desde finales de los años 60, las autoridades adoptaron medidas que aumentaron la demanda agregada, provocada, en parte, por la política fiscal derivada del aumento del gasto público provocado por la guerra de Vienam. Esto al mismo tiempo que la Reserva Federal en un intento de mantener bajos los tipos de interés, aumentó la oferta monetaria en un 13% durante el periodo 1970-1972. Como consecuencia la inflación se mantuvo alta (alrededor de un 6% al año a finales de los años 60 y principios de los 70, en comparación con un 1 o 2% a principios de los 60). Pero, como habían predicho Phelps y Friedman el desempleo no se mantuvo bajo. A finales del 1973 los responsables de política monetaria se dieron cuenta que no existía disyuntiva entre inflación y desempleo. (M.L.P.M.)

histéresis. Es un concepto procedente de la física que hace referencia a comportamientos de variables para las cuales la historia determina su evolución futura. Es utilizado tanto en el campo de la macroeconomía como en el de la microeconomía. En el campo macroeconómico y respecto al desempleo hace referencia a que periodos prolongados de elevado desempleo efectivo provocan un aumento de la tasa natural de desempleo. En periodos de depresión prolongados, la tasa natural de desempleo puede ser superior a aquella con la que entró en la misma. Esto puede deberse a varios factores entre los que cabe señalar que en el transcurso de la depresión muchos trabajadores han sido despedidos y han permanecido en situación de desempleo mucho tiempo- Por esta razón, se produce una pérdida de cualificaciones y de hábitos de trabajo, que eleva el desajuste en el mercado de trabajo, y limita la capacidad de estos desempleados para ejercer una presión que modere los salarios. Por ello, la tasa natural de desempleo tiende a elevarse. (M.L.P.M.)

histéresis de los costes. En microeconomía se aplica al proceso mediante el cual los costes totales para un mismo volumen de producción son distintos según que dicho volumen se alcance creciendo desde otros menores, o bien decreciendo desde producciones más elevadas. Los costes serán mayores para la misma producción, si parte de procesos decrecientes de producción, y menores si parte de producciones crecientes. Este fenómeno no sólo se da cuando intervienen factores discontinuos en la producción, sino también en otros muchos casos, ya que es frecuente que la adaptación de algunos factores a las variaciones del volumen de producción se efectúe con cierto retraso. Un ejemplo de ello sería que para producciones crecientes, el retraso en la admisión de nuevo personal se puede suplir con la intensificación transitoria del personal existente en la empresa, sin que apenas llegue a traducirse en un aumento de costes. Sin embargo, en producciones decrecientes, el retraso en los despidos o en otros factores es causa de que los costes resulten más elevados. (M.L.P.M.)

homo economicus. Modelo del comportamiento humano basado en los principios de racionalidad y optimización utilizados por el pensamiento clásico y neoclásico. *El homo oeconomicus* es racional, lo que supone que tiene unas preferencias (prefiere el cine a la ópera) y sus preferencias son coherentes (si prefiere la ópera a la zarzuela, preferirá el cine a la zarzuela); tiene un comportamiento optimizador o maximizador, lo que significa buscar la máxima satisfacción con el mínimo gasto en el caso del consumidor, o asignar recursos de manera que obtenga el máximo beneficio al mínimo coste en el caso del productor. También puede considerarse que su comportamiento es interesado y egoísta. Esta representación abstracta del hombre, aunque criticada en frecuentes ocasiones, constituye el modelo dominante en Economía (individualismo metodológico). (M.L.P.M.)

I

igualdad de las productividades marginales ponderadas, ley. Regla utilizada en la teoría de la producción para determinar el equilibrio en la producción cuando el objetivo del productor es minimizar los costes de fabricar un producto, utilizando una combinación de factores productivos. Si reducimos estos factores a dos, capital, K y trabajo, L, factores cuyo precio de mercado vienen dados por, P_K y P_L. respectivamente, esta ley nos dice que una empresa tendrá éxito en la producción de cualquier producto dado, sólo cuando la última unidad monetaria gastada en un factor de producción produzca la misma cantidad de producto que la última unidad monetaria gastada en cualquier otro. Esto quiere decir que una empresa minimizará costes cuando el cociente entre el producto marginal de cada factor (variación de producción que origina la última unidad de factor que utiliza) y su precio sea igual para todos los factores.

$$\frac{PMA_K}{P_K} = \frac{PMA_L}{P_L} = \lambda$$

Esta igualdad puede generalizarse para la utilización de n factores productivos. Esta misma expresión se obtiene a partir del punto de equilibrio en la producción expresado como la elección de la combinación de factores que se ha de emplear para fabricar un bien al mínimo coste posible, punto de tangencia de una isocuanta con la restricción presupuestaria o recta isocoste más próxima al origen. La tangencia determina que la pendiente de la recta isocoste ($-P_L / P_K$) es igual a la pendiente de la isocuanta, ($-PMA_L / PMA_K$), de manera que ($-PMA_L / PMA_K$) = ($-P_L / P_K$) , lo que daría lugar a la igualdad anterior. (M.L.P.M.)

igualdad de las utilidades marginales ponderadas, ley. La ley de la utilidad marginal ponderada, segunda ley de Gossen, constituye la ecuación fundamental de la teoría de la demanda basada en el enfoque de la utilidad. Y parte de que un consumidor maximizará su utilidad (objetivo que pretende alcanzar un consumidor a través de la compra de bienes) si distribuye su gasto de manera que la utilidad de la última unidad monetaria gastada en el consumo de cada bien es la misma. La utilidad marginal ponderada se considera el cociente entre la utilidad marginal de cada bien (utilidad que proporciona la última unidad consumida) y su precio.
En el caso de que consideremos que un consumidor consume una cesta de dos bienes, X e Y, siendo las utilidades marginales correspondientes a los dos bienes, UMA_X y UMA_Y, y los precios de mercado de cada bien, P_x y P_y, la ley se expresa a través de la igualdad:

$$\frac{UMA_X}{P_X} = \frac{UMA_Y}{P_Y} = \lambda$$

Esta ley puede generalizarse para el consumo de n bienes y expresa una situación de equilibrio del consumidor.
A esta misma ley puede llegarse a partir del enfoque de curvas de indiferencia, ya que el equilibrio del consumidor, punto de máxima satisfacción del mismo, se alcanza en el punto de tangencia de la restricción presupuestaria (también recta de balance) a la que se enfrenta el consumidor con la más alta curva de indiferencia (expresión de las preferencias del sujeto).
La tangencia expresa que la pendiente de la restricción presupuestaria o recta de balance ($-P_X / P_Y$) es igual a la pendiente de la curva de indiferencia ($-UMA_X / UMA_Y$), es decir en el equilibrio obtendremos:
($-UMA_X / UMA_Y$)= ($-P_X / P_Y$), con lo que llegaríamos a la expresión anterior, ley de la utilidad marginal ponderada o segunda ley de Gossen. (M.L.P.M.)

ilusión monetaria. Actitud a comportarse como si las variaciones en la renta monetaria fueran variaciones en la renta real, de manera que puede que no tenga en cuenta la inflación, incurriendo en decisiones erróneas. Un individuo incurre en ilusión monetaria cuando se cree más rico, con el pretexto de que su renta nominal ha aumentado, aunque los precios hayan aumentado en la misma proporción. (M.L.P.M.)

importación. Compra de bienes y servicios al exterior. El valor de las importaciones se registra en la balanza de pagos. (M.L.P.M.)

importación de capital. Transacciones incluidas en la balanza por cuenta de capital que originan una posición deudora o una disminución de la posición acreedora de un determinado país (el que elabora la balanza de pagos, frente al resto del mundo). Generalmente se considera que el volumen de importaciones autónomas del capital de un país es creciente con el tipo de interés nacional y decreciente con el tipo de interés del resto del mundo. (M.L.P.M.)

importación de mercancías. Flujo de bienes adquiridos por un determinado país, el que elabora la balanza de pagos al resto del mundo. Generalmente se considera que el volumen de importaciones de mercancías de un país es creciente con los niveles de renta y precios, y es decreciente con el nivel de precios del resto del mundo y el tipo de cambio. En la balanza de pagos se contabiliza en la subbalanza de mercancías. (M.L.P.M.)

impuestos. La mayor proporción de los ingresos del Estado procede de esta vía que sirve para la financiación del gasto público. El sistema impositivo o tributario dispone de una amplia variedad de figuras recaudatorias tales como gravámenes, tasas, arbitrios, etc., siendo los impuestos la figura fiscal más importante tanto en términos cuantitativos de recaudación como cualitativos por su elaborada reglamentación. En general, los impuestos constituyen una carga o sobrecoste que recae sobre el contribuyente y cuya naturaleza varía en función del objeto tributario que puede ser muy variado como por ejemplo la generación de renta por los ciudadanos, la obtención de beneficios por sociedades, el consumo de bienes o servicios, la propiedad, la transmisión de la propiedad, etc. Los impuestos se pueden dividir en dos grandes grupos. Por un lado los impuestos directos que recaen sobre las personas en función de algunas características básicas como la renta, (en España el más importante es el IRPF). Por otro lado los impuestos indirectos se pagan cuando se adquiere un bien o un servicio independientemente de la capacidad económica del adquirente (en España el más representativo de este tipo de impuesto es el IVA). Los impuestos tienen un importante papel económico más allá de la recaudación, pues constituyen un importante mecanismo de incentivo que tiene el Estado para orientar la actividad económica de los agentes privados hacia objetivos de política económica que les interese. Además, por su propia naturaleza, los impuestos generan distorsiones en el sistema de precios del libre mercado por lo que el diseño de un sistema impositivo debe tener en cuenta provocar la mínima ineficiencia en el funcionamiento del mercado. (J.L.M.)

impuesto *ad valorem*. Imposición sobre el valor de una mercancía o servicio importado. (J.L.M.)

impuesto de cuantía fija. Impuesto fijado por el Estado independiente del valor de la renta o de las compras realizadas. (J.L.M.)

impuesto de la inflación. La inflación erosiona el poder adquisitivo de los saldos monetarios de que disponen los agentes económicos provocando un coste adicional y una pérdida de renta real. (J.L.M.)

impuesto pigouviano. A veces, la producción o consumo de ciertas mercancías produce externalidades negativas. Este hecho provoca que el coste marginal privado de su producción o consumo sea menor que el coste marginal que debe soportar la sociedad. Para evitar esta distorsión e interiorizar la externalidad negativa el economista Arthur Pigou propuso la aplicación de un tipo de impuesto a las actividades generadoras de externalidades negativas, con el objetivo de eliminar este fallo del mercado. Este tipo de impuesto se denomina pigouviano en honor a economista que analizó esta distorsión por primera vez. (J.L.M.)

impuesto progresivo. Es un impuesto que hace pagar más a los que más renta tienen. En un impuesto progresivo el tipo impositivo medio (el porcentaje que representan los impuestos sobre el total de la renta que grava) aumenta a medida que aumenta la renta. (J.L.M.)

impuesto proporcional. Es un tipo de impuesto en el que el tipo impositivo medio (el porcentaje que representan los impuestos sobre el total de la renta que grava) es igual para cualquier nivel de renta. (J.L.M.)

impuesto regresivo. Es un impuesto que hace pagar menos a los que tienen más renta. En un impuesto de este tipo el tipo impositivo medio (el porcentaje que representan los impuestos sobre el total de la renta que grava) disminuye a medida que aumenta la renta. (J.L.M.)

incentivo. Algo que induce a una persona a actuar. (M.L.P.M.)

incertidumbre. Situación en la que no se conoce la probabilidad de ocurrencia de un suceso. En una situación de incertidumbre no se puede otorgar ninguna distribución de probabilidad a los resultados de un suceso (situaciones en las que existen muchos resultados posibles pero se desconocen sus probabilidades).A menudo se utilizan indistintamente los conceptos de incertidumbre y riesgo, aunque no significan los mismo. En el caso del riesgo sí se conocen la distribución de probabilidad de los resultados asociados a un suceso. Se asocia a las situaciones en la que se encontrarán los agentes económicos cuando ignoran cómo será su entorno en un futuro más o menos lejano. (M.L.P.M.)

índice. Número que mide la variación relativa de una magnitud entre dos situaciones diferentes, en el tiempo o en el espacio., tomando una de estas dos situaciones como referencia para su cálculo. Sea una variable Y(por ejemplo el precio de un bien) que pasa de valer $Y_{0,}$ momento actual (por ejemplo 100 euros) a valer Y_1 (por ejemplo 200 euros) en el momento t; entonces el índice de Y en el momento t tomando como base el momento 0 es $I_{t/o}=Y_t/Y_0=$ (200/100)=2. Por convenio se dice que el índice vale 100 en el año base, lo que da:

$I_{t/o}=(Y_t/Y_0)*100=(200/100)*100=200$. Cuando se quiere reducir en un único índice la evolución de varias magnitudes (por ejemplo los precios de varios productos) es preciso obtener un índice conjunto calculando una media ponderada de los índices elementales. La ponderación puede hacer referencia al porcentaje de gasto de una familia media en un bien i durante el año 0 que es el año que se toma como base. (M.L.P.M.)

índice de concentración. Medida que permite cuantificar el poder de mercado. Uno de los indicadores de concentración de mercado es el C4. Cuantifica el porcentaje acumulado de producción en este caso de las cuatro mayores empresas. Consiste en sumar las distintas cuotas de mercado. Matemáticamente si la cuota de mercado de la empresa i se representa por s_i y por q_i su producción y por Q la producción global del mercado, el índice $C4= s_1+s_2+s_3+s_4$
El porcentaje acumulado de la producción de todas las empresas en cualquier mercado es, por definición, la unidad. Por eso, cuanto más próximo su valor a 1, mayor la concentración de mercado. (M.L.P.M.)

índice de Laspeyres. Es un índice ponderado por las cantidades y que mide la evolución del valor de la cesta de bienes cuando cambian los precios a lo largo del tiempo, permaneciendo constante las cantidades del periodo inicial. Su formulación toma la expresión:

$$I = \frac{\sum Q_0 P_1}{\sum Q_0 P_0}$$

Donde

I: número índice
Q_0: cantidades del año base
P_0: Precios año base
P_1: Precios año actual
(J.L.M.)

índice de Paasche. Semejante al índice de Laspeyres pero utilizando las cantidades del periodo actual.

$$I = \frac{\sum Q_1 P_1}{\sum Q_1 P_0}$$

Donde

I: número índice
Q_1: cantidades del año 2
P_0: Precios año base
P_1: Precios año actual
(J.L.M.)

índice de Lerner. Indicador del grado de poder de mercado de una empresa. Se define como la diferencia relativa entre el precio y lo que cuesta producir la última unidad o coste marginal

L= (P-Cma)/P

Siendo:
L= Índice de Lerner
P= Precio de mercado
Cma= coste marginal
También es igual a la inversa de la elasticidad precio de la demanda de una empresa:

$L= (P-Cma)/P= 1/e_p$

Toma valor 0 cuando el mercado es competitivo ya que en este caso el P=Cma, y también se cumplirá que la elasticidad de la demanda para una empresa es infinito, y valores positivos a medida que aumenta el poder de mercado. (M.L.P.M.)

índice de precios. Mide el coste de adquisición de una cesta de la compra

representativa en un año dado, en la que el coste ha sido normalizado (igual a 100) para el año que se haya elegido como año base
Índice de precios en un año dado = (Coste de la cesta en un año dado/ coste de la cesta en el año base) *100.
Un índice de precios es una medida normalizada del nivel general de precios, y siempre se cita acompañado del año para el que se realiza la medición del nivel agregado de precios y del año base. (J.L.M.)

Índice de Precios de Consumo, IPC. Es una medida estadística de la evolución de los precios de bienes y servicios que consume la población de un país. Se calcula a partir de la estimación de una cesta de la compra de las familias y de la importancia de cada uno de los grupos de bienes y servicios que la componen. De esta forma se dispone de un IPC general y de varios subíndices. Es el índice de referencia más utilizado en diversos aspectos de las transacciones mercantiles (contrato de alquiler) o productivas (referencia en la negociación colectiva para subidas salariales). (J.L.M.)

índices bursátiles. Son índices de precios que resumen la evolución del mercado de la Bolsa. Indican la relación existente entre la cotización actual de las acciones y la correspondiente al año base. Son índices ponderados y reflejan la evolución promedio del mercado. Pueden tomar la forma de índice de Paasche, de Laspeyres o de otro tipo. Existen índices generales o índices sectoriales según el tipo de empresas que se consideren. Los más conocidos son el IBEX-35 de la Bolsa de Madrid, DAX (Alemanía), Dow-Jones de la Bolsa de Nueva York, Nikei (Japón), etc. (J.L.M.)

índice de precios industriales, IPRI. Es un índice de coyuntura que indica la evolución de los precios de productos industriales fabricados y vendidos en el mercado interior. Recoge los precios de venta de los productos al salir de fábrica sin transporte ni comercialización ni IVA. El INE realiza una encuesta mensual que incluye a más de 8000 establecimientos. (J.L.M.)

indiferencia, curva. Según la teoría microeconómica del comportamiento del consumidor, y dados dos bienes, dicha curva representa las combinaciones de cestas de mercado formada por estos dos bienes que le reportan al consumidor un mismo nivel de utilidad o satisfacción. Se trata de combinaciones de bienes indiferentes para el sujeto, entre dos combinaciones de una misma curva de indiferencia, el consumidor no manifiesta una preferencia de una frente a otra.
La construcción de la curva de indiferencia se realiza a partir de una serie de supuestos lógicos para poder ordenar todas las combinaciones de bienes que reportan la misma satisfacción al sujeto por lo que le resultan indiferentes. En el caso representado, ambos bienes tienen utilidad marginal positiva y hay cierto grado de sustituibilidad entre ambos en términos de satisfacción, los bienes se pueden intercambiar en cantidades infi-

nitesimales para garantizar la continuidad de la curva.

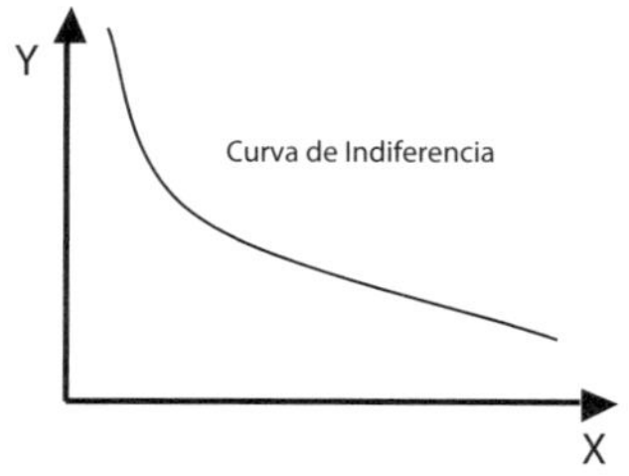

Entre las propiedades de las curvas de indiferencia se encuentran:

1. Tienen pendiente negativa. Lo cual implica que si aumenta el consumo de un bien será a costa de reducir el consumo de otro, en la medida que la utilidad o satisfacción no cambia. La pendiente de una curva de indiferencia en cada punto responde al concepto de RMS entre dos bienes (Y y X). La pendiente de la curva de indiferencia está determinada por la apreciación de los bienes que tiene el consumidor.
2. Son generalmente convexas respecto al origen. A medida que descendemos de norte a sur por la curva de indiferencia la pendiente de la misma se hace más plana (decrece), lo que implica que cada vez un consumidor está dispuesto a ceder menos unidades de un bien que empieza a ser más escaso por otro cuya abundancia es cada vez mayor.
3. Se prefieren las curvas más alejadas del origen ya que implican mayor cantidad de los dos bienes y según, el supuesto de saturación, el individuo siempre prefiere cestas que contengan una mayor cantidad de los bienes a otra con menos, por lo que le reportará mayor satisfacción una curva más alejada.
4. Las curvas cumplen la propiedad de la transitividad, de lo que se deriva que no pueden cortarse.
5. Por cada punto del espacio pasa una curva de indiferencia.

Concepto utilizado para analizar la teoría del comportamiento del consumidor según el enfoque neoclásico, desarrollado por autores como Edgeworth, Pareto y Hicks (1939) durante la primera mitad del siglo XX. Se basa en un concepto de utilidad ordinal, de manera que el sujeto puede establecer una ordenación de preferencias. A través del mismo se explica las preferencias de los consumidores hacia los bienes ante la elección de los mismos en los mercados. (M.L.P.M.)

indiferencia, mapa. Gráfico que contiene un conjunto de curvas de indiferencia. Es la representación gráfica de las preferencias del sujeto. El mapa muestra mayores niveles de satisfacción cuanto más alejada del origen se encuentren las curvas de indiferencia, en el caso en que ambos bienes tengan utilidad marginal positiva. El mapa de curvas de indiferencia es la representación gráfica de los distintos contornos de la función de Utilidad U(X, Y).

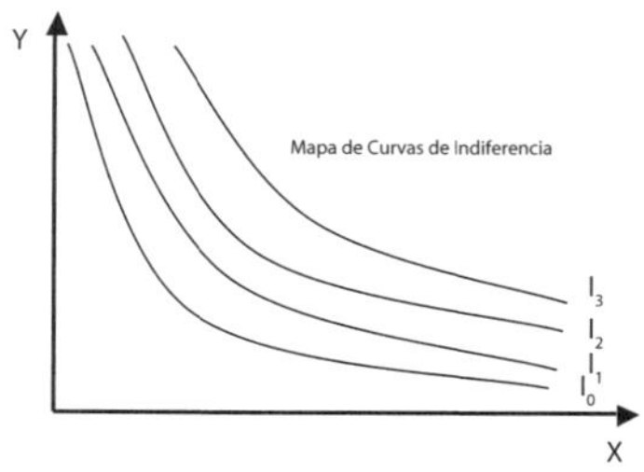

Las curvas de indiferencia pueden ser diferentes según cada consumidor individual. (M.L.P.M.)

indiferencia social, curvas de. Es una curva de indiferencia para toda la sociedad. Se define como las combinaciones de bienes entre las que los consumidores en su conjunto son indiferentes. Se utilizan, básicamente, en la teoría del comercio internacional neoclásica, y en la teoría de la elección social. (M.L.P.M.)

indivisibilidad. Propiedad de los factores de producción y de los procesos productivos que hace referencia a la imposibilidad de una perfecta divisibilidad de los mismos. Esta propiedad está en la base de las economías de escala internas. (M.L.P.M.)

indización o indexación. Técnica que consiste en hacer variar una magnitud en función de otra variable económica o índice (se trata de vincular una variable nominal a la evolución de una variable de referencia), que suele ser un índice de precios, como puede ser el índice de precios al consumo. Tienen como objetivo evitar la pérdida del poder de compra en periodos de inflación. Este tipo de corrección se manifiesta en muchos lugares de la economía. Puede ser corregida por ley o por contrato. Se puede aplicar:

- A los salarios, el salario mínimo interprofesional se indexa en función del IPC previsto para cada año. Muchos contratos a largo plazo entre empresas y sindicatos contienen una indización parcial o total con respecto al índice de precios al consumo, que se denomina cláusula de revisión salarial.
- Al ahorro, puede haber empréstitos indexados.
- A las rentas de transferencia, las pensiones se indexan en función del IPC.

Los efectos de la indexación son controvertidos. Para unos, se trata de una garantía que permite a los agentes económicos conservar la confianza en el buen funcionamiento de la economía. Para otros, es un mecanismo que puede generar inflación, responsable del espiral precio-salarios. (M.L.P.M.)

industria. Grupo de empresas que venden un producto bien definido o un conjunto de productos estrechamente relacionados. (M.L.P.M.)

industria competitiva de costes constantes. Se trata de industrias cuya curva de oferta es horizontal al nivel del coste medio a largo plazo mínimo. Los supuestos sobre los que se basa este tipo de industrias son dos:

1. Todas las empresas pertenecientes a esa industria tienen las funciones de coste total a largo plazo iguales, y por tanto, de coste marginal y medio a largo plazo (las empresas son prácticamente iguales).
2. La posición de la función de coste medio a largo plazo no se desplaza cuando cambia el volumen de producción de la industria. Esto es debido, por un lado a: 1) un cambio en el volumen de producción de la industria no cambia el precio de los factores de producción utilizados para producir

dicho producto, ni altera la función de producción de una empresa. Este segundo supuesto se cumple cuando una industria es pequeña en relación al tamaño de la economía y compra factores de uso general que muchas industrias utilizan. También se emplea cuando una industria utiliza factores de producción en la misma proporción que otras empresas de la economía. Un ejemplo puede ser la industria de la cerilla en relación a la industria maderera. (M.L.P.M.)

industria competitiva de costes crecientes. Se trata de una industria cuya función de oferta tiene pendiente positiva, lo que significa que las empresas aumentan su producción solo si reciben un precio más alto. Está formada por empresas que difieren en eficiencia y tamaño. Una industria con costes crecientes es una usuaria relativamente grande de un factor de producción especializado. De manera que un incremento en la producción, generaría un aumento de la demanda del factor especializado que afectaría a su precio, aumentándolo y por tanto, afectando a las funciones de costes medios y marginales. Un ejemplo, puede ser la utilización de neumáticos para la industria automovilística, ya que un aumento de la producción de automóviles haría aumentar la demanda de neumáticos que redundaría en una subida de precios del mismo. (M.L.P.M.)

industria competitiva de costes decrecientes. Se trata de una industria cuya curva de oferta tiene pendiente negativa. Cuando la expansión de una industria lleva a la caída del precio de alguno de los factores utilizados, las empresas se encuentran con que sus curvas de costes se desplazan hacia abajo a medida que aumenta su producción y finalmente puede descender el precio del producto. Esto ocurre cuando los factores se fabrican utilizando tecnologías en los que existen significativas economías de escala. Si aumenta espectacularmente la producción de carreteras, podría explotarse más las economías de escala en la producción de excavadoras, lo que reduciría el precio de ese factor. Estos casos se denominan economías pecuniarias externas y dan lugar a curvas de oferta de pendiente negativa. (M.L.P.M.)

industrias culturales. De acuerdo con la UNESCO las industrias culturales representan "sectores que conjugan creación, producción y comercialización de bienes y servicios basados en contenidos intangibles de carácter cultural, generalmente protegidos por el derecho de autor". Sin embargo, la definición de las industrias culturales implica un amplio debate, en especial en el proceso de delimitación del sector cultural de la economía: ¿qué bienes deben ser incluidos y cuáles no? y en la armonización a nivel internacional para la comparación entre países. En la literatura empírica, se encuentran, al menos, cuatro modelos que sobre una determinada concepción de cultura, y características especiales que se le atribuyen a los bienes, ofrecen una clasificación del sector. El modelo de textos simbólicos, en el cual prima la generación y la comunicación de significado simbólico de los bienes, por tanto el valor económico se deriva del valor cultural. El modelo de los círculos concéntricos, en el cual el objetivo de las actividades e industrias culturales es generar y transmitir valores, creencias, normas, y otras expresiones de grupos de la sociedad. Así, las ideas creativas se originan en el núcleo de las artes creativas (música, teatro, literatura, artes visuales) y estas ideas e influencias se difunden hacia el exterior a través de una serie de capas o "círculos concéntricos". El modelo del Reino Unido representado por el trabajo desarrollado por el *Department for Culture, Media and Sport* (*DCMS*), que integra en el concepto de industrias creativas la innovación y su capacidad de generar empleo y riqueza. El modelo de la Organización Mundial de Propiedad Intelectual (OMPI) que se basa en las industrias que participan directa o indirectamente en la creación, fabricación, producción, emisión y distribución de trabajos sujetos a derechos de autor. (L.F.A.Q.)

ineficiencia en el sentido de Pareto o ineficiencia en la asignación de recursos. Una combinación de bienes o factores es ineficiente en el sentido de Pareto cuando es posible volver a reasignar los recursos de manera que al menos uno mejore sin que otro empeore o ambos mejoren, en el caso de consumidores de bienes, y para el supuesto de factores consistiría en reasignar factores a bienes de manera que aumentara la producción de un bien sin reducir la producción de otro bien, o aumentar la producción de ambos. (M.L.P.M.)

ineficiencia -X- o ineficiencia en costes. Concepto debido a H. Leibenstein expuesto en su artículo "Allocative effciency vs X-Efficiency" publicado en la *American Economic Review* en 1966 que hace referencia a una situación en la que la empresa no obtiene la máxima producción con una combinación dada de factores. Según Leibenstein una organización que no actúa enérgicamente para frenar los costes incurrirá en este tipo de ineficiencia. Leibenstein defendía que la reducción de costes no solo depende de la tecnología de la organización sino del vigor con que busque la eficiencia. El grado en que la ineficiencia-X es un problema depende de los incentivos económicos, lo que hace que esté más extendida en el sector público que en el sector privado aunque también se da en este último. (M.L.P.M.)

inflación. Aumento general y persistente del nivel de precios. La evolución de los precios se mide a través de Índices de Precios, el más utilizado de los mismos es el IPC. De acuerdo con el porcentaje de variación que experimenten los precios, se clasifica la inflación en moderada que es un aumento de los precios que no distorsiona gravemente los precios relativos de los bienes, inflación galopante que recoge tasas de inflación de más de dos dígitos y que sí causa cambios importante en los comportamientos de los agentes económicos, e hiperinflación que se da cuando se experimentan aumentos de precios muy elevados (1000%, un millón o mil millones al año) cuyos efectos económicos son devastadores. Por tanto, el proceso inflacionario puede generar importantes distorsiones en el funcionamiento de la economía y su control se ha convertido en uno de los objetivos básicos de la política económica que en algunas zonas económicas queda como objetivo fundamental del Banco Central como es el caso de la Eurozona. La inflación tiene dos efectos fundamentales, provoca una redistribución de la renta y la riqueza entre acreedores y deudores y distorsiona los precios relativos de los bienes y por tanto distorsiona la información que lleva el sistema de precios y sobre la que los agentes toman decisiones de producción y consumo. (J.L.M.)

inflación de costes. Cuando la subida de precios tiene como origen el lado de la oferta. Las subidas de precios de los factores productivos constituyen una importante fuente de aumento de los costes de producción que las empresas traspasan a los precios de los productos finales. En los años setenta y ochenta las sucesivas crisis del petróleo generaron un aumento significativo de los costes de las empresas que se expandió a través de las economías occidentales. (J.L.M.)

inflación de demanda. Es originada por el aumento de la demanda agregada más rápido que el aumento de la capacidad productiva de la economía, provocando un aumento de los precios para reequilibrar la oferta y la demanda. Según la teoría monetarista, un factor a tener en cuenta para explicar la inflación de demanda es el papel que juega la cantidad de dinero del sistema. En este sentido, el crecimiento de la oferta monetaria eleva la demanda agregada lo que, a su vez, provoca un aumento de los precios. Un ejemplo de este fenómeno se dio en los años veinte en Alemania. Otra causa de este tipo de inflación es la existencia de excesivos y perdurables déficits fiscales que acaban provocando un aumento de la demanda agregada que supera el nivel de producción potencial de la economía. Un fenómeno de este tipo se dio en EE.UU. para financiar la guerra de Vietnam. (J.L.M.)

inflación prevista e imprevista, expectativas de. La inflación prevista por los agentes económicos puede incorporarse a los procesos de decisión de los agentes provocando una menor distorsión del proceso inflacionista. Los agentes se acostumbran a un nivel inflacionario y viven con ella. La aparición de cambios de precios que constituyen una sorpresa para todos incluso para los profesionales. Este tipo de inflación afecta a distribución de la renta en la sociedad y provoca desasosiego que socaba el ánimo y la confianza de la sociedad. (J.L.M.)

inflación y desempleo. *Véase:* curva de Phillips.

información asimétrica. Situación en los mercados en los que una parte de una transacción económica posee más información que el otro lado. Constituye un fallo de mercado y originan ineficiencia en la asignación de recursos. Este tipo de situaciones puede darse en el mercado de bienes, como consecuencia de la existencia de características ocultas para un lado de la transacción, por ejemplo calidad de un producto (calidad del producto, estudiado por Akerlof, G. en 1970 "The Market for Lemons" en *Quarterly Journal of Economics*) lo que da lugar a un problema de selección adversa (los productos de buena calidad acaban siendo expulsados por los de mala calidad). Este problema se puede intentar solucionar a través del mecanismo de señales, actuando el sistema de garantías como una señal. Otros mercados en los que se da son los mercados de trabajo. En el caso del mercado de trabajo, existe este problema como consecuencia de la existencia de características ocultas y acciones ocultas por parte de un lado de la transacción. En el primer caso, habrá un problema de selección adversa (ejemplo, contratación de personal) y se evitará a través del mecanismo de señales que supone la acreditación de los niveles formativos de cada aspirante. En el caso de una acción oculta, (los directivos de una empresa no persigan como objetivo maximizar beneficios, por tanto intereses contrapuestos dirección- propiedad) podrá resolverse a través de incentivos. También puede darse situaciones de información asimétrica en los mercados de seguros, mercados crediticios, etc. (M.L.P.M.)

información, costes de. Adquirir los costes necesarios para practicar elecciones en los mercados es costoso, en términos de recursos necesarios para adquirirla. Dicho coste es variable, ya que los precios administrados que se publican en el Boletín Oficial del Estado tiene un coste de obtener información casi nula, mientras conocer, los precios de cualquier bien, coche, vivienda, etc. requiere tiempo y dinero. (M.L.P.M.)

información imperfecta. Situación caracterizada por falta de información en relación con variables y datos relevantes, tales como precios, oferta, demanda y otros. (M.L.P.M.)

información privilegiada. Aquella que se refiere a valores o emisores de valores, que no se ha hecho pública que, de hacerse, puede afectar significativamente a la cotización de dichos valores. (M.L.P.M.)

ingreso marginal. Variación de los ingresos totales que se obtiene con la venta de una unidad adicional de producto.
Analíticamente si la función de demanda inversa es P= f(x)
El ingreso total es P .x y el ingreso marginal (Ima) será
Ima= ΔIt/ Δx, ante un cambio infinitesimal en la cantidad comprada sería:
Ima= dIt(x)/dx

$$\mathrm{Im}a = \frac{d(P.X)}{dx} = \frac{d(x).f(X)}{dx}) = f(x) + xf\,'(x) = p + x\frac{dp}{dx}$$

siendo x la cantidad vendida y p el precio. Si la curva de demanda tiene pendiente negativa se cumple:

dp/dx<0 , por tanto Ima< p

Si la curva de demanda es una línea recta horizontal

dp/dx=0 y p= Ima

(M.L.P.M.)

ingreso medio. Ingreso obtenido por cada unidad vendida. Es el resultado de dividir el ingreso total por la cantidad vendida.

Ime= IT/X

Siendo:
IT=Ingreso total
X= Cantidad vendida
Ime= Ingreso medio
(M.L.P.M.)

ingresos totales. Suma de los productos de las cantidades vendidas por sus respectivos precios (M.L.P.M.).

ingreso del producto marginal. Ingreso adicional generado por la venta de la producción obtenida utilizando una unidad adicional de factor. Es el resultado de multiplicar el ingreso marginal de una empresa por la productividad marginal física del factor. Surge al considerar los efectos de una variación infinitesimal en el empleo de un factor productivo sobre el ingreso total.
En el caso de que el vendedor sea un monopolista responde al nombre de ingreso de la productividad marginal. En el caso de que la empresa sea competitiva, el Ingreso marginal será igual al precio y se llama valor de la productividad marginal, siendo igual al producto marginal del factor por el precio del bien que dicho factor contribuye a fabricar. (M.L.P.M.)

ingresos de transferencia. Componente de la retribución de un factor consistente en aquella necesaria para retener una unidad de un factor productivo en una determinada actividad y/o sector productivo. Una reducción de la retribución del factor por debajo de ese ingreso de transferencia provocaría su traslado a otro sector o actividad. (M.L.P.M.)

Input-Output, tablas Las tablas input output (TIOs) son un instrumento estadístico-contable que recoge todas las operaciones de producción y distribución que tienen lugar en una economía en un periodo determinado de tiempo, normalmente un año. Desglosa la Producción Nacional entre los sectores que la han originado y los sectores que la han absorbido, de ahí que también reciban la denominación de "Tablas Intersectoriales". Se pueden elaborar TIOs para un país, un conjunto de países, una región, una provincia o incluso una ciudad. La denominación deriva de los términos ingleses *input*, recurso o factor utilizado en la producción y *output*, producto elaborado con esos factores
Por otra parte, la utilidad de una TIO será tanto mayor cuanto mayor sea el número de sectores que se consideren al elaborarla. Lo ideal sería que contuviese tantos sectores como bienes se producen en una economía, sin embargo la dificultad en la recolección de los datos necesarios y la complejidad de los cálculos lo haría excesivamente costoso. Por ello, es necesario llegar a un cierto equilibrio entre la utilidad de la tabla y su coste de elaboración. El modelo más sencillo sería uno de tres sectores, agricultura, industria y servicios, si bien aportaría poca información. La oficina estadística de la Unión Europea (Eurostat) propone como metodología común para los países de la UE un mínimo de 60 sectores.

Fue el premio nobel de economía Wassily Leontief quien, definitivamente, desarrolló e implantó el hoy conocido como modelo o tabla input-output (TIO) en su obra *The Structure of the American Economy, 1919-1939*, publicada en 1941. Con posterioridad, el propio Leontief así como otros autores desarrollaron el modelo primitivo hasta convertirlo en una de las herramientas más utilizadas en el estudio de los aspectos estructurales de una economía.

La formulación de las TIOs es la siguiente. Considerando la producción de un determinado sector i, se determina: la cantidad de esta producción que va al consumo final; el output total (Xi) y los flujos (xij) que del output total de este sector van hacia otros sectores. Un ejemplo se presenta en la Tabla inferior, para una economía de tres sectores: En las columnas aparecen los sectores que emplean y en la filas los sectores que producen. Las cifras (ver tabla inferior) indican los flujos monetarios del sistema, de tal forma que:

En las filas cada sector registra los empleos de su producción, es decir, la producción que destina a sí misma y a los demás sectores: los outputs.

En las columnas, cada sector registra simultáneamente los recursos utilizados provenientes de sí mismo y de los otros sectores para poder obtener su propia producción: los inputs.

Las columnas expresan cuáles son los inputs de cada rama de actividad mientras que las filas reflejan el destino de sus outputs. La suma total de los empleos u output de cada fila, correspondiente a los destinos de la producción de cada sector, es la demanda intermedia (output). La suma total de los recursos o inputs de cada columna, correspondiente a los orígenes de la producción de cada sector, es el total de consumos intermedios (inputs).

A partir de la información contenida en las TIOs puede elaborarse la tabla de coeficientes técnicos, que recoge el porcentaje que representa cada uno de los inputs sobre la producción final de cada sector. La Tabla de coeficientes técnicos correspondiente al ejemplo anterior es:

MATRIZ DE COEFICIENTES TÉCNICOS			
	Agricultura	Industria	Servicios
Agricultura	20,0%	3,33%	7,50%
Industria	36,0%	14,67%	20,0%
Servicios	40,0%	16,67%	15,0%
Consumos intermedios	96,0%	34,67%	42,50%
Valor añadido	4,0%	65,33%	57,50%
Producción	100,0%	100,0%	100,0%

TABLA INPUT-OUTPUT						
	Agricultura	Industria	Servicios	Demanda intermedia	Demanda final	Demanda total
Agricultura	10	5	15	30	20	50
Industria	18	22	40	80	70	150
Servicios	20	25	30	75	125	200
Consumos intermedios	48	52	85			
Valor añadido	2	98	115			
Producción	50	150	200	185	215	400

El supuesto básico del análisis de Leontief es que esos coeficientes son estables a lo largo del tiempo, por lo que pueden utilizarse para prever las consecuencias económicas futuras de los cambios actuales. Asimismo, será posible prever los efectos de decisiones de política fiscal, de cambios en la producción para adaptarse a cambios en la estructura de la demanda, estimar los efectos sobre el empleo de cambios en la demanda o la elaboración de estrategias de desarrollo El modelo input-output se basa en tres hipótesis fundamentales implícitas en la construcción de sus tablas, a saber:

- Homogeneidad: Se supone que los productos de cada rama son sustitutivos cercanos, y que las técnicas de producción empleadas son similares.
- Proporcionalidad: Los consumos de cada rama son una función lineal del nivel de output de esa rama; esto es, un incremento del nivel de producción supone un incremento proporcional del nivel de input utilizado.
- Las relaciones de producción y distribución reflejadas por las tablas son de tipo aditivo; se supone que no existen otros tipos de interdependencias.

En la práctica, lógicamente, estos supuestos no se cumplen; el progreso tecnológico altera las relaciones técnicas de producción y la homogeneidad no se mantiene. No obstante, la aplicación de recursos econométricos así como aplicaciones más avanzadas de esta técnica permiten relajar algunos de estos supuestos, admitiendo la sustitución de insumos ante modificaciones en sus precios o considerando la posibilidad de rendimientos crecientes a escala. El modelo de la TIOs propuesto por Leontieff ha generado múltiples interpretaciones a la vez que ha impulsado un gran número de trabajos empíricos que han permitido un mejor conocimiento de las actividades económicas y su evolución, tanto en el ámbito regional como en el nacional. En concreto, ha estimulado el estudio de los coeficientes técnicos intersectoriales, permitiendo una desagregación sectorial del modelo de equilibrio general. En síntesis, la principal utilidad e interés para la investigación y la política económica de estas tablas se encuentra en los siguientes aspectos:

1. Ofrecen una representación de la tecnología de producción y las estructuras de costes de las diferentes actividades productivas.
2. Permiten examinar de manera coherente e integrada la oferta y la demanda de los distintos tipos de productos.
3. Diferencian los flujos de oferta y demanda según el origen de los productos.
4. Permiten construir modelos explicativos del funcionamiento de la economía, basados en los sistemas de relaciones entre las variables contenidas en las tablas (básicamente, equilibrios de demanda y oferta, y funciones de producción). (L.P.M.)

integración horizontal. Realiza una empresa cuando compra o se fusiona con otra u otras del mismo sector con la intención de ganar cuota de mercado y reducir costes. (M.L.P.M.)

integración vertical. La realiza una empresa cuando toma la decisión de asumir distintas fases de un proceso productivo, desde la obtención de materia prima hasta la terminación de productos destinados al consumo final y posterior distribución de los mismos. (M.L.P.M.)

interdependencia estratégica. Situación que puede darse entre varias empresas o agentes económicos cuando la toma de decisiones de uno de ellos sobre una variable estratégica, precio, cantidad, tamaño, publicidad, etc. acaba afectando a las reacciones y conducta de los demás y por tanto puede alterar a sus beneficios. Por tanto influencia recíproca de la toma de decisiones de las empresas o agentes económicos. Supuesto fundamental sobre el que se basa la teoría del oligopolio. (M.L.P.M.)

interés Rentabilidad que proporciona un activo financiero. Todo activo financiero posee, en mayor o menor grado según su naturaleza, tres características: liquidez, rentabilidad (interés) y seguridad. La liquidez hace referencia a su mayor o menor capacidad para convertirse en dinero. La seguridad depende de la confianza que proporciona su emisor y , pon tanto, de su solvencia para cumplir con la deuda que expresa. Existe una relación entre estas tres características, a saber, cuanto menor sea la liquidez y la seguridad de un activo, mayor será su rentabilidad y viceversa. En microeconomía, en el contexto de la teoría de la producción, se entiende por interés la retribución del factor productivo capital por su participación en el proceso de producción. (A.R.R.)

interés nominal. Interés de un activo financiero sin considerar el efecto de la inflación, por lo que no constituye un buen indicador de la rentabilidad efectiva del mismo. *Véase* interés real. (A.R.R.)

interés real. Interés de un activo financiero ajustado para tener en cuenta los efectos de la inflación. El tipo de interés real se calcula según la fórmula:

$$i_r = \frac{i_n - \pi}{1 + \pi}$$

, donde i_r es el interés real; i_n es el interés nominal y Π es la inflación esperada.

Una forma más simple, aunque aproximada, de estimar el tipo de interés real es mediante la fórmula siguiente:

Tipo de interés Real ≈ Tipo de Interés Nominal - Tasa de Inflación

Si bien esta aproximación es aceptable para cantidades pequeñas de dinero, para cantidades mayores, difiere bastante del cálculo exacto inicialmente mencionado. (A.R.R.)

internalizar externalidades. Consiste en cambiar los incentivos para que las personas tomen en cuenta los efectos externos de sus acciones. Aparece cuando el agente responsable de los efectos externos considera todos los costes y beneficios resultantes de su actividad, como si fueran costes y beneficios privados. En el caso de generar una externalidad negativa, se trataría de acabar computando como coste, los efectos externos que se generan (daños sobre terceros) en el ejercicio de una actividad y que no se reflejan en el precio de mercado. Para ello, puede utilizarse diversas medidas como impuestos que graven productos causantes de contaminación (impuestos correctivos o pigouvianos), como el impuesto sobre la gasolina, establecer una regulación sobre contaminación o crear un mercado de derechos de contaminación. (M.L.P.M.)

inversión. En macroeconomía, la inversión es el flujo de gasto que aumenta el stock físico de capital. (A.R.R.)

inversión efectiva. Planta y equipos adquiridos durante un período de tiempo más la variación en las existencias. Incluye, por tanto, toda acumulación de existencias, sean o no deseadas. A efectos de la contabilidad nacional, la inversión efectiva es la que aparece en las cuentas oficiales del producto nacional. *Véase:* inversión planeada. (A.R.R.)

inversión planeada o deseada. Nueva planta y equipo adquirido durante el año más las adiciones a las existencias que los empresarios querían realizar. Excluye la acumulación involuntaria o indeseada de existencias. En macroeconomía, constituye la demanda de inversión empresarial. La diferencia entre la inversión efectiva y la planeada es igual a la variación de las existencias. Cuando la primera es mayor se producirá una acumulación no deseada de existencias mientras el descenso involuntario de existencias ocurrirá en caso contrario. En un modelo macroeconómico sencillo (sin sector público ni sector exterior) existe equilibrio cuando la inversión efectiva es igual a la demanda de inversión, esto es, cuando no hay acumulación indeseada de existencias. O bien, dentro del denominado enfoque de las filtraciones-inyecciones, existe equilibrio cuando la demanda de inversión y el ahorro son iguales. (A.R.R.)

inversión, curva de demanda de. En un modelo macroeconómico ampliado con introducción de los tipos de interés, la función de gasto de inversión tiene la forma siguiente:

$$I = \bar{I} - b\,i \text{ con } b > 0 \quad (1)$$

donde, i es el tipo de interés; $\bar{I}$ representa el gasto autónomo de inversión, es decir, el gasto en inversión que es independiente tanto de la renta como del tipo de interés y el coeficiente *b* (pendiente de la curva de demanda de inversión)mide la sensibilidad del gasto de inversión al tipo de interés. Conforme a la ecuación (1), cuanto menor es el tipo de interés, mayor es la rentabilidad de los aumentos del stock de capital y, por tanto, mayor el gasto de inversión planeado. Por otra parte, la función de gasto de inversión anterior (la usualmente considerada en los modelos más simples a fin de simplificar el análisis) omite la sensibilidad de la inversión a la renta, si bien aquélla responde positivamente a los aumentos de renta.

La posición de la curva de inversión depende del coeficiente *b* y del nivel de gasto autónomo. El primero determina su inclinación mientras que el segundo su desplazamiento. Así, cuanto mayor el coeficiente b, mayor sensibilidad de la inversión al tipo de interés, por lo que pequeñas reducciones de éste provocan grandes aumentos de la inversión. Ello se traduce, gráficamente, en curvas de inversión muy planas. Análogamente, si la inversión es muy insensible al tipo de interés, la curva será más vertical. Por otra parte, un aumento del gasto autónomo significa que a cada nivel del tipo de interés las empresas planean invertir más, lo que representa un desplazamiento de la curva de inversión hacia la derecha (hacia la izquierda en caso de disminuciones del gasto autónomo).

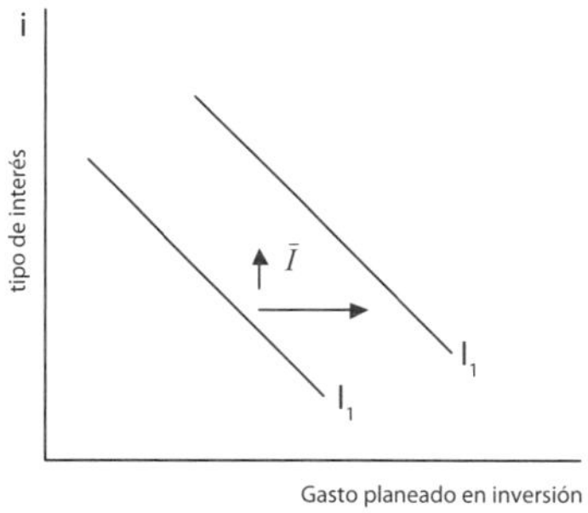

(A.R.R.)

IS, curva. En el contexto del modelo IS-LM, núcleo de la macroeconomía a corto plazo, la curva IS describe las combinaciones de tipo de interés y renta (producción) con las que el mercado de bienes se encuentra en equilibrio; es decir, muestra las combinaciones de tipo de interés y niveles de producción para los que el gasto planeado es igual a la producción (renta). Para su obtención se parte de la igualdad entre la demanda agregada (DA) y la renta (producción) (Y).

$$\mathrm{DA} = \mathrm{Y}$$

En un modelo de cuatro sectores, la demanda agregada está compuesta por la demanda de consumo (C), la de inversión (I), el gasto público en bienes y servicios (G) y las exportaciones netas (XN, diferencia entre las exportaciones y las importaciones). Se supone que tanto G como XN son autónomos, es decir, determinados fuera del modelo e independientes de la renta.

$$DA = C + I + G + XN$$

Siendo las funciones de consumo, inversión, gasto del Estado en bienes y servicios y exportaciones netas definidas de la forma:

$$C = \overline{C} + c(1-t)Y + c\overline{TR}$$

$$I = \overline{I} - bi$$

$$G = \overline{G}$$

$$XN = \overline{XN}$$

donde, $\overline{C}$ es el consumo autónomo, independiente de la renta; $\overline{TR}$ representa las transferencias; $\overline{I}$ es el componente autónomo del gasto de inversión, que no depende del tipo de interés (ni de la renta); c es la propensión marginal a consumir respecto de la renta y b es la sensibilidad de la inversión al tipo de interés.

En la fórmula que se muestra en la parte inferior de la página, donde $\overline{A} = \overline{C} + c\overline{TR} + \overline{I} + \overline{G} + \overline{XN}$, la parte de la demanda agregada que no está afectada ni por el nivel de renta ni por el tipo de interés.

Analíticamente, la curva IS se obtiene a partir de la condición de equilibrio en

$$DA = C + I + G + XN = \overline{C} + c(1-t)Y + c\overline{TR} + \overline{I} - bi + \overline{G} + \overline{XN} = \overline{A} + c(1-t)Y - bi$$

el mercado de bienes; esto es, el gasto planeado (DA) es igual a la renta (Y). Es decir:

$$Y = DA = \overline{A} + c(1-t)Y - bi$$

Simplificando:

$Y = \alpha_G(\overline{A} - bi)$ *Función IS*, donde,

$$\alpha_G = \frac{1}{1 - c(1-t)}$$

α_G es el multiplicador de una variación del gasto autónomo.

El gráfico inferior muestra la obtención de la curva IS a partir de la condición de equilibrio. Dado un tipo de interés, i_1, la función de DA correspondiente sería $\bar{A}+c(1\text{-}t)Y\text{-}bi_1$, con una ordenada en el origen igual a $\bar{A}\text{-}bi_1$. A este tipo de interés la renta de equilibrio (DA=Y) sería Y_1 en el punto E_1 del panel superior. Puesto que el nivel de renta de equilibrio Y_1 se obtiene para un nivel dado del tipo de interés (i_1), el par (Y_1, i_1), representado en el panel inferior, correspondería a un punto de la curva IS, esto es, una combinación renta -tipo de interés que vacía el mercado de bienes. A partir del equilibrio E_1, una reducción del tipo de interés (a i_2), elevaría el gasto en inversión y se produciría un desplazamiento ascendente de la curva de DA. El equilibrio se desplaza a E_2, con un nivel de renta Y_2. Así pues, el par (Y_2, i_2) constituye otra combinación de equilibrio en el mercado de bienes y, por tanto, otro punto de la curva IS. Repitiendo el procedimiento para diferentes niveles del tipo de interés y determinando los niveles de renta de equilibrio correspondientes se obtienen todos los puntos que constituyen la curva IS. Sólo las combinaciones renta-tipo de interés definidas por la curva IS constituyen posiciones de equilibrio en el mercado de bienes; posiciones fuera de IS representan desequilibrios en este mercado: por encima y a la derecha, existirá exceso de oferta de bienes; puntos por debajo y a la izquierda corresponden a situaciones de exceso de demanda de bienes.

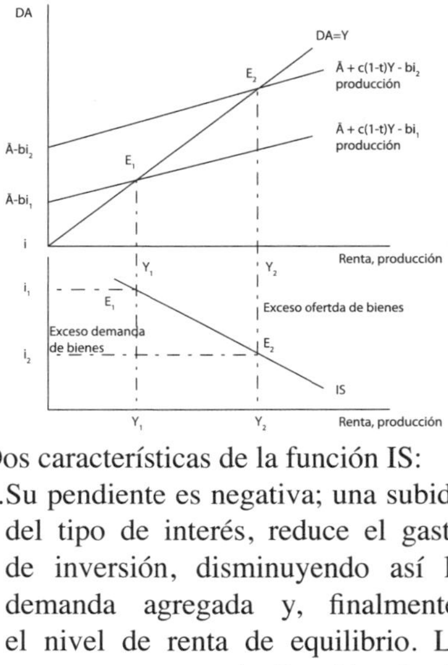

Dos características de la función IS:

1. Su pendiente es negativa; una subida del tipo de interés, reduce el gasto de inversión, disminuyendo así la demanda agregada y, finalmente, el nivel de renta de equilibrio. La mayor o menor inclinación de la curva depende de la sensibilidad de la inversión al tipo de interés (*b*) y del multiplicador, α_G . Cuando el gasto en inversión es muy sensible al tipo de interés (*b* muy alto) una pequeña variación del interés alterará significativamente la renta y la curva IS será muy plana (IS_2). Por el contrario, cuando la inversión no es muy sensible al tipo de interés (*b* pequeña), las variaciones en la renta de equilibrio ante cambios en aquél serán pequeñas y, por consiguiente, IS relativamente inclinada.

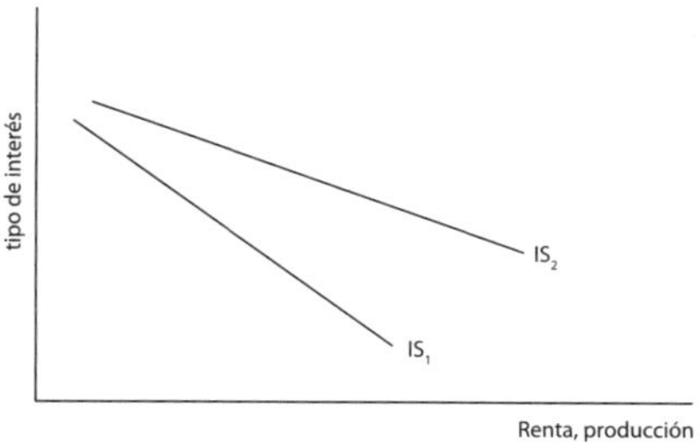

El otro factor que determina la pendiente de IS es el multiplicador. Cuanto mayor sea el multiplicador, mayor es la variación de la renta provocada por una determinada variación del tipo de interés y, por tanto, más plana es la curva IS. Por el contrario, valores pequeños del multiplicador determinan una mayor inclinación en la curva IS. Dado que la pendiente de IS depende del multiplicador y éste, a su vez, del tipo impositivo, la política fiscal puede influir en la pendiente de IS. Cuanto más alto el tipo impositivo, menor el multiplicador y más inclinada IS.

2. Los desplazamientos de la curva IS dependen del nivel del gasto autónomo y del valor del multiplicador. Los aumentos del gasto autónomo ($\bar{A}$), ya sean por aumentos de consumo autónomo, la inversión autónoma, reducción de las transferencias, aumentos de las compras del Estado o de las exportaciones netas, provocarán desplazamientos hacia la derecha de la curva IS en una cuantía determinada por el multiplicador. Así, la variación de renta provocada por una variación del gasto autónomo ($\bar{A}$), es exactamente igual al producto del multiplicador y la variación del gasto autónomo ($\Delta Y = \alpha_G \Delta \bar{A}$). (A.R.R.)

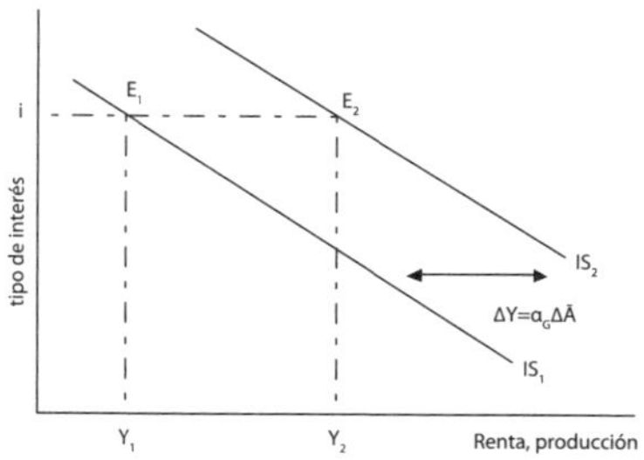

IS-LM, modelo. El modelo IS-LM constituye el núcleo de la macroeconomía a corto plazo. Inspirado en las ideas de Keynes, el modelo fue elaborado inicialmente por John Hicks en 1937 y desarrollado y popularizado posteriormente por Alvin Hansen, de ahí que también sea conocido como modelo Hicks-Hansen. El modelo muestra la combinación renta y tipos de interés que equilibra simultáneamente los mercados de bienes y de dinero. Representa el equilibrio económico a corto plazo, en el que el nivel de precios se mantiene constante. El interés del modelo es que muestra la interdependencia entre los mercados reales (representados por la curva IS), que determina el nivel de renta, y los monetarios (representados por la LM) que determina el tipo de interés. Ambos mercados se influyen mutuamente, pues la renta determinará la demanda de dinero y, por tanto, el tipo de interés y éste, a su vez, influirá en la demanda de inversión y, por tanto, en la renta y producción real. De este modo, el modelo niega la neutralidad de dinero y requiere que el equilibrio se produzca, simultáneamente, en ambos mercados.

La curva IS (de pendiente negativa) recoge el equilibrio en el mercado de bienes (igualdad entre la oferta y demanda de bienes) mientras que la curva LM (de pendiente positiva) representa el equilibrio en el mercado de activos (igualdad ente la demanda y la oferta de dinero). Así, el equilibrio de ambos vendrá dado por la intersección de ambas curvas. Esa condición se satisface en el punto E del gráfico inferior. El tipo de interés de equilibrio es i_E y el nivel de renta de equilibrio Y_E, dadas las variables exógenas, concretamente, la oferta monetaria real y la política fiscal. En el punto E los tipos de interés y los niveles de renta son tales que el público tiene la cantidad de dinero que desea y la producción es igual al gasto planeado. Además, el punto E es un equilibrio estable, esto es, ante cualquier situación temporal de desequilibrio las fuerzas del mercado presionarán para volver a ese punto. Por tanto, en el gráfico inferior, los cuatro cuadrantes en los que se divide el plano representan situaciones de desequilibrio con las siguientes características:

Cuadrante I: Exceso de oferta de bienes (presión a una reducción de la producción) y exceso de demanda de dinero (presión a una subida del tipo de interés).

Cuadrante II: Exceso de demanda de bienes (presión al aumento de la producción) y exceso de demanda de dinero (presión a una subida del tipo de interés).

Cuadrante III: Exceso de demanda de bienes (presión al aumento de la producción) y exceso de oferta de dinero (presión a una bajada del tipo de interés).

Cuadrante IV: Exceso de oferta de bienes (presión a una reducción de la producción) y exceso de oferta de dinero (presión a una bajada del tipo de interés).

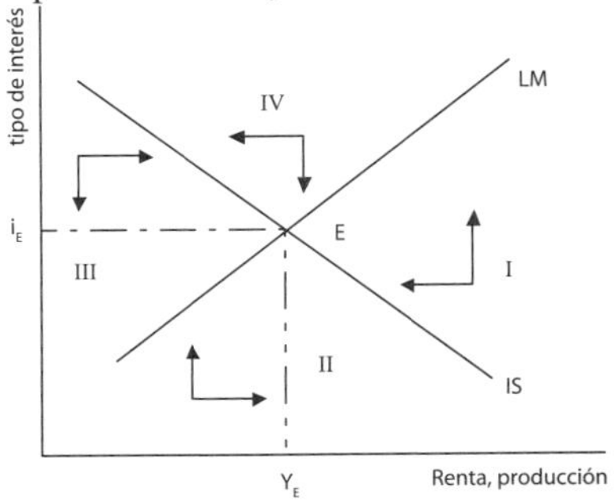

Por último, queremos señalar los supuestos que subyacen en la posición de equilibrio E. El principal es que el nivel de precios se mantiene constante y que las empresas están dispuestas a ofrecer la cantidad de producción que se demanda a ese nivel de precios, esto es, la curva de oferta agregada a corto plazo es plana. Por otra parte, el equilibrio se modificará ante desplazamientos de las curvas IS y LM. Así, cambios en el gasto autónomo y/o cambios en la política fiscal, que desplazan la IS, así como los cambios en la política monetaria (que desplazan la LM) alterarán el equilibrio. (A.R.R.)

isocoste, recta. Representación gráfica de la restricción presupuestaria a la que se enfrenta la empresa en el problema de producción, maximizar el nivel de producción dado un determinado coste de producción. Lugar geométrico que muestra las distintas combinaciones de factores productivos que la empresa puede comprar, dado los precios de los factores y el gasto total que la empresa pueda realizar. Todas las combinaciones situadas sobre la recta tienen el mismo coste. Considerando dos factores, trabajo, L y capital, K, y unos precios dados de esos factores: w (salario) y r (tipo de interés) respectivamente, la ecuación isocoste tienen la siguiente expresión:

$$CT= wL + rK$$

La ecuación describe las rectas isocostes correspondientes a diferentes niveles de coste total.

Despejando K:

$$K= C/r - (w/r)L$$

La recta isocostes tiene una pendiente que sería el cociente de precios relativos de los factores (-w/r).

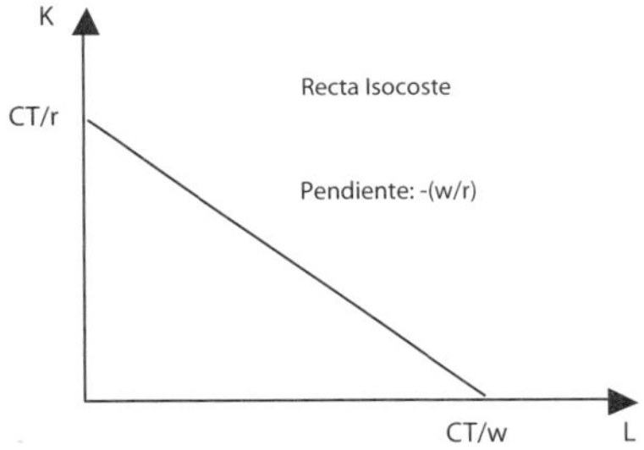

(M.L.P.M.)

isocuanta, curva. Curva que representa combinaciones de factores que determinan un mismo nivel de producción. Por tanto, habrá tantas isocuantas como niveles de producción consideremos. Sus propiedades coinciden, básicamente con la de las curvas de indiferencia:

- No pueden cortarse, lo cual implicaría que una empresa puede alcanzar distintos niveles de producción con la misma combinación de factores productivos, esto seria imposible si la empresa emplease las técnicas más eficientes de producción en todo momento.
- La pendiente es negativa, lo que muestra que un factor puede ser sustituido por otra en casi todas las ocasiones sin que varíe la producción.

Son generalmente convexas respecto al origen, lo que muestra que la pendiente en cada punto de la isocuanta (Relación marginal de sustitución técnica de un factor por otro $RMST_{KL}$) disminuye a medida que sustituimos un factor por otro y nos desplazamos en sentido descendente por la isocuanta.

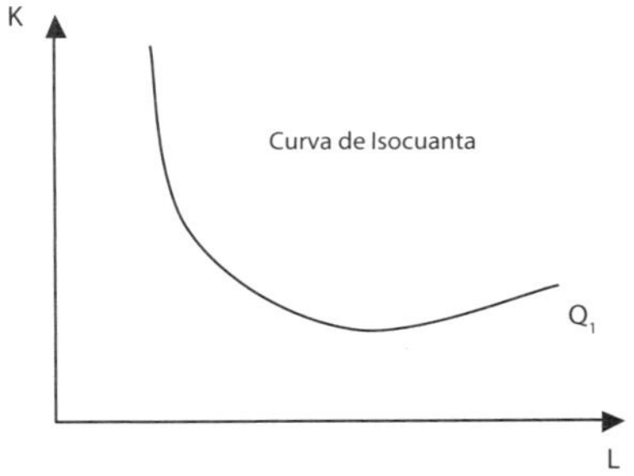

(M.L.P.M.)

isocuantas, mapa. Conjunto de curvas isocuantas que expresa de manera ordenada, las diversas combinaciones de factores productivos que dan lugar a determinados nivel de producción. En el caso representado se supone que los factores productivos (K , L) son continuos y tiene un cierto grado de sustituibilidad/complementariedad. Cuanto más alejada del origen representa un mayor nivel de producción.

El mapa de isocuantas es la representación gráfica de una función de producción. Si consideramos la existencia de dos factores productivos, trabajo, L, y capital, K la función de producción sería:

Q= f(L, K) siendo Q= Producción. Existen casos extremos de isocuantas, uno se da cuando los factores de producción son perfectamente sustituibles uno por otro, la iosocuanta en este caso es una línea recta y por tanto, la $RMST_{KL}$ = constante. El segundo caso se da cuando se utilizan proporciones fijas de factores para aumentar la producción. La isocuanta tendrá forma de ángulo recto. Un ejemplo será reconstrucción de aceras con martillos neumáticos. Se necesita un martillo y una persona para poder reconstruir la acera.

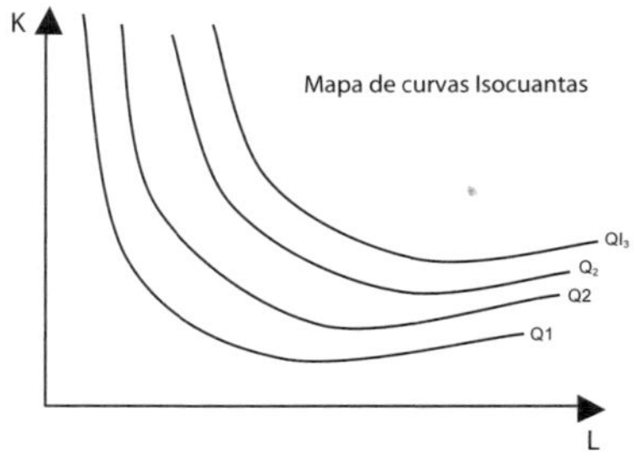

(M.L.P.M.)

J

juegos, teoría de. La teoría de juegos es una rama de la matemática con aplicaciones a la economía, sociología, biología y psicología y otras ciencias sociales que analiza las interacciones entre individuos que toman decisiones en una marco de incentivos formalizados (juegos). En economía se utiliza para estudiar el comportamiento estratégico como la colusión entre oligopolistas.

En un juego, varios agentes buscan maximizar su utilidad, eligiendo determinadas estrategias con funciones de utilidad diferentes por jugador y con unas reglas. La utilidad final obtenida por cada individuo depende de los cursos de acción escogidos por el resto de los individuos.

La teoría de juegos es una herramienta que ayuda a analizar problemas de optimización interactiva. La teoría de juegos tiene muchas aplicaciones en las ciencias sociales. La mayoría de las situaciones estudiadas por la teoría de juegos implican conflictos de intereses, estrategias y trampas. De particular interés son las situaciones en las que se puede obtener un resultado mejor cuando los agentes cooperan entre sí, que cuando los agentes intentan maximizar sólo su utilidad.

La teoría de juegos fue ideada en primer lugar por Von Neumann y Morgenstern en los años cuarenta. Posteriormente, John Nash, A.W. Tucker y otros hicieron grandes contribuciones a la teoría de juegos a partir de los años cincuenta y sesenta. *Véase*: dilema del prisionero. (C.V.R.)

juegos repetidos. Es claro que repetir el juego no cambia para nada el problema establecido sub-optimalidad del equilibrio de Nash. Al contrario, tal problema se acentúa porque la "sub-optimalidad" aparece de manera más flagrante ya que las "pérdidas de bienestar" se multiplican por el número de veces que se repita el juego.
El hecho de que el juego no tenga fecha final es muy importante, ya que si no fuera así pudiera darse una denuncia mutua en el último golpe y después, a causa de ello en el penúltimo golpe y así sucesivamente, hasta el primer golpe. De ahí se deduce la unicidad del equilibrio de Nash repetido un número finito de veces. (C.V.R.)

juegos simultáneos y juegos secuenciales. En los juegos simultáneos los jugadores se mueven simultáneamente y desconocen los movimientos anteriores de otros jugadores. Por contra, en los juegos secuenciales o dinámicos, un jugador elige su acción antes de que los otros elijan la suya. Los últimos jugadores tienen cierta información de las acciones anteriores. Este conocimiento no tiene que ser perfecto. Sólo debe consistir en algo de información. Por ejemplo, un jugador puede conocer que un jugador no realizó una acción determinada, pero no sabe cuál de las otras acciones disponibles eligió. (C.V.R.)

juego de suma cero. El tipo de juego en el que las ganancias de un jugador significan las pérdidas de otro ya que la cantidad total de excedente a repartir entre los jugadores es constante. Los juegos de suma cero implican conflictos del tipo mis "beneficios son tus pérdidas". El economista norteamericano Lester Thurow ha analizado este concepto aplicándolo a las cuestiones de distribución de la renta y de evolución del cambio económico en las sociedades occidentales. (C.V.R.)

Juglar, ciclo de. Los ciclos en la economía mundial suponen oscilaciones en las que se suceden periodos de recesión con periodos de crecimiento económico. Esta secuencia de cambios se repite, pero no de forma periódica. Con respecto a la duración, los ciclos económicos varían de más de un año a 10 ó 12 años.
Una recesión es una disminución significativa del nivel agregado de la actividad económica que dura más de unos pocos meses y una expansión es un aumento sostenido del nivel de actividad. Por lo tanto, podemos decir que los ciclos económicos se definen como: las fluctuaciones de diferentes variables macroeconómicas en las distintas ramas de la economía de un país. Las características sobresalientes de un ciclo económico recaen en su periodicidad, duración, amplitud, recurrencia y forma.
Los ciclos de Juglar, Grandes o Comerciales cuentan con una duración de 6 a 11 años y se caracterizan por presentarse entre crisis sucesivas las cuales forman parte de variaciones en la actividad comercial. Joseph Clement Juglar en su estudio de estos ciclos de

1862 *"Des crisis commercials et de leur retour periodique en France, e Angleterre et aux Etats-Unis"* en el que analiza el periodo 1803-1882 distingue tres fases: Prosperidad, Crisis y Liquidación. (C.V.R.)

juicios de valor. Formulada la división clásica entre proposiciones positivas y proposiciones normativas, las primeras basadas en lo que es y las segundas en lo que debe ser, los juicios de valor cobran una importancia fundamental en las proposiciones normativas.
En las ciencias sociales existe un espacio para los juicios de valor que están relacionados con las posiciones filosóficas, culturales y religiosas de quiénes los formulan. Los juicios de valor aparecen en las proposiciones normativas que por su naturaleza no son contrastables. (C.V.R.)

K

Keynesianismo. Es un término amplio que se aplica a las teorías económicas derivadas de las ideas del economista británico John Maynard Keynes (1883-1946) fundamentalmente a partir de su obra *La teoría general de la ocupación, el interés y el dinero* (1936). La temprana muerte del autor dio lugar a una abundante literatura de interpretación y aplicación de sus teorías por parte de sus discípulos directos y de otros economistas, sobre todo en Estados Unidos. Entre sus seguidores podemos señalar a Meade, Kahn, Harrod, Samuelson, Solow, Lerner, Hansen, entre otros relevantes economistas del siglo XX. El Keynesianismo supone una ruptura con el pensamiento económico anterior dominado por el pensamiento neoclásico. Pone énfasis en el papel de la demanda efectiva y especialmente del sector público en la determinación del nivel de actividad económica y del empleo. En las décadas de la postguerra el keynesianismo llegó a ser la corriente dominante en el análisis macroeconómico y el principal armazón teórico de las políticas económicas de reconstrucción, en la que el sector público desarrolló un papel muy activo. Algunos otros seguidores de Keynes denunciaron desde muy temprano la evolución perniciosa que estaba llevando la corriente principal de interpretación y la calificaron de *traición* a las verdaderas ideas de Keynes, llegando a bautizar esta interpretación como keynesianismo bastardo. En esta corriente crítica destaca la figura de Joan Robinson, que se engloba dentro del pensamiento postkeynesiano. A partir de los años setenta, el keynesianismo pierde su papel hegemónico como ideario de la política económica y entra en un periodo de decaimiento. (J.L.M.)

kibbutz. El *kibbutz*, palabra hebrea para "asentamiento comunal", es la práctica en una comunidad rural de un sistema de tipo colectivo basado en la ayuda mutua y la justicia social. Un sistema socio-económico que tiene como principio básico la propiedad conjunta de los bienes, la igualdad y la cooperación en la producción, el consumo y la educación, el cumplimiento de la idea "de cada cual conforme a sus posibilidades, a cada cual conforme a sus necesidades"; un hogar para aquellos que lo han elegido como forma de vida. A partir del alquiler de tierras propiedad del Estado por un periodo de tiempo de cuarenta y nueve años, el kibutz asume la responsabilidad de las necesidades de sus miembros a lo largo de sus vidas. El kibutz funciona como una democracia directa.
La asamblea general de todos sus miembros formula la política, elige los responsables, autoriza el presupuesto y aprueba la admisión de nuevos miembros. Sirve no sólo como ente de toma de decisiones sino también como foro en el que los miembros pueden expresar sus opiniones y puntos de vista.(C.V.R.)

know how. Término inglés que significa "saber hacer" o "cómo hacer" y que se refiere al conjunto de conocimientos, experiencias, procesos, de naturaleza esencialmente informal, que constituyen parte fundamental de la cultura de empresa y que, por su propia naturaleza no puede ser protegida por una patente pero son fundamentales para el éxito de una empresa. (J.L.M.)

Kondratieff, ciclo de. Es el nombre que se le da a los ciclos de onda larga, de una duración entre cuarenta y sesenta años. Su nombre se debe al economista ruso que estudió, con base empírica, por primera vez este tipo de ciclo económico en los años veinte y treinta del siglo XX. Sus ideas fueron adoptadas por Schumpeter para explicar su teoría del desenvolvimiento económico y de los impulsos económicos de la innovación, mientras que fueron ignoradas en la economía soviética. (J.L.M.)

L

Laffer, curva de. La curva de Laffer relaciona los ingresos fiscales y el tipo impositivo. El autor defiende que, en ocasiones, es con rebajas fiscales como se recauda más. La curva indica que en los primeros tramos impositivos, si sube el tipo, los ingresos fiscales totales aumentan inicialmente pero conforme siguen subiendo los tipos, la recaudación acabará reduciéndose. La curva que relaciona la recaudación y el tipo impositivo tiene forma de una U invertida, si se coloca el tipo impositivo en el eje de abscisas, y la recaudación en el de ordenadas.

A partir de un tipo impositivo reducido, si aumentamos el tipo, la recaudación seguirá creciendo hasta alcanzar un máximo para un tipo determinado. A partir de ese punto, cualquier intento del gobierno para elevar los impuestos, se traducirá en un descenso de la cantidad recaudada. Es decir, habrá un momento a partir del cual el tipo se considere tan alto, que los contribuyentes comenzarán a dejar de pagar impuestos -será más rentable el fraude o el ocio, que la inversión o el trabajo- hasta llegar a un punto (cuando la curva de Laffer toca el eje de abscisas) en el que, con un gravamen del 100%, no se consigue ingresar nada.

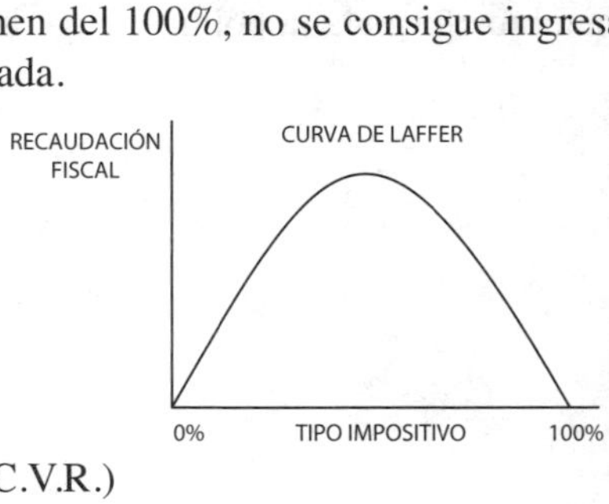

(C.V.R.)

lagrangiano. El método de los multiplicadores de Lagrange es una técnica que se puede utilizar para solucionar problemas de optimización restringida. En teoría económica este método se aplica a los problemas de decisión de los agentes, ya sea de maximización (utilidad, beneficios, producción) o de minimización (costes). La técnica de Lagrange introduce en el problema de optimización una variable adicional (multiplicador de Lagrange) que además de tener una utilidad práctica para la resolución del problema, tiene una interpretación muy útil en función del problema concreto que se esté enfrentando. (J.L.M.)

laissez faire. Acuñada por Vincent de Gournay en la Francia del siglo XVIII la expresión *"laissez faire, laissez passer"* era la fórmula mediante la cual algunos autores liberales resumían su programa económico. Estos autores se llamaron a sí mismos por primera vez economistas y constituyeron una escuela, la Fisiocracia, cuyo fundador fue François Quesnay.

La Fisiocracia impulsa un análisis global que supone la primera sistematización de una economía. En ella, cada individuo al buscar su interés beneficia a toda la sociedad, adelantando postulados de la Escuela Clásica. Para los fisiócratas existe un orden en el Universo armonioso y autorregulable. Ese orden es producto de los actos de los individuos, de ahí el establecimiento de una sociedad de mercado sin obstáculos. Con el fin de alcanzar dicho fin, abogaban por la abolición de todas las leyes que perjudicaban a la población más industriosa y más eficiente limitando la movilidad de bienes y personas. Se trata de dejar que cada individuo escoja cómo quiere cooperar en la división social del trabajo y que los consumidores determinen qué empresarios deben producir. La labor del Estado se deberá limitar a la protección de la propiedad y las personas, y a dar fuerza a los contratos. (C.V.R.)

largo plazo. El largo plazo es un periodo de tiempo suficientemente amplio como para que la empresa pueda cambiar todos los factores de producción. Es el periodo en el cuál, todos los factores de producción son variables. Se define por oposición al corto plazo. (J.L.M.)

leasing. Fórmula de arrendamiento financiero por la que se ofrece una forma de adquisición diferente a la compraventa. El *leasing* es un contrato por el que una entidad financiera adquiere un bien para ceder su uso a una persona durante un cierto tiempo a cambio de la entrega de una cantidad periódica. A la finalización del contrato, el cesionario puede adquirir el bien a un precio determinado llamado residual, también puede optar por negociar una renovación del contrato o por no ejercer la opción de compra, devolviendo el bien a la empresa de leasing. El *leasing* es especialmente adecuado para cubrir las necesidades de inversión que demandan las Pymes en activos fijos de explotación, pues les permite financiar a medio y largo plazo el 100% del bien, acelerando notablemente su amortización y consiguiendo que la deducción fiscal de que disfrutan este tipo de operaciones se realice con mayor rapidez. (C.V.R.)

legislación antimonopolio. Con este tipo de leyes, los gobiernos buscan incentivar la competencia en mercados que no son monopolios naturales y lograr así que el consumidor pueda tener acceso a más y mejores productos a precios más razonables.
Los monopolios, por el gran control que tienen las empresas productoras, se pueden prestar a que cometan abusos en contra de los consumidores. Igualmente, los monopolios producen problemas para el avance tecnológico de los países, pues al tener pleno control en el mercado, no tienen ningún incentivo para mejorar su forma de producción e incorporar tecnología, que es lo que se obtiene a través de la competencia.
Las leyes antimonopolios que han sido controvertidas a menudo, comprenden un conjunto de políticas destinadas a evitar que una empresa o corporación cuente con un poder de mercado excesivo, que perjudique el interés del consumidor. Estas políticas pueden tomar la forma de normas relativas a la fusión o adquisición de empresas (a fin de evitar que un número reducido de empresas dominen el mercado), la prohibición de acuerdos colusorios entre las empresas (para impedir la fijación de precios y los acuerdos de venta exclusiva), o medidas destinadas a prevenir que las grandes empresas empleen su poder de mercado en detrimento de las empresas rivales. La primera ley antitrust se considera la federal ley Sherman norteamericana, de 1890, existiendo actualmente en la mayoría de países mecanismos antimonopolio, con el fin de promover y defender la competencia. (C.V.R. y L.P.M.)

Leontief, paradoja de. En el ámbito de la teoría del comercio internacional el teorema de Heckscher-Ohlin determina que los países tienden a exportar bienes que se producen con los factores de producción en los que tienen mayor abundancia, e importan bienes cuya producción requiere factores productivos en los que son más escasos. Leontief analizó las exportaciones norteamericanas y llegó a la conclusión que eran intensivas en trabajo cuando en esos momentos, EE.UU. era intensivo en capital. (J.L.M.)

Leontief, tecnologia de. Se aplica al caso en el que la función de producción de una empresa corresponde a una tecnología de proporciones fijas. Recibe este nombre en honor del economista que la analizó detalladamente. La representación gráfica de las curvas isocuantas es la de líneas que se cortan en ángulo recto y que son paralelas a los ejes de coordenadas. En este caso no hay sustitución posible entre los factores. (J.L.M.)

ley económica. La teoría económica pretende establecer relaciones genéricas entre variables económicas. Pero la economía estudia relaciones humanas complejas, dada la naturaleza de los comportamientos humanos, por lo que la disciplina económica está condicionada por el método de investigación propio de las ciencias sociales. Por ello, el status científico de sus leyes es de distinta naturaleza del de las leyes de las ciencias naturales, como la física o la química. No obstante, a lo largo de los años se han establecido una serie de relaciones entre variables económicas con un bagaje importante de contrastación empírica que han otorgado a estas relaciones el título de ley. (J.L.M.)

ley de Gresham. La ley de Gresham dice que la moneda mala (bajo contenido de oro) ahuyenta a la buena (alto contenido de oro) porque los agentes tienden a utilizar la moneda mala en los pagos internos mientras que a la buena la atesoran, la funden o la usan en pagos internacionales ya que los extranjeros no aceptan una moneda mala como medio de pago. Por lo tanto, la moneda que se va a usar en el país va a ser la mala ya que la buena saldrá de circulación porque nadie estará dispuesto a usarla en los pagos internos. El uso de la moneda mala dentro del país hace que la moneda nacional se deprecie y empeore el tipo de cambio. Efectivamente, la mayoría de los mercantilistas coincidían que lo que importaba en una moneda era su valor intrínseco (contenido de oro). (C.V.R.)

ley de hierro de los salarios. Término del socialista alemán Ferdinand Lassalle para referirse a la tendencia de los salarios, bajo el régimen capitalista de la época, de fluctuar alrededor del salario de subsistencia (el salario que les permite a los trabajadores cubrir sus necesidades más elementales o primarias y asegurar su reproducción). Sólo temporalmente los salarios podrán elevarse por encima, después de haber descendido la tasa de natalidad como consecuencia de un descenso anterior de los salarios por debajo del mínimo de subsistencia; dicha alza temporal de los salarios provocará un incremento de la natalidad y de la oferta de trabajo, y los salarios volverán a recuperar nuevamente su nivel natural o de subsistencia. Esta idea, no era original y ya los clásicos ingleses la habían planteado como un corolario de la teoría de la población de Malthus. En su modelo, un crecimiento de los salarios tendría efectos positivos sobre el nivel de vida de los trabajadores sólo en el corto plazo, ya que una de sus consecuencias sería que los obreros tendrían un mayor número de hijos; esto implicaría una mayor población y, por tanto, un aumento de la oferta de trabajo, lo que, a su vez, daría origen a una caída de los salarios a niveles de subsistencia. Lassalle no aceptaba la teoría de la población de Malthus, pero había llegado a una conclusión similar a la de los clásicos ingleses.
El argumento es muy defectuoso y Marx lo criticó por ser sólo una nueva versión de la teoría malthusiana de la población. Pero lo peor es que no hay en él ni una teoría coherente de la oferta de trabajo ni un análisis de la relación entre los salarios y la productividad. (C.V.R.)

ley de la demanda. La ley enuncia que, con todo lo demás constante, cuando aumenta el precio de un bien su cantidad demandada disminuye, y cuando el precio del bien disminuye su cantidad demandada aumenta. (C.V.R.)

ley de la ventaja comparativa. La ley de la Ventaja Comparativa de Ricardo examina la economía internacional o comercio exterior y supone el principal argumento a favor del libre comercio al aprovecharse las ganancias que se generan cuando cada país puede especializarse en lo que produce mejor. Con los obstáculos al libre comercio mundial no se alcanzan plenamente las ventajas comparativas.

En la ley de la Ventaja Comparativa de Ricardo se examinaban dos países que producían dos bienes. Si el país A puede producir un producto más eficientemente que el país B, entonces tiene una ventaja absoluta en ese producto sobre el país B. Sin embargo, de acuerdo a la Ley de Ricardo, aún si A tiene una ventaja absoluta en producir los dos productos aún pueden negociar. El país A debe concentrarse en producir el producto en el cual tenga la más grande ventaja comparativa, dejando la producción del otro producto para B. Los dos pueden entonces intercambiar sus abastecimientos en exceso uno con otro, con el resultado neto de que ambos se beneficiarían.

Frente al concepto clásico de ventaja comparativa, por ventaja competitiva se entiende la ventaja comparativa que no proviene de la dotación específica de recursos naturales de un país o de otros factores semejantes, sino de las habilidades y la tecnología que se incorporan a los procesos productivos. (C.V.R.)

ley de la utilidad marginal decreciente. Ley que supone que a medida que se aumenta el consumo de un bien disminuye la satisfacción adicional proporcionada por las sucesivas unidades consumidas. (J.L.M.)

ley de los rendimientos decrecientes. Dada una cierta combinación de factores de producción (tierra, capital y trabajo) para producir un determinado bien a partir de un punto óptimo, un aumento en la cantidad de cualquiera de los factores, manteniendo los demás constantes, producirá un incremento porcentual menor de producto final. Una de las aplicaciones más analizadas es la de Malthus en la agricultura.

La ley de los rendimientos decrecientes describe las limitaciones al crecimiento de la producción cuando, bajo determinadas técnicas de producción aplicamos cantidades variables de un factor o una cantidad fija de los demás factores de la producción. El principio de los rendimientos decrecientes, puede expresarse en los siguientes términos: Dadas las técnicas de producción, si a una unidad fija de un factor de producción le vamos añadiendo unidades adicionales del factor variable, la producción total tenderá a aumentar a un ritmo acelerado en una primera fase, a un ritmo más lento después hasta llegar a un punto de máxima producción y de ahí en adelante la producción tenderá a reducirse. (C.V.R.)

ley de Okun. Describe una relación sistemática entre actividad económica y el desempleo. La ley que propuso Arthur Okun, inicialmente para EEUU, está

basada en datos de la década de 1950 y tuvo la precaución de advertir que la ley era válida solamente para tasas de desempleo entre el 3 y el 7,5 %. Se enuncia como: las variaciones en el desempleo son proporcionalmente menores que las variaciones del PIB en una economía.
Establece que hay una relación estable a largo plazo entre la reducción de la tasa de paro y el ritmo de crecimiento económico. Más concretamente, sólo es posible reducir esa tasa de paro (proporción de ocupados respecto a la población que desea trabajar) si la economía crece por encima de lo que puede considerarse como normal. Aproximadamente, la relación sería de 2 a 1: por cada dos puntos de mayor crecimiento, un punto menos de tasa de paro. (C.V.R.)

ley de Walras. En el modelo de mercado de intercambio puro, el equilibrio se alcanza cuando la suma de los excesos de oferta y demanda de los agentes que participan en el mercado es nula. Esta condición de equilibrio se conoce como Ley de Walras y se puede interpretar como que, a precios dados, el valor de los excesos de demanda es siempre igual al valor de los excesos de oferta, el equilibrio en todos los mercados menos en uno, implica que éste también esté en equilibrio y que el desequilibrio en un mercado implica que al menos otro mercado está en desequilibrio. Es una ley que juega un papel importante en el análisis del equilibrio general. (J.L.M.)

liberalismo. El liberalismo es una doctrina filosófica, política y económica que se caracteriza por su concepción *individualista*, en otras palabras, el *individuo y no los grupos* constituyen la verdadera esencia. En su aspecto filosófico, el liberalismo se rige por la ley natural basada exclusivamente en la fuerza de la razón para interpretar los fenómenos, con autonomía de todo principio que se considere absoluto o superior.
En economía, el pensamiento liberal defiende la no intervención del Estado, el principio de la propiedad, el libre mercado y el libre comercio. Sin propiedad no puede haber libertad individual y el mercado es el lugar donde cada uno puede disponer como mejor desee de su propiedad privada.
Su origen en el siglo XVIII, como reacción al pensamiento mercantilista, es doble, el de los fisiócratas franceses y el de los economistas clásicos británicos. Su base común es que las personas, escogiendo y consumiendo, contribuyen, a través de sus elecciones, a un orden económico en el que el sistema de precios no es más que el resultado de millones de decisiones comerciales individuales. En un sistema de libre comercio, las preferencias de los consumidores crean la competencia entre los productores que bajarán los precios y sus propios costes e intentarán aumentar la calidad de su producto, no para servir al público, sino para no ser expulsados del mercado y poder seguir obteniendo así un beneficio.
Ya en el siglo XIX el liberalismo económico se formalizó como partidario de la libre iniciativa individual, el libre empleo, la libre competencia y el libre juego de los mercados.

En la segunda mitad del siglo XIX se evidencian nuevas fuerzas hostiles a los principios liberales que llevan a cuestionar sus postulados y a la defensa del Estado, simplificando el pensamiento liberal que ya apreció la necesidad de que el mercado pudiera operar con restricciones, tanto legales como morales, para asegurar la coincidencia de intereses de los individuos y de la sociedad.
En el siglo XX el liberalismo se ha adaptado a los nuevos problemas de la sociedad. Los gobiernos se hicieron más intervencionistas y el liberalismo ha aceptado reformas que han implicado mayor poder de los gobiernos. El neoliberalismo es el resultado de esta adaptación. (C.V.R.)

libertario. Partidario de la libertad absoluta y de la abolición de las leyes y el gobierno. La ideología libertaria o anarquista podría resumirse en el rechazo del Estado y el repudio a cualquier forma de organización, sea de carácter partidista, administrativa o religiosa. Junto al rechazo a la autoridad, se preconiza la libertad individual, en consonancia con las ideas de Bakunin, la crítica del marxismo, el apoliticismo revolucionario y la visión utópica de un mundo nuevo.
Para los anarquistas, el Estado capitalista constituye una estructura que posibilita la explotación de la clase obrera y por ello debe ser destruido. El medio fundamental para eliminar al Estado es la huelga general, que permite arruinar a la burguesía.
La educación es fundamental en el pensamiento anarquista pues el hombre solo será libre cuando sea capaz de pensar por sí mismo y el mejor medio para conseguirlo es la instrucción.
También se defiende la abolición de la propiedad, ya que ésta es considerada como un robo cuando se consigue sin trabajo. El derecho a la herencia (origen del status social) ha de eliminarse y sustituirse por la colectivización de los bienes. (C.V.R.)

libre cambio o libre comercio. Forma de comercio caracterizada por la ausencia de trabas a los movimientos internacionales de mercancías y servicios. El libre comercio es una expresión que se refiere a los aspectos económicos y a las consecuencias políticas del intercambio de bienes entre personas que viven en naciones diferentes. Se llama así a la política de no intervención gubernamental en el comercio internacional para dejar que tengan plena vigencia la especialización de los pueblos en las producciones para las que son más aptos y que pueden suministrarlas a otros países al costo más ventajoso.
La libertad de intercambio de bienes entre las personas, sin limitaciones de aduanas, impuestos, cuotas, licencias u otras restricciones, surge como oposición al proteccionismo y sienta las bases del libre comercio aprovechando las ventajas comparativas entre naciones que conducen a una división del trabajo y una especialización internacional, a una mayor innovación movida por la competencia y a la ampliación de los mercados, con aprovechamiento de las economías de escala en la producción.

El libre cambio denuncia el proteccionismo en sus diversas formas como rémora para las economías nacionales aisladas de la competencia exterior. El proteccionismo dificulta el aprovechamiento de menores costes y hace perder eficiencia a las economías. La autarquía supone pues un sacrificio para los consumidores que pagarán precios más elevados consumiendo productos nacionales.

A pesar de las fuertes razones teóricas que avalan al librecambio éste nunca ha sido seguido plenamente por casi ningún país, y mucho menos por la comunidad internacional en su conjunto. El siglo XIX vio la sucesión de medidas librecambistas y proteccionistas en la mayoría de los países. El apoyo del proteccionismo tuvo a menudo su razón en la salvaguarda de los intereses nacionales de clases y sectores económicos, por lo que se convirtió en un debate político no resuelto.

Durante el siglo XX, los gobiernos han seguido imponiendo diversas restricciones al comercio exterior ya sea para obtener ingresos aduaneros, por razones de seguridad nacional, para favorecer a ciertos sectores económicos y sociales, o con carácter coyuntural en momentos de crisis. Incluso Adam Smith sostuvo la protección por el Estado de industrias estratégicas nacientes que no tuvieran el grado de desarrollo suficiente para soportar la concurrencia externa. Sin embargo, desde que David Ricardo introdujo hace 200 años la teoría de la ventaja comparativa, los economistas han argumentado que el libre comercio enriquece a los países, a pesar de los daños que puede generar en algunos trabajadores. (C.V.R.)

libre empresa. La libertad de empresa resulta ser un tema trascendental en el derecho empresarial, derecho de la empresa o derecho de los negocios. Respecto del desarrollo socioeconómico de cada nación, son esenciales los derechos de propiedad y el cumplimiento de los contratos por parte de los ciudadanos y de sus políticos.

Observando los países con mayor grado de desarrollo, se comprueba cómo sus leyes, usos y costumbres han permitido durante décadas el respeto de ciertas instituciones morales, independientemente del Gobierno circunstancial que legisle en cada momento.

Con un marco normativo adecuado, la libertad de interacción de miles de empresas y trabajadores permite el libre intercambio de bienes y servicios que impulsan la sociedad hacia las mayores cotas de progreso. Cuando se ataca este ámbito de libertad de las personas, se perjudica la creación de riqueza. (C.V.R.)

liquidez. Es la aptitud de un bien para convertirse en dinero sin pérdida de su valor, siendo ejemplo de liquidez los billetes y los depósitos bancarios. La liquidez implica, por tanto, la capacidad de convertir los activos en dinero o de obtener disponible para hacer frente a los vencimientos a corto plazo. En una economía se define como la capacidad de un país para financiar sus gastos. La autoridad monetaria es la encargada de regular la liquidez general mediante la fijación del tipo de interés, los tipos de descuento y redescuento, los coeficientes bancarios y el control del crédito.

En la empresa, la liquidez se mide como el grado en que puede hacer frente a sus obligaciones corrientes a corto plazo. Algunos autores se refieren a este concepto de liquidez con el término de solvencia, definiéndola como la capacidad que posee una empresa para hacer frente a sus compromisos de pago. (C.V.R.)

LM, curva. La curva LM es el lugar geométrico de las combinaciones de tasas de interés y niveles de renta (o de producción) que mantienen en equilibrio el mercado de dinero, esto es, la oferta y demanda de dinero, en términos reales (saldos reales), son iguales. La demanda de dinero (L) depende positivamente de la renta (Y) y negativamente del tipo de interés (i): L = k Y - h i; k, h > 0. La oferta monetaria nominal (M) es una variable, exógena, determinada por el banco central. Siendo P el nivel de precios, la oferta de saldos reales será M/P. El equilibrio en el mercado monetario se producirá cuando M/P = L.

$$\frac{M}{P} = kY - h\,i$$

, simplificando, la función LM es:

$$i = \frac{1}{h}(k\,Y - M/P)$$

Gráficamente: Para un tipo de interés determinado (i_1) el gráfico (a) muestra una situación de equilibrio en el mercado monetario en el punto A, donde la demanda de dinero L_1 es igual a la oferta M/P. Un aumento de la renta desplaza la demanda de dinero hacia la derecha ($L_1 \rightarrow L_2$) alcanzándose un nuevo punto de equilibrio en B, para un tipo de interés más elevado, i_2. La curva LM muestra la relación positiva resultante entre los tipos de interés y la renta tal como se representa en el gráfico (b).

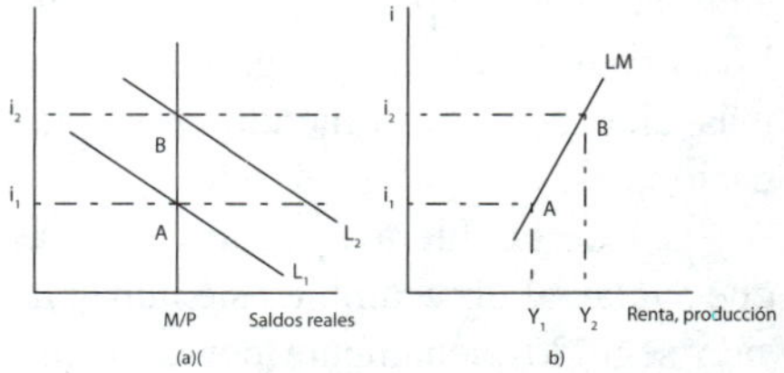

Dos características de la curva LM:

a) su pendiente depende de la sensibilidad de la demanda de dinero respecto a la renta (k) y al tipo de interés (h), de tal manera que cuanto mayor sea k y menor sea h más grande será su inclinación, dado que una determinada variación de la renta (Y) producirá un efecto mayor en el tipo de interés (i) cuanto más elevado sea k y menor sea h. Hay dos situaciones extremas:

h = 0 (caso clásico), la curva LM será vertical, reflejando que la demanda de dinero es insensible al tipo de interés.

h = ∞ (trampa de la liquidez, caso keynesiano), la curva LM sería horizontal, lo que refleja una absoluta sensibilidad de la demanda de dinero respecto al tipo de interés.

b) El desplazamiento de la curva LM se produce por cambios en la oferta monetaria real. Un incremento de la cantidad de dinero (motivado por operaciones del Banco Central en el mercado abierto, compra de bonos) en términos reales ($M_2 > M_1$) implica, si quiere mantenerse el equilibrio en el mercado monetario para un nivel de renta determinado (Y), que deba reducirse el tipo de interés (i_1 a i_2), lo que provoca que la curva LM se desplace hacia la derecha y en sentido descendente. Lo hará hacia la izquierda y en sentido ascendente cuando la oferta monetaria (por una venta de bonos por el Banco Central) disminuya en términos reales.

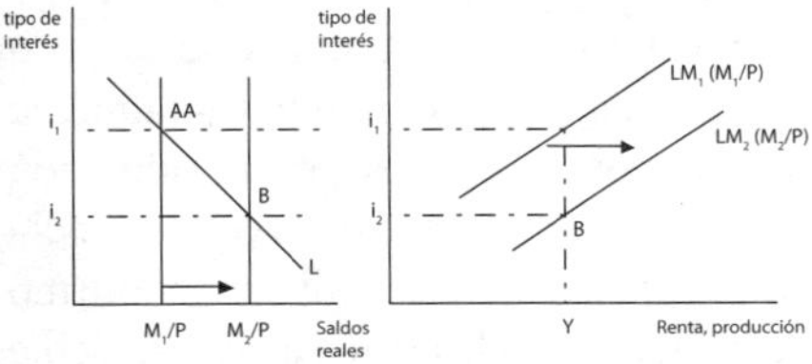

(A.R.R.)

localización y deslocalización. Uno de los rasgos que caracteriza a la globalización es que tanto la producción de bienes como la prestación de servicios pueden producirse en un lugar y pueden distribuir las diferentes fases del proceso de producción en distintos países de acuerdo con las ventajas comparativas que ofrezcan cada uno de los territorios. Estas características fomentan la proliferación de nuevos procesos comerciales y de inversión en el exterior, así como las dinámicas de deslocalización de empresas.

Deslocalización, relocalización, desinversión, *offshoring* o *outsourcing* son palabras que designan un fenómeno creciente que ha reaparecido con fuerza en los últimos años y que supone mucho más que un simple cambio de sede de una planta industrial o una actividad productiva de una empresa. Esto permite a muchas empresas reducir costes directos e indirectos desplazando sus plantas a otros lugares o recurriendo a los suministros de otras compañías establecidas en el extranjero, donde la mano de obra es más barata.

La deslocalización es más frecuente en industrias de demanda débil que utilizan tecnologías convencionales y emplean abundante mano de obra. La gran competencia de países de Asia y Latinoamérica ha producido la llamada periferización industrial.

La deslocalización, por tanto, no es nueva, se viene haciendo desde tiempo atrás y podemos distinguir dos tipos: la primera a nivel interno de las empresas, mediante el impulso de la creación de filiales en el exterior (deslocalización cautiva); y la segunda, mediante la externalización o subcontratación de una parte de la producción de los servicios por parte de un tercer proveedor extranjero (subcontratación deslocalizada). (C.V.R.)

Lorenz, curva de. Se utiliza para representar el grado de desigualdad de una economía. Representa gráficamente la distribución relativa de una variable en un dominio determinado. El dominio puede ser el conjunto de hogares o personas de una región o país y la variable estudiada puede ser el ingreso de los hogares o las personas. La curva se representa considerando en el eje horizontal el porcentaje acumulado de personas u hogares del dominio en cuestión y en el eje vertical el porcentaje acumulado del ingreso. Cada punto de la curva se lee como porcentaje acumulado de los hogares o las personas. La curva parte del origen

(0,0) y termina en el punto (100,100). Si el ingreso estuviera distribuido de manera perfectamente equitativa, la curva coincidiría con la línea de 45 grados que pasa por el origen (por ejemplo el 15% de los hogares o de la población percibe el 15% del ingreso).
Si existiera desigualdad perfecta, o sea, si un hogar o persona poseyera todo el ingreso, la curva coincidiría con el eje horizontal hasta el punto (100,0) donde saltaría el punto (100,100). En general la curva se encuentra en una situación intermedia entre estos dos extremos, si una curva de Lorenz se encuentra siempre por encima de otra (y, por lo tanto, está más cerca de la línea de 45 grados) podemos decir sin ambigüedad que la primera exhibe menor desigualdad que la segunda.

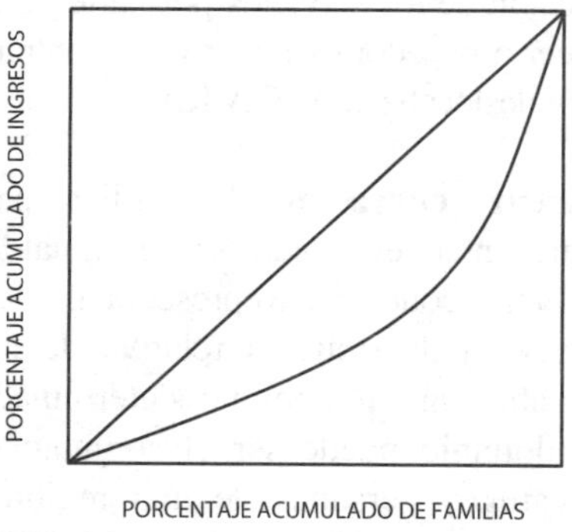

(C.V.R.)

Lucas, critica de. La Nueva Macroeconomía Clásica ha puesto énfasis en el análisis crítico de la gestión tradiconal de la política económica, tanto fiscal como monetaria. La adopción de la hipótesis de Expectativas Racionales llevó a Robert Lucas a indicar que los agentes económicos cambian sus comportamientos en reacción a los cambios en la política económica. Lucas señala de forma crítica que la política económica basada en regularidades del pasado puede no tener efectividad alguna al cambiar la conducta de los individuos en respuesta a los cambios de la política, llegando a poder anular totalmente los efectos esperados por la adopción de políticas económicas. La experiencia de los años ochenta y noventa confirmó hasta qué punto la crítica de Lucas debía tenerse en cuenta. (J.L.M.)

lucro. Riqueza o ganancia que obtiene el actor de un proceso económico. Se calcula como los ingresos totales menos los costes totales de producción y distribución.
En el caso más común es la diferencia entre el valor que tienen los bienes resultantes del proceso productivo (productos) y los que se emplearon en el mismo (insumos).
El beneficio económico es por tanto un indicador de la creación de riqueza. Si es positivo el valor de los bienes creados será superior al de los utilizados, y por tanto se estará creando riqueza. Si es negativo el valor de los productos será inferior al de los insumos, y por tanto se estará destruyendo riqueza, en este caso se denomina pérdida. (C.V.R.)

M

M1. Agregado monetario, medida básica de la cantidad de dinero, resultante de la suma del efectivo (monedas y billetes en circulación) y los depósitos a la vista (transferibles mediante cheques y que no generan intereses). (C.G.C.).

M2. Agregado monetario, que incluye, además de M1, los depósitos de ahorro. (C.G.C.).

M3. Agregado monetario que comprende, además de M2, depósitos a plazo de grandes cantidades de dinero y acuerdos de recompra a plazo. (C.G.C.)

M4. Agregado monetario resultante de la suma de M3, los bonos de ahorro, los activos a corto plazo del Tesoro y los activos a corto plazo transferibles de las corporaciones. Representa la masa monetaria. En España, se le denomina también Activos Líquidos en manos del Público (ALP). (C.G.C.)

M5. Agregado monetario que comprende M4 más las transferencias de activos, como pagarés de empresa, deuda pública, etc. (C.G.C.)

Maastricht, acuerdos de. El 11 de diciembre de 1991, se reunieron todos los países miembros de la Comunidad Europea en la ciudad holandesa de Maastricht y acordaron la modificación de los tratados de CEE, CECA y

CEEA. De esta reunión nació el Tratado de la Unión Europea y en ella se determinaron los criterios de convergencia que deberían cumplir los países que desearan acceder a la Unión Económica y Monetaria. Los criterios de convergencia fijados fueron cinco: a) tasa de inflación no superior en un punto y medio a la media de los tres países con menor inflación; b) tipos de interés a largo plazo no superiores en dos puntos a los tipos de los tres países con mayor estabilidad en precios; c) déficit público anual que no supere el 3% del PIB; d) deuda pública inferior al 60% del PIB; e) permanencia durante al menos dos años en la banda estrecha del Sistema Monetario Europeo. (C.G.C.)

Maastricht, Tratado de. Aunque es conocido popularmente por este nombre, en realidad es el Tratado de la Unión Europea, por el que se constituyó la Unión Europea. Nacido en los acuerdos tomados por los países miembros, reunidos en la ciudad de Maastricht en 1991, entró en vigor en 1993, y supuso un gran impulso para la cooperación entre los países miembros en el ámbito político, económico y social, culminando en la Unión Económica y Monetaria, en 1997. (C.G.C.)

macroeconomía. Rama de la teoría económica que estudia el comportamiento de los grandes agregados económicos, como el empleo total, la tasa de desempleo, la renta nacional, la inversión, el consumo, etc. (C.G.C.)

macromagnitudes económicas. Variables de los grandes agregados económicos tratados en Macroeconomía. (C.G.C.)

mano invisible. Término acuñado por Adam Smith (1723-1790) para describir el funcionamiento de una economía de libre mercado, donde el comportamiento egoísta de cada individuo, buscando su bien particular, es guiado por una "mano invisible" que conduce al logro del máximo beneficio para toda la sociedad, por lo que cualquier intervención por parte del Estado resultaría perjudicial. (C.G.C.)

manos muertas. Propiedad de algunos bienes inmuebles que no pueden ser enajenados o vendidos y solamente se pueden transmitir por procedimientos no comerciales. (C.G.C.)

marginal. Término utilizado comúnmente por los economistas para significar "adicional". Por ejemplo, el coste marginal, a corto, es el coste adicional cuando se produce una unidad más; el ingreso marginal es la adición al ingreso cuando se vende una unidad más. En términos matemáticos, variación de la variable dependiente, $f(x)$, ante variaciones unitarias de la variable independiente, x. La tasa de variación marginal de y respecto a x se interpreta como la variación sufrida por y ante una pequeña variación de x, que pasa de un valor x_0 a x_0+. (C.G.C.)

Marshall-Lerner condición de. El teorema o condición de Marshall-Lerner demuestra que para que la devaluación de una divisa produzca efectos positivos sobre la balanza comercial, la suma de las elasticidades de los precios de importaciones y exportaciones ha de ser superior a uno, en valor absoluto. Una devaluación del tipo de cambio aumentaría las exportaciones y disminuiría las importaciones, pero el efecto neto sobre la balanza comercial dependerá de las elasticidades de los precios: si los bienes exportados son elásticos, su demanda experimentará un aumento proporcionalmente mayor a la disminución de los precios y si los bienes importados también son elásticos, su demanda decrecerá más que proporcionalmente al aumento de los precios. El efecto conjunto mejorará la balanza comercial. Sin embargo, empíricamente se ha demostrado que los bienes suelen ser inelásticos en el corto plazo. (C.G.C.)

masa crítica. Volumen mínimo de producción necesario para que una empresa pueda entrar a competir en un sector. (C.G.C.)

masa monetaria. Cantidad de dinero disponible en una economía. Agregado monetario M4. (C.G.C.)

masa salarial. Total de las remuneraciones recibidas por los trabajadores, tanto monetarias como en especie, abonadas por las empresas. (C.G.C.)

materia prima. Factor productivo antes de entrar en el proceso de producción. (C.G.C.)

matriz tecnológica. Matriz de los coeficientes tecnológicos, utilizada en el Análisis Input-Output. Considerando una economía con "n" sectores productivos, donde x_i es la producción del sector i, i = 1, 2,..., n, b_{ij} es la parte de la producción del sector i que se reinvierte como factor productivo en el sector j y D_i es la demanda final del sector i, en condiciones de equilibrio, es decir, cuando las producciones sectoriales se agotan al atender la demanda final más las necesidades intermedias de todos los sectores, se verificarían las siguientes condiciones:

$$\begin{cases} x_1 = b_{11} + b_{12} + \cdots + b_{1n} + D_1 \\ x_2 = b_{21} + b_{22} + \cdots + b_{2n} + D_2 \\ \ldots \ldots \ldots \ldots \ldots \ldots \ldots \ldots \\ x_n = b_{n1} + b_{n2} + \cdots + b_{nn} + D_n \end{cases}$$

Definimos el coeficiente tecnológico a_{ij} como la cantidad necesaria de producto i para elaborar una unidad del producto j:

$$a_{ij} = \frac{b_{ij}}{x_j} \Rightarrow b_{ij} = a_{ij} x_j$$

La matriz formada por los coeficientes tecnológicos se denomina matriz tecnológica:

$$A = \begin{pmatrix} a_{11} & a_{12} & \cdots & a_{1n} \\ a_{21} & a_{22} & \cdots & a_{2n} \\ \ldots & \ldots & \ldots & \ldots \\ a_{n1} & a_{n2} & \cdots & a_{nn} \end{pmatrix}$$

Lo que permite reformular las condiciones de equilibrio en función de los coeficientes tecnológicos y de la matriz tecnológica:

$$X = AX + D \begin{cases} x_1 = a_{11}x_1 + a_{12}x_2 + \cdots + a_{1n}x_n + D_1 \\ x_2 = a_{21}x_1 + a_{22}x_2 + \cdots + a_{2n}x_n + D_2 \\ \ldots \ldots \ldots \ldots \ldots \ldots \\ x_n = a_{n1}x_1 + a_{n2}x_2 + \cdots + a_{nn}x_n + D_n \end{cases}$$

Expresado matricialmente con las demandas explícitas:

$$D = (I - A)X \Rightarrow \begin{pmatrix} D_1 \\ D_2 \\ \vdots \\ D_n \end{pmatrix} = \begin{pmatrix} 1-a_{11} & -a_{12} & \cdots & -a_{1n} \\ -a_{21} & 1-a_{22} & \cdots & -a_{2n} \\ \cdots & \cdots & \cdots & \cdots \\ -a_{n1} & -a_{n2} & \cdots & 1-a_{nn} \end{pmatrix} \begin{pmatrix} x_1 \\ x_2 \\ \vdots \\ x_n \end{pmatrix}$$

Donde D es el vector de demanda, I es la matriz identidad, A la matriz tecnológica y X el vector de producción.

También se puede expresar:

$$X = (I - A)^{-1}D$$

Que es la expresión más conocida del modelo. (C.G.C.)

maximización conjunta de beneficios por los monopolistas bilaterales. En un monopolio bilateral, con un único comprador y un único vendedor, es probable que ambos lleguen a un acuerdo, formal o informal, para conseguir beneficios mayores. Sin embargo, ninguno aceptará un acuerdo que le proporcione beneficios inferiores a los que obtendría sin cooperación con el otro. Algunos autores (Nash, Shapley, etc.) han utilizado la teoría de juegos para establecer condiciones apriorísticas del acuerdo; otro enfoque alternativo se basa en el proceso de negociación entre ambos, como el modelo de Zeuthen. (C.G.C.)

maximización conjunta de beneficios por los oligopolistas. En un modelo de oligopolio, las empresas siempre tienen incentivos para llegar a acuerdos, formales o informales, sobre precios y/o producción, conformando lo que se denomina un oligopolio colusivo o *cartel* y actuando conjuntamente, como si fueran una única empresa. La razón de este incentivo es la obtención de un mayor beneficio conjunto de la coalición que la suma de los beneficios individuales si compitieran.

El máximo beneficio del *cartel* se obtiene cuando la curva de coste marginal y la curva de ingreso marginal de la industria se cortan. Las funciones de demanda, de coste marginal y de ingreso marginal del *cartel* se obtienen mediante la suma de las funciones individuales de cada uno de los integrantes. El beneficio máximo se alcanza cuando la producción total del *cartel* es igual a q*, por lo que los integrantes se han de poner de acuerdo para no superar ese volumen de producción, por lo que se ven obligados a limitar sus ventas.

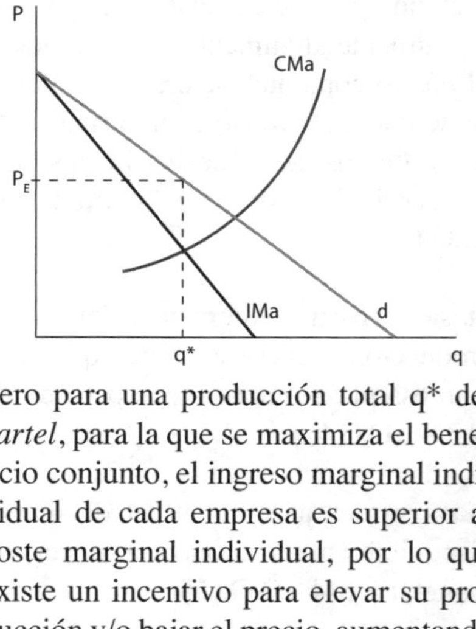

Pero para una producción total q* del *cartel*, para la que se maximiza el beneficio conjunto, el ingreso marginal individual de cada empresa es superior al coste marginal individual, por lo que existe un incentivo para elevar su producción y/o bajar el precio, aumentando su cuota de mercado, y así sus beneficios individuales crecerán. Existen, por lo tanto, conflictos entre el interés del *cartel* y el interés individual de cada empresa, lo que hace que los acuerdos sean inestables.

En un caso particular de duopolio, existe un incentivo para la colusión si una empresa obtiene beneficios mayores y la otra no los obtiene menores, con lo que se consigue la maximización conjunta de beneficios y un pago colateral. (C.G.C.)

maximización de beneficios. Se considera como el objetivo de toda empresa y se consigue cuando la diferencia entre los ingresos totales y los costes totales es máxima. Gráficamente, observamos que hasta un nivel de producción q_0 la empresa sufre pérdidas, pues el coste total (CT) es superior al ingreso total (IT). Para un nivel de producción q_0 o q_2 los beneficios son normales, es decir, CT es igual a IT. La diferencia más elevada entre IT y CT se produce para el nivel q_1, que es el punto más elevado (máximo) de la función beneficio (B). Podemos comprobar que para el nivel de producción q_1, donde se maximiza el beneficio, la pendiente de la curva IT (que es la derivada de IT, respecto a q) es igual a la pendiente de la curva CT (que es la derivada de CT, respecto a q), por lo tanto el ingreso marginal (IMa) se iguala al coste marginal (CMa).

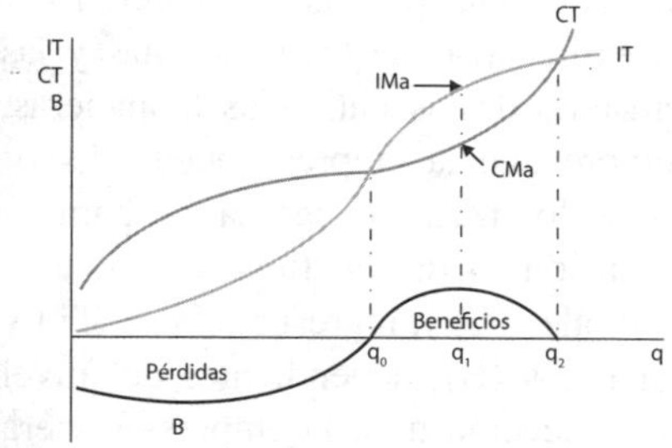

Analíticamente, en una empresa competitiva, con una función beneficio:

$$B(q) = I(q) - C(q)$$

Donde q es la producción, I(q) los ingresos totales y C(q) los costes totales, el beneficio máximo se consigue maximizando los ingresos o minimizando los costes, para un nivel de producción determinado. Para maximizar la función B(q), la condición necesaria de primer orden es que la derivada de B respecto de q se anule:

$$\frac{dB}{dq}(q) = 0$$

Como:

$$\frac{dB}{dq}(q) = \frac{dI}{dq}(q) - \frac{dC}{dq}(q) = IMa(q) - CMa(q) = 0 \Rightarrow IMa(q) = CMa(q)$$

Por lo tanto, el beneficio es máximo cuando el ingreso marginal es igual al coste marginal, para una producción q.

La condición de máximo de segundo orden que ha de cumplirse es:

$$\frac{d^2B}{dq^2}(q) < 0 \Rightarrow \frac{dIMa}{dq}(q) < \frac{dCMa}{dq}(q)$$

Lo que supone que la pendiente de la curva de ingreso marginal sea inferior a la pendiente de la curva de coste marginal.

En un planteamiento más general de maximización de beneficios a largo plazo, para una empresa que utiliza n factores productivos y obtiene m productos finales, la función de producción vendría dada por una expresión como:

$$q(x_1, x_2, \ldots, x_n) = (y_1, y_2, \ldots, y_m)$$

La empresa ha de encontrar una combinación de productos y utilización de factores productivos que maximice sus beneficios, siendo la función beneficio:

$$B(y_1, y_2, \ldots, y_m, x_1, x_2, \ldots, x_n)$$

El problema a resolver sería:

$$\max B(y_1, \ldots, y_m, x_1, \ldots, x_n) = \sum_{j=1}^{m} p'_j y_j - \sum_{i=1}^{n} p_i x_i$$

$$s.a.\ p'_j \geq 0,\ y_j \geq 0,\ p_i \geq 0,\ x_i \geq 0$$

Siendo B la función beneficio, p'_j el precio de venta del producto y_j, p_i el coste del factor productivo x_i, $I = \sum_{j=1}^{m} p'_j\, y_j$ la función de ingresos y $C = \sum_{i=1}^{n} p_i x_i$ la función de costes.

El caso más sencillo sería el de una empresa que utiliza dos factores y obtiene un producto final. El planteamiento del problema sería:

$$\begin{aligned} \max\ & B(y, x_1, x_2) = py - (p_1 x_1 + p_2 x_2) \\ s.a.\ & y \leq q(x_1, x_2) \\ & p \geq 0, \\ & y \geq 0, \\ & p_1, p_2 \geq 0, \\ & x_1, x_2 \geq 0 \end{aligned}$$

El problema puede replantearse de dos formas distintas:

a) Si la empresa elige un nivel de producción, *y*, para maximizar el beneficio tendrá que minimizar los costes, lo que reduce el problema a una sola variable de decisión.

b) Si la empresa elige las cantidades de factores productivos, x_1 y x_2, el nivel de producción queda determinado y el problema se reduce a dos variables de decisión.

El problema de maximización de beneficios depende del período considerado: corto o largo plazo. En el corto plazo, ya elegido el nivel de producción y consideradas las restricciones de los factores, se reduce a maximizar la diferencia entre ingresos y costes en el período. En el largo plazo, se puede decidir sobre niveles de producción o sobre utilización de factores productivos, analizando las distintas combinaciones que puedan maximizar los beneficios en futuros períodos. (CGC).

maximización del ingreso. Las teorías sobre la empresa, basadas en el "capitalismo directivista" establecen una relación analítica entre las variables de decisión de la empresa y las preferencias de la gerencia de la misma. W. J. Baumol defiende que los gerentes de las grandes empresas tienen como objetivo maximizar las ventas, más que la maximización de los beneficios, debido, especialmente, a que sus salarios suelen estar ligados al volumen de ventas y que las entidades financieras tienen muy en cuenta la cifra de negocio y su evolución a la hora de conceder créditos. En un mercado oligopolista, la reacción de una empresa ante las decisiones de sus competidoras es siempre tardía, aunque esto no implica que sea indiferente, sino que se mantiene vigilante de su cuota de mercado y del potencial crecimiento de sus ventas. El gerente contempla el volumen de ventas y su crecimiento como medida de su éxito.

El modelo de Baumol supone un único producto, y plantea la maximización de los ingresos, a través de sus ventas, fijando un beneficio mínimo aceptable. Este nivel mínimo de beneficios se determina por la interacción de las expectativas de los accionistas y las demandas de las entidades financieras, siempre que la empresa pueda disponer de los recursos necesarios para su expansión. Dadas las funciones de costes totales (CT), ingresos totales (IT) y beneficios (B), dependientes del nivel de producción q, si la empresa tuviera como objetivo maximizar sus beneficios, el volumen de producción sería q_{BM}, pero con la restricción de un beneficio mínimo B_m, el volumen de producción sería q_1 o q_2; como su objetivo es maximizar las ventas, elegiría poner en el mercado una cantidad de producto q_2, que sería el nivel de producción que maximizaría sus ingresos. (C.G.C.)

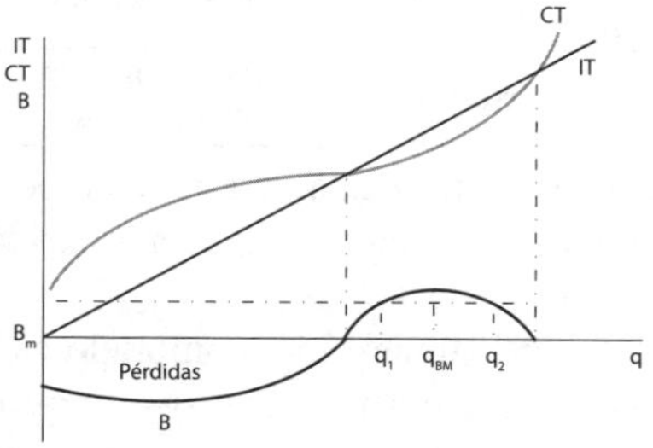

máximo. Valor más elevado. En términos matemáticos, mayor valor que puede tomar una función. (C.G.C.)

máximo técnico. Valor más elevado de la producción de una empresa con una tecnología determinada. (C.G.C.)

Meade, síntesis de. La síntesis de Meade (1951) considera diversos mecanismos para reducir el déficit de la balanza corriente en tres fases. En la primera, utiliza los precios relativos, aumentando X-M, aunque sus efectos dependerán de la condición Marshall-Lerner. En la segunda, aumenta la demanda de crédito, por la reactivación propiciada por la devaluación, por lo que se incrementan los tipos de interés y la afluencia de capital exterior. En la tercera, el aumento del tipo de interés tenderá a reducir la absorción (C + I). El efecto conjunto dependerá de la propensión marginal del país a comprar en el exterior y de la propensión marginal a comprar productos del país por el resto del mundo. El ajuste será tanto más rápido y efectivo cuanto más simétrica (pero opuesta) sea la respuesta del resto del mundo: mayor demanda de importación, caída de tipos de interés, mayor absorción, mayor propensión a importar. (C.G.C.)

mecanismo Complementario de Intercambios, MCI. Restricción administrativa al comercio bilateral entre dos países o entre un país y una zona de Mercado Común. Se ha aplicado a los países que se han ido adhiriendo sucesivamente a la Unión Europea, especialmente para los productos agrícolas. (C.G.C.)

medio de cambio. El que puede utilizarse para realizar un intercambio comercial. El medio de cambio más representativo es el dinero. (C.G.C.)

mecanismo de precios. Sistema donde los precios actúan como indicadores automáticos, en coordinación con las acciones de los agentes individuales de decisión. (C.G.C.)

mecanización. Sustitución en un proceso productivo de las acciones manuales hechas por el hombre por la acción de máquinas. (C.G.C.)

medida *antidumping*. Disposición de salvaguardia, en el marco del GATT, que se aplica en aduana para evitar que un producto importado entre en un mercado nacional a un precio muy inferior al de su país de origen, teniendo en cuenta los costes de transporte, o a un precio inferior al valor estimado. (C.G.C.)

TIPOS DE MERCADO		DEMANDA		
		Un comprador	Pocos compradores	Muchos compradores
OFERTA	Un vendedor	MONOPOLIO BILATERAL	MONOPOLIO PARCIAL	MONOPOLIO
	Pocos vendedores	MONOPSONIO PARCIAL	OLIGOPOLIO BILATERAL	OLIGOPOLIO
	Muchos vendedores	MONOPSONIO	OLIGOPSONIO	COMPETENCIA PERFECTA

medio de pago. El dinero u otro activo financiero disponible para realizar un desembolso en una transacción comercial o para liberarse de una deuda u obligación. (C.G.C.)

medio plazo. Período de tiempo comprendido entre el corto y el largo plazo. No tiene una duración generalmente aceptada, sino que depende del contexto al que se refiera. En contabilidad, suele ser el período comprendido entre dieciocho meses y cinco años. (C.G.C.)

mejora paretiana. Mejorar la situación de un individuo sin empeorar la de ningún otro (denominada así a partir de Wilfredo Pareto, 1848-1923). (C.G.C.)

mercadería. Mercancía adquirida por una empresa y destinada a la venta sin transformación. (C.G.C.)

mercado. Lugar donde se realizan intercambios comerciales, reuniéndose compradores (demandantes) y vendedores (oferentes), aunque no necesariamente ha de celebrarse en un lugar geográfico. Por la ley de la oferta y la demanda se determina el precio y la cantidad intercambiada. En el plano macroeconómico, el mercado es la base del sistema económico capitalista, frente a un sistema económico de planificación centralizada, donde los precios vienen determinados por una autoridad central.
Según el número de compradores y vendedores, existen diversos tipos de mercado, donde los extremos serían el mercado de competencia perfecta y el monopolio, modelos teóricos de mercado que no se dan en la realidad en estado puro. Si el número de compradores y vendedores es muy elevado, el producto es homogéneo y la información es perfecta, hablaríamos de un mercado de competencia perfecta. Si existen múltiples compradores pero un único vendedor, estaríamos ante un monopolio absoluto (ver cuadro arriba). (C.G.C.)

mercado al contado. También denominado mercado en efectivo, es el mercado donde la mercancía se compra o vende para disponer de ella de forma inmediata. También se denomina mercado Spot. (C.G.C.)

mercado cautivo. Mercado donde los compradores no tienen apenas posibilidad de elegir al vendedor de un producto o servicio. (C.G.C.)

mercado contestable, teoría de. La teoría de los mercados contestables fue establecida por W. Baumol, J. Panzar y R. Willing en 1982 en su artículo *"Constestable Market and the Theory of Industry Structure"*. Un mercado contestable es aquél donde existe libertad de entrada (en el sentido de que no hay impedimentos para los entrantes potenciales) y salida y, además, ésta carece de costes; esto es, no existen costes hundidos. A diferencia de los mercados perfectos, en un mercado contestable no se exige la existencia de un número elevado de empresas ni que el bien sea homogéneo. Así pues, un mercado perfectamente competitivo es un mercado perfectamente contestable, pero no a la inversa. En definitiva, esta teoría trata de demostrar que la amenaza de entrantes potenciales en mercados monopolistas u oligopolistas dará lugar a comportamientos próximos a los de competencia perfecta (por ejemplo, fijación de precios iguales al coste marginal de producción) en estas estructuras de mercado. Sin embargo, para que ello ocurra (es decir, para que el mercado se contestable) son necesarias tres condiciones: 1) que las empresas entrantes no sufran ninguna desventaja respecto a las empresas que ya están en el mercado; esto es, acceso a la misma tecnología, los mismos precios para los inputs y la misma información. En suma, no hay barreras a la entrada. 2) que no existan costes hundidos, es decir, todos los costes asociados con la entrada al mercado son completamente recuperables. Ello supone que no existen costes de salida.3) que el tiempo que tarda en entrar un competidor potencial es inferior al tiempo que le lleva a la empresa que ya está en el mercado ajustar los precios. Lógicamente, esta última condición no se cumple casi nunca. (A.R.R.)

mercado crediticio. Mercado de crédito que comprende todas las transacciones de préstamo y crédito, tanto a largo como a corto plazo, que realizan los distintos agentes económicos. (C.G.C.)

mercado de búsqueda directa. Mercado donde compradores y vendedores negocian directamente, sin la participación de intermediarios. (C.G.C.)

mercado de cambios. Mercado donde se realizan operaciones, tanto financieras como no financieras, entre residentes y no residentes, en monedas distintas a la nacional, y donde surgen la oferta y la demanda de divisas. (C.G.C.)

mercado de capitales. Mercado donde se realizan operaciones de crédito a medio y largo plazo. La oferta de crédito procede del ahorro privado y la demanda de crédito proviene de las empresas que necesitan financiación para sus inversiones. Es un submercado del mercado financiero. En una acepción más amplia, comprendería también la compraventa de acciones, participaciones y obligaciones de sociedades mercantiles y otros instrumentos financieros. (C.G.C.)

mercado de competencia imperfecta. Mercado que, por el lado de la oferta, según el número y tamaño de las empresas, el grado de concentración y la homogeneidad del producto, se clasifican en: monopolio, oligopolio y competencia monopolística; y por el lado de la demanda: monopsonio y oligopsonio. El monopolio bilateral afecta tanto a la oferta como a la demanda.

La rivalidad entre las empresas en un mercado de competencia imperfecta se materializa en la lucha por conseguir la mayor cuota de mercado posible; para ello, la empresa puede utilizar diversos instrumentos (además de las variables precio y volumen de producción), como la publicidad, la imagen de marca, la innovación tecnológica, etc.

En un mercado de competencia imperfecta las empresas no son precio-aceptantes, como en el mercado de competencia perfecta, sino precio-oferentes, pues tienen capacidad para influir y, en algunos casos, imponer el precio de mercado. En un mercado de competencia imperfecta el producto es diferenciado (no homogéneo), la información de los agentes que operan en el mercado no es perfecta y no existe total movilidad de los factores productivos, debido a las barreras de entrada.

Las barreras de entrada se pueden concretar en restricciones legales y en la diferenciación del producto. Las restricciones legales incluyen la protección de patentes, normas administrativas que rigen la provisión de determinados servicios, especialmente los públicos, y las tarifas aplicadas al comercio internacional. Existen también barreras de entrada de tipo económico, generadas por la diferenciación del producto (marca), lo que no permite que opere en el mercado de forma eficiente un número elevado de empresas, al ser la demanda del producto en concreto relativamente pequeña.

Por otra parte, la existencia de economías de escala, con costes decrecientes, favorece la permanencia de grandes empresas, que pueden producir a costes relativamente bajos, mientras que las pequeñas empresas no pueden competir en costes y tendrán que abandonar el mercado. Mientras los rendimientos sean crecientes hasta un nivel determinado de producción, no habrá mercado suficiente para un número elevado de empresas que opere de forma eficiente, por lo que permanecerán en el mercado un número reducido de grandes empresas que satisfagan las necesidades del mercado (oligopolio). En los casos en que una gran empresa es capaz de aumentar la producción, con costes decrecientes indefinidamente, debido a la tecnología y/o la organización del trabajo, hasta cubrir la demanda del mercado, la solución más eficiente sería que ella sola operara en ese mercado (monopolio), por lo que las demás desaparecerían.

La curva de demanda de una empresa en un mercado de competencia imperfecta se caracteriza por una elasticidad precio finita, a diferencia de la demanda de una empresa competitiva, con elasticidad precio infinita.

En un mercado de competencia imperfecta las empresas pueden tomar decisiones de ajuste de los precios y de las cantidades producidas, pues la demanda individual de la empresa es una función decreciente, con pendiente negativa; mientras que en un mercado de competencia perfecta las empresas solamente deciden sobre el volumen de producción, pues el precio lo determina el mercado, y la demanda a la que se enfrenta la empresa es una recta horizontal (función constante), igual al precio de mercado. La función de oferta de la empresa solamente está definida en un punto, pues varía dependiendo de la demanda a la que se enfrente.

El equilibrio de la empresa en un mercado de competencia imperfecta se consigue cuando: el ingreso marginal es igual al coste marginal; el precio es mayor o igual que el coste variable medio; la pendiente de la curva de coste marginal es mayor que la de la curva de ingreso marginal. (C.G.C.)

mercado de competencia monopolística. Es un mercado de competencia imperfecta, con múltiples compradores y vendedores, pero los productos son diferenciados y altamente sustitutivos. Los vendedores pueden aumentar su cuota de mercado disminuyendo la sustituibilidad de su producto, diferenciándolo de los productos de la competencia mediante una *marca*. Esta diferenciación puede conseguirse en el diseño, el envase, la publicidad, etc. Al ser muchos los productores, es difícil que puedan controlar el mercado, por lo que se supone libre entrada y salida de las empresas en el mercado.

El beneficio máximo de cada empresa se alcanza para un precio y cantidad producida en equilibrio, P* y q*, donde el ingreso marginal se iguala al coste marginal (Figura 1).

Si cada empresa obtiene beneficios extraordinarios, en el corto plazo, a largo plazo entrarán nuevas empresas en el mercado (Figura 2), con lo que se contraerá la demanda de cada empresa, desplazándose hacia la izquierda (d'), consiguientemente, descenderá el precio (P'*) y el beneficio, hasta el beneficio normal, y el mercado se situará en el punto de equilibrio. Sin embargo, en el punto de equilibrio a largo plazo del mercado de competencia monopolística la cantidad producida es inferior a la que correspondería al mínimo de los costes medios, es decir, a la cantidad que se produciría utilizando los recursos disponibles (instalaciones y factores) de forma eficiente. Ello se debe a la pendiente negativa de la función de demanda de cada productor, que actúa como monopolista de su marca, lo que se conoce como *teorema del exceso de capacidad*.

Figura 1

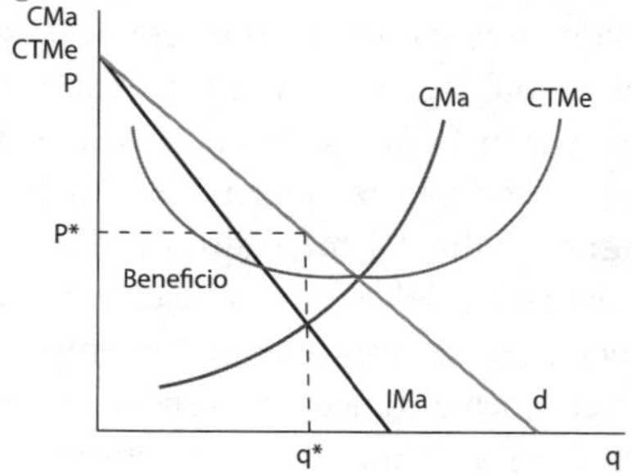

Figura 2

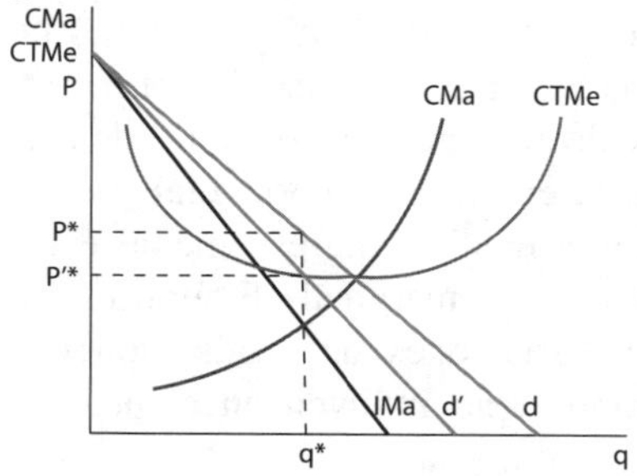

El mercado de competencia monopolística es considerado como un modelo intermedio entre el mercado de competencia perfecta y el monopolio y se ajusta más a la realidad económica. (C.G.C.)

mercado de competencia perfecta. El mercado de competencia perfecta es una representación idealizada de un mercado de bienes y servicios donde la interacción de la oferta y la demanda determina el precio y que cumple cuatro condiciones: a) existe un elevado número de vendedores y de compradores, sin que ninguno de ellos pueda, individualmente, influir en el precio; b) el producto es homogéneo, por lo que será indiferente adquirir el producto a un vendedor o a otro; c) la información es perfecta, de manera de todos los vendedores y compradores conocen las condiciones generales del mercado; d) no existen barreras de entrada, con lo que las empresas tienen libertad para entrar o salir del mercado. La oferta y la demanda del mercado determinan el precio de equilibrio, al cual la empresa perfectamente competitiva venderá cuanto desee. La empresa competitiva es precio-aceptante, por lo que sus decisiones solamente pueden afectar a la cantidad producida; por ello, mientras la curva de demanda del mercado es decreciente, la curva de demanda de la empresa es horizontal y el precio es igual al ingreso medio e igual al ingreso marginal (Figura 1), pues las variaciones de producción de la empresa no influyen en el precio de mercado. Analíticamente:

$$Ingreso\ Total\ (IT) = P \cdot q;\ IMe = \frac{P \cdot q}{q} = P;\ IMa = \frac{dIT}{dq} = \frac{d(P \cdot q)}{dq} = P$$

Figura 1

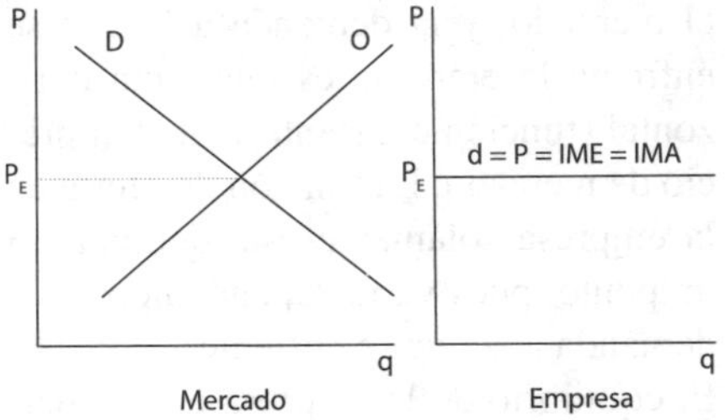

Determinado el precio de equilibrio del mercado, la empresa competitiva, que es precio-aceptante, ha de decidir la producción que maximiza su beneficio o minimiza sus pérdidas. La empresa maximiza su beneficio cuando ofrece un nivel de producción tal que el ingreso marginal (precio) es igual al coste marginal. Si observamos la Figura 2, con una curva de coste marginal CMa, para un precio de mercado P_1, que en el caso de una empresa competitiva coincide con la demanda d_1, el volumen de producción que maximiza el beneficio será q_1, que es donde se igualan el coste marginal y el ingreso marginal. Si el precio de mercado se incrementara a P_2, la nueva curva de demanda sería d_2, el beneficio se maximizaría para un volumen de producción q_2, donde se igualan de nuevo el ingreso marginal y el coste marginal. Si el precio de mercado se redujera a P_0, la demanda de la empresa sería d_0, y el beneficio se maximizaría para un volumen de producción q_0. Se podrá incrementar el beneficio siempre que el precio (ingreso marginal) sea superior al coste marginal, en caso contrario, será necesario reducir el volumen de producción.

Figura 2

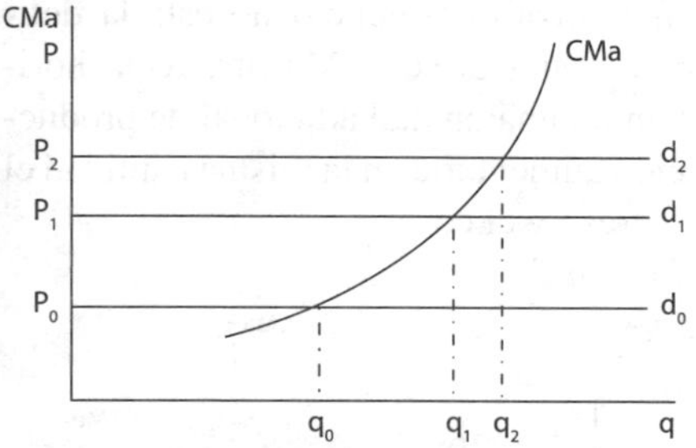

En algunas ocasiones el volumen de producción, para el cual el coste marginal es igual al ingreso marginal, no produce beneficios a la empresa, sino pérdidas, por lo que sería necesario tomar la decisión de seguir funcionando o cerrar la empresa. En este caso, la empresa competitiva ha de comparar el precio con el coste variable medio, para ese nivel de producción. Si el precio es mayor o igual que el coste variable medio, entonces a la empresa le conviene seguir funcionando, pues, aunque no obtenga beneficios, minimiza las pérdidas; pero si el precio es menor que el coste variable medio, la mejor decisión es cerrar.

En las Figuras 3, 4, 5 y 6 podemos ver cuatro casos distintos en los que, para un volumen de producción q_0, el coste marginal se iguala al ingreso marginal (precio). En los dos primeros, el precio P_0 es mayor que el coste variable unitario, si bien, en la Figura 3, la empresa consigue beneficios extraordinarios, mientras, en la Figura 4, la empresa obtiene pérdidas, pues el coste total medio es superior al precio, por lo que solamente se cubre una parte de los costes fijos; a pesar de ello, a la empresa le interesaría seguir produciendo q_0, pues así minimiza las pérdidas, que serían superiores si decidiera cerrar.

Figura 3

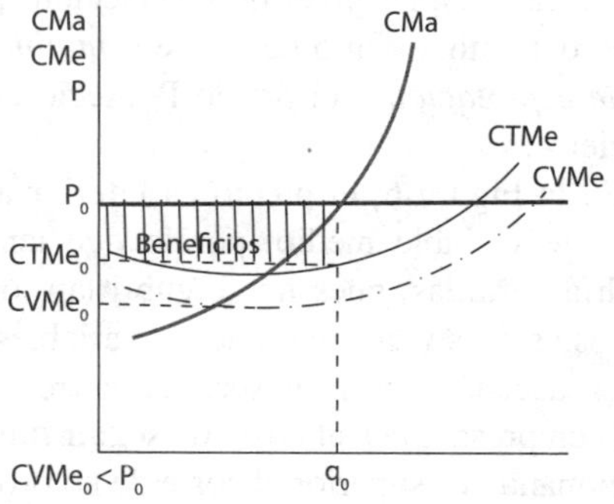

Figura 4

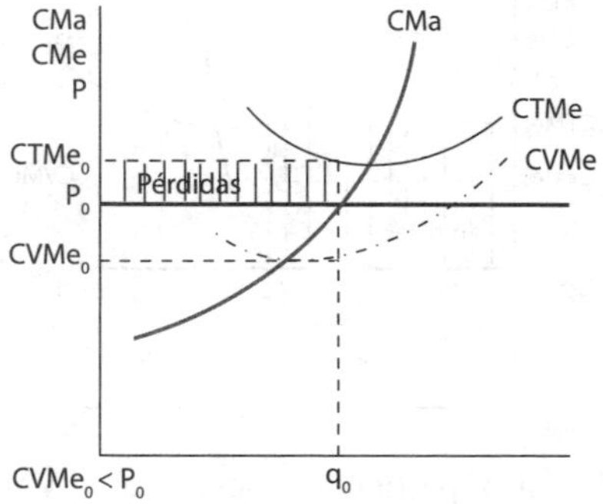

Figura 5

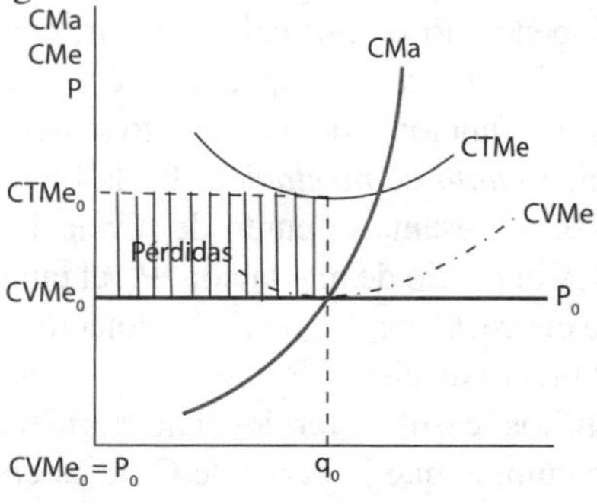

En la Figura 5, el precio es igual al coste variable medio, por lo que las pérdidas coincidirían con los costes fijos. La decisión de cerrar o seguir produciendo q_0 es indiferente, pues las pérdidas son las mismas. El nivel de producción q_0 se denomina punto de cierre o *mínimo de explotación* y el precio P_0 precio de cierre.

En la Figura 6, el precio es inferior al coste variable medio, por lo que tendría pérdidas, pues no se cubrirían los costes fijos y una parte de los variables. La decisión entonces sería el cierre de la empresa, pues el coste de seguir funcionando es superior al coste de no producir nada.

Figura 6

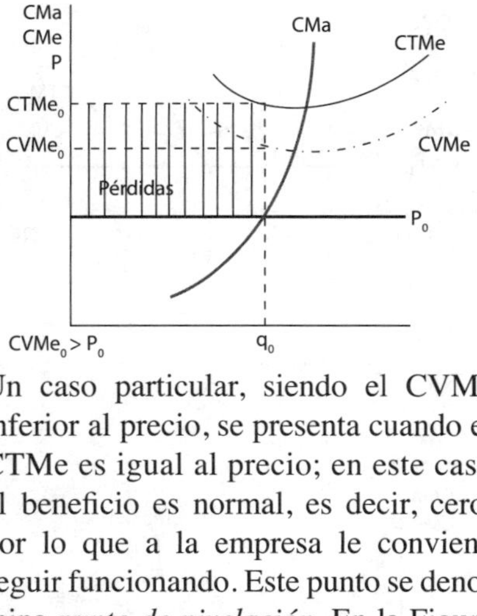

Un caso particular, siendo el CVMe inferior al precio, se presenta cuando el CTMe es igual al precio; en este caso el beneficio es normal, es decir, cero, por lo que a la empresa le conviene seguir funcionando. Este punto se denomina *punto de nivelación*. En la Figura 7 se representa el punto de nivelación, N, y el precio de nivelación, P_n, el punto de cierre, C, o mínimo de explotación, y el precio de cierre, P_c.

En los casos referidos anteriormente se cumple que la curva de CMa es creciente, con pendiente positiva, pero si CMa es constante, con el criterio CMa = IMa = P, la producción que maximiza el beneficio no estaría definida, pues al ser CMa una recta horizontal, una unidad adicional de producción aumentaría en la misma cantidad el ingreso y el coste.

Figura 7

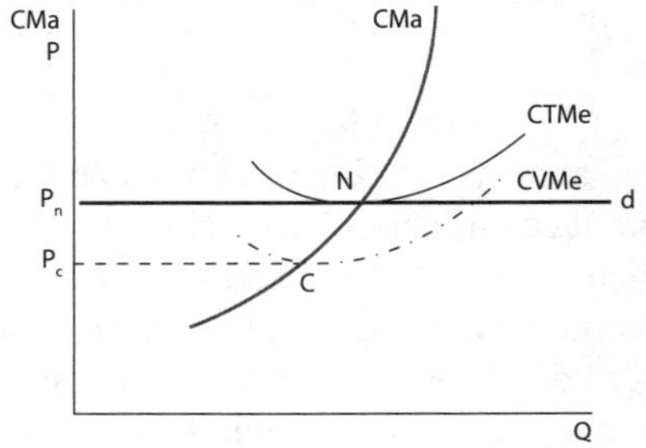

La curva de oferta de una empresa competitiva en el corto plazo coincide con el tramo de la curva CMa a partir del punto de cierre C, que también es el mínimo de la curva CVMe.

La curva de oferta de mercado, en el corto plazo, sería la suma de las ofertas de cada una de las empresas para cada precio dado, pero variaría con desplazamientos de la curva de demanda, dependiendo del tiempo de reacción de las empresas y sus efectos sobre el precio.

En el largo plazo, la empresa competitiva producirá únicamente si el precio es mayor o igual al coste medio. Si no hay barreras de entrada, con nivel tecnológico similar entre las empresas y con acceso a factores productivos de precios independientes al volumen de producción, las empresas que participan en el mercado tendrán curvas CMe y CMa iguales y la curva de oferta del mercado será horizontal.

El equilibrio momentáneo, o de muy corto plazo, del mercado, al no producirse cambios en la producción o en los factores productivos, depende del desplazamiento de la demanda, pues la oferta permanece constante (Figura 8).

Figura 8

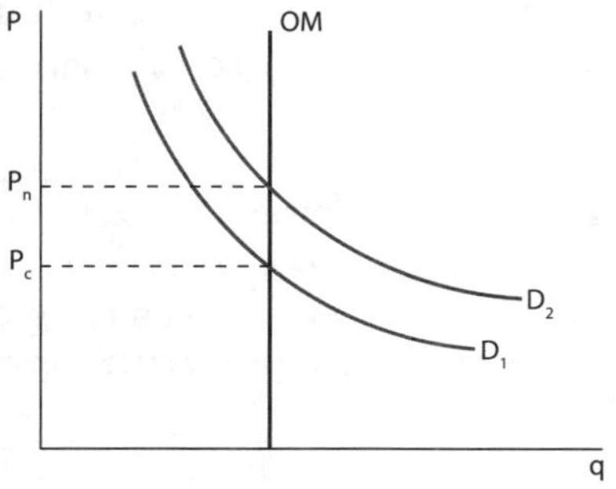

En el medio plazo, las empresas podrán adaptar su producción moderadamente a las variaciones de los factores, por lo que el impacto sobre el precio de un desplazamiento de la demanda es inferior al caso anterior (Figura 9).

Figura 9

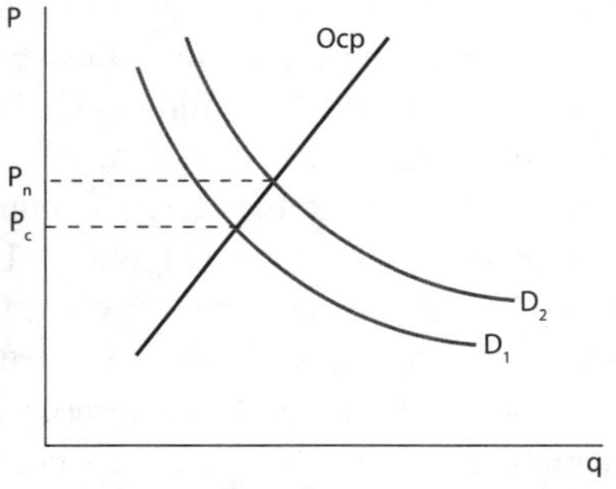

En el largo plazo, el efecto sobre el precio de un desplazamiento de la demanda es mínimo, pues las empresas han adaptado su producción, ajustando los factores productivos, y es posible que en ese tiempo hayan entrado otras empresas y hayan desaparecido algunas de las existentes, por lo que la curva de oferta del mercado será muy elástica (Figura 10).

Figura 10

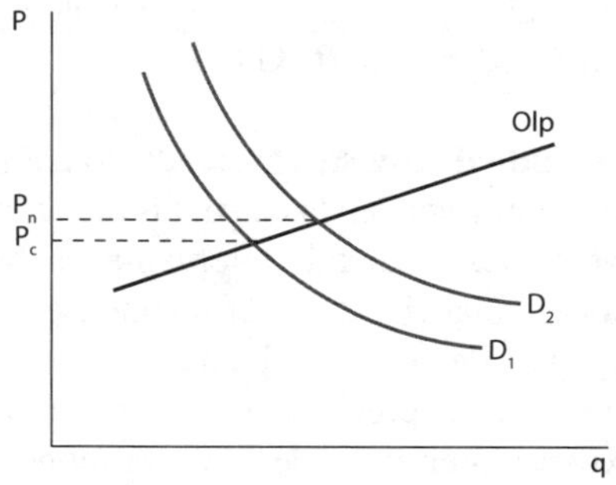

En el corto plazo, los beneficios obtenidos por las distintas empresas que conforman una industria son distintos, aunque tengan acceso a la misma tecnología, pues sus costes medios y sus costes marginales son diferentes. En el largo plazo, sin embargo, no habrá beneficios extraordinarios ni pérdidas, pues con la entrada y salida de empresas en el mercado y las decisiones de las empresas para adaptarse a las variaciones del mercado, el equilibrio se produce en el punto donde el precio es igual al coste marginal y al coste medio, tanto de corto como de largo plazo:

$$P = CMaCP = CMaLP = CMeCP = CMeLP$$

tendiendo el precio hacia el mínimo de la curva de coste medio. En el punto de equilibrio del mercado a largo plazo, al no haber beneficios extraordinarios para las empresas, ya no habrá entradas de nuevas empresas ni salidas de las existentes y todas ellas se situarán en la dimensión óptima, lo que se traduciría en una mayor eficiencia en la utilización de los recursos. (C.G.C.)

mercado de compradores. Mercado donde los compradores pueden influir en el descenso de los precios, debido a un exceso de oferta. (C.G.C.).

mercado de consumidores. Mercado abastecido por minoristas que vende al consumidor final. (C.G.C.).

mercado de divisas. Mercado donde se compran y venden las distintas monedas nacionales, pudiendo intervenir instituciones financieras, determinándose así los tipos de cambio oficiales. El tipo de cambio es el precio de una moneda, M_1 expresado en unidades de otra moneda M_2. La demanda de divisas se genera por las importaciones nacionales, los gastos realizados por los ciudadanos nacionales en el resto del mundo y las inversiones en el extranjero. La oferta de divisas está constituida por las exportaciones nacionales, los ingresos provenientes de los visitantes extranjeros y las inversiones del resto del mundo en el país. En un sistema de tipos de cambio flexible, la oferta y la demanda determinarían el tipo de cambio en el equilibrio del mercado, produciéndose apreciaciones o depreciaciones de una moneda respecto a la otra según la evolución de la oferta y la demanda. También puede ampliarse a la compraventa de títulos, depósitos y billetes en moneda extranjera. Puede ser mercado de divisas al contado y mercado de divisas a plazo. También es denominado mercado de cambios extranjeros. (C.G.C.).

mercado de futuros. Mercado en el que se formalizan contratos de compraventa de mercancías o activos financieros, con plazo de entrega y precio, determinados previamente. Sus principales características son: a) es un mercado normalizado, donde se negocia a través de una entidad intermediaria; b) su objetivo es proporcionar liquidez y seguridad; c) el contrato se puede disolver antes de su vencimiento; d) es transparente en cuanto a la información sobre el precio; e) las pérdidas o ganancias se realizan diariamente y al finalizar o al anular el contrato. (C.G.C.).

mercado de subasta. Mercado con un sistema centralizado para informar acerca de las órdenes de compra y de venta de todos los agentes participantes. (C.G.C.).

mercado de trabajo. Mercado donde se ofrece y demanda mano de obra. La oferta está constituida por todos los trabajadores que buscan ocupación y la demanda la constituyen todas las empresas que necesitan mano de obra. En el modelo neoclásico sin fricciones del mercado de trabajo, la oferta y la demanda de mano de obra determinarían el punto de equilibrio E, que correspondería al salario real w/p* y la cantidad de factor trabajo L*, que representaría el *pleno empleo* (Figura 1). La curva de demanda de mano de obra, D, es decreciente, pues disminuye la cantidad demandada por las empresas al incrementarse el salario real. La curva de oferta, sin embargo, es creciente, pues los trabajadores están dispuestos a ofrecer más horas de trabajo si se incrementa el salario real. En este modelo siempre hay pleno empleo, no existe el desempleo, aunque admite la existencia de *desempleo friccional*, que se define como el desempleo provocado por el cambio de empleo o la búsqueda de uno nuevo. Así se define la *tasa natural de desempleo* como la tasa de desempleo consecuencia de las fricciones del mercado de trabajo en equilibrio.

Figura 1

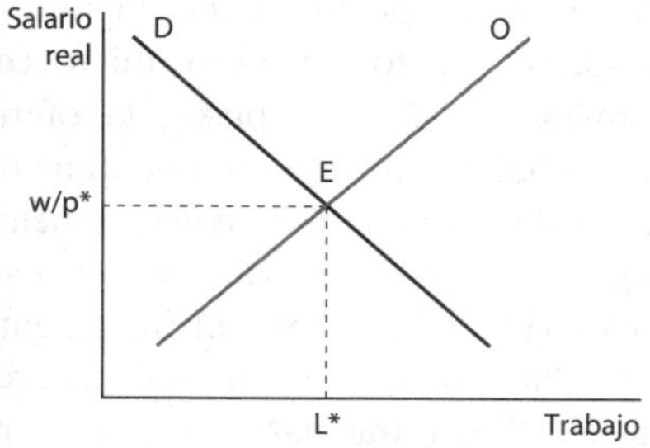

Si se utilizara el salario nominal, w, en lugar del salario real, un incremento del nivel de precios trasladaría hacia arriba, tanto la curva de oferta como la de demanda, en la misma proporción, determinando un nuevo punto de equilibrio que no afectaría al empleo, L*, pero sí a los salarios.

Figura 2

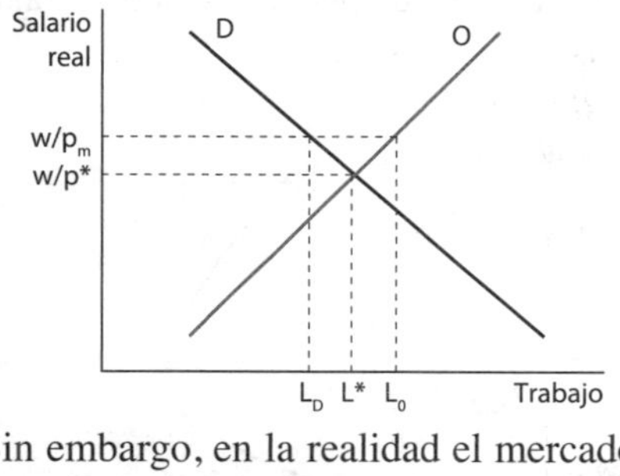

Sin embargo, en la realidad el mercado de trabajo suele ser un mercado regulado, con unas condiciones de trabajo mínimas, como un salario mínimo, una jornada laboral máxima, etc. El modelo neoclásico sin fricciones de mercado de trabajo argumenta que la tasa de desempleo, superior a la tasa natural, se debe a la determinación de un salario real mínimo más elevado que el salario real de equilibrio (Figura 2). Para un salario real mínimo w/p_m, la demanda de mano de obra sería L_D y la oferta L_O, la diferencia L_o- L_D sería el desempleo generado.

Si consideramos una función de producción de una empresa, Y = f(L, K), donde L es el trabajo y K el capital, la eficiencia técnica se consigue con la máxima producción, utilizando los factores L y K disponibles. Para un nivel dado de capital, el factor trabajo sería la variable que determinaría el nivel de producción, teniendo en cuenta que la demanda de mano de obra por la empresa depende del incremento obtenido en la producción al aumentar el factor trabajo, pues incrementos de mano de obra proporcionan incrementos cada vez menores de producción (ley de rendimientos decrecientes) (Figura 3).

Figura 3

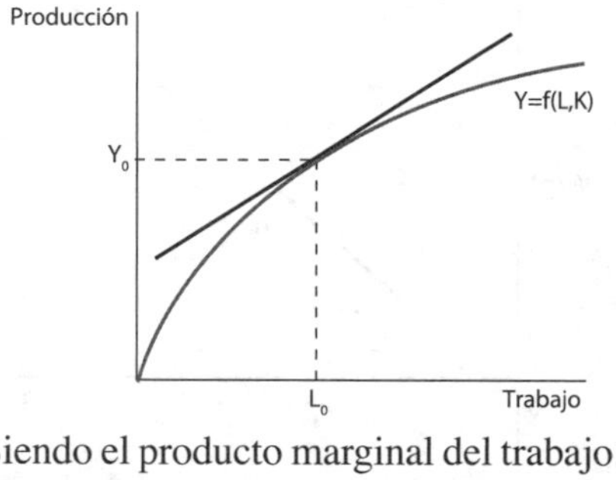

Siendo el producto marginal del trabajo, PMaL, la contribución a la producción de una unidad adicional de mano de obra, la empresa contratará más empleo siempre que el producto marginal del trabajo sea mayor que su coste (salario real). El producto marginal del trabajo viene representado, por lo tanto, por una función decreciente (Figura 4)

y dependiente del salario real w/p. La decisión de la empresa sobre el volumen óptimo de empleo se decantará por L_0, donde PMaL = w/p. En L_1, PMaL es superior al salario real, por lo que la empresa podría seguir contratando más empleo; en L_2, el PMaL es inferior al salario real, con lo que la empresa debería reducir el empleo.

Figura 4

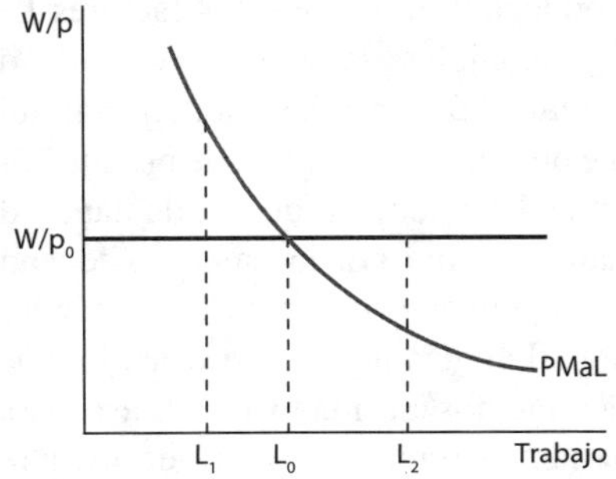

Figura 5

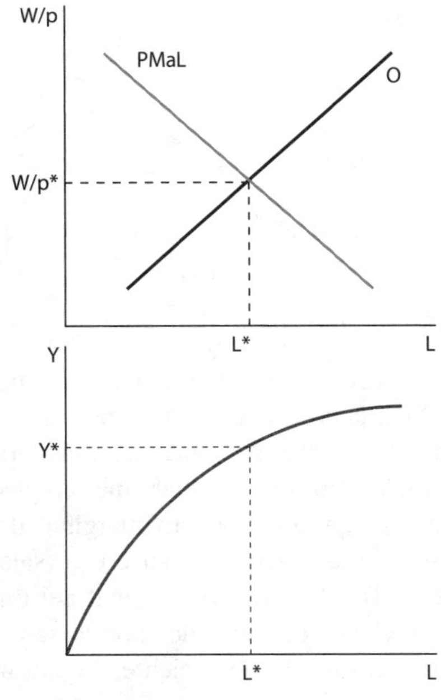

La función de demanda de mano de obra viene dada por la curva del PMaL y el equilibrio del mercado de trabajo determinaría, no solamente el pleno empleo L*, sino el volumen de producción Y* con el pleno empleo (Figura 5). Desde el punto de visto microeconómico, en el largo plazo, la oferta individual de trabajo es una función "curvada hacia atrás", con pendiente negativa cuando los salarios son elevados (Figura 6). Ante un incremento del salario real, w/p_3, los trabajadores pueden elegir trabajar menos y mantener o aumentar su nivel de renta, lo que explicaría la pendiente negativa de la función de oferta a partir de un salario real w/p_2. Sin embargo, en el corto plazo, la curva de oferta de trabajo tiene pendiente positiva, pues los que se encontraban fuera del mercado de trabajo pueden animarse a entrar, a medida que crece el salario real, y los que ya están trabajando pueden decidir trabajar más horas. (C.G.C.).

Figura 6

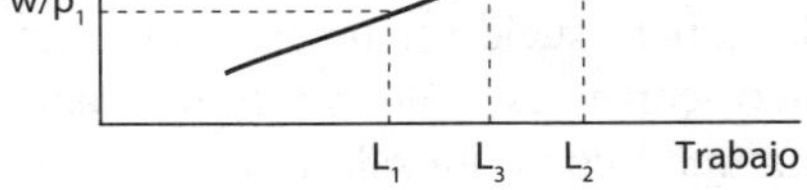

mercado de valores. Está constituido por los mercados donde se emiten valores de renta fija y de renta variable, a medio y a largo plazo: mercado primario, mercados secundarios oficiales (Bolsa de Valores), mercados de deuda pública anotada y otros mercados estatales de valores anotados en cuenta. Es un submercado del mercado de capitales. (C.G.C.).

mercado de valores no registrados. Mercado de compraventa directa de valores entre inversores institucionales, sin agentes de intermediación. (C.G.C.).

mercado de vendedores. Mercado donde los vendedores pueden influir en la subida de los precios de un producto, debido a la escasez del mismo o a un exceso de demanda. (C.G.C.).

mercado directo. Mercado donde se realiza la compraventa de activos financieros de forma directa, entre demandantes de financiación y oferentes de fondos, sin la intermediación de ningún agente. (C.G.C.).

mercado dual de trabajo. Mercado doble de trabajo donde los trabajadores de un mercado son excluidos de los puestos del otro mercado. El mercado de trabajo no es un conjunto homogéneo, sino que está segmentado, constituido por mercados diferenciados. En primer lugar, la dualidad se representa por la estabilidad (contratos indefinidos) y la inestabilidad (contratos temporales) del empleo; en segundo lugar, por el nivel de cualificación, lo que suele traducirse en un factor de diferenciación y jerarquización; en tercer lugar, la titularidad de la empresa, que determina la dualidad empleo público- empleo privado; en cuarto lugar, la diferenciación se produce desde la perspectiva de género; finalmente, también puede incluirse la dualidad nacional-inmigrante, así como otras características que tenga un conjunto de trabajadores y de la que carezcan otros. Doeringer, P. B. y Piore, M. J. (1971 y 1983) han analizado el mercado dual de trabajo. (C.G.C.).

mercado eficiente. Mercado en el que el producto es homogéneo y está normalizado, con muchos compradores y vendedores, sin barreras de entrada o de salida, con toda la información relevante disponible para los agentes, reflejada en el precio, y con un alto nivel de competencia entre los participantes. Según la teoría de selección de carteras, el mercado de valores es eficiente cuando la actuación de compradores y vendedores conduce al equilibrio de los rendimientos y los riesgos de los activos negociados. (C.G.C.)

mercado en equilibrio. Mercado en el que se determina un precio por el equilibrio entre la oferta y la demanda. (C.G.C.)

mercado en tendencia. Mercado donde el precio evoluciona en una única dirección. (C.G.C.)

mercado favorable para los compradores. Mercado donde los vendedores tienen dificultad para vender sus productos al precio previsto, debido a un exceso de oferta. (C.G.C.)

mercado favorable para los vendedores. Mercado donde los compradores tienen dificultades para adquirir los productos al precio previsto, debido a un exceso de demanda. (C.G.C.)

mercado financiero. Mercado donde se producen intercambios de productos financieros y se determinan sus precios. Puede ser intermediado o directo, según participen o no agentes intermediarios; monetario o de capitales, según las características de sus activos; libre o regulado, según el grado de intervención del poder público; organizado o no inscrito, según el grado de formalización; centralizado o descentralizado, según el grado de concentración; primario o secundario, según la fase de negociación de los activos. (C.G.C.)

mercado fluido. Mercado donde la oferta y la demanda se adaptan fácilmente entre sí. (C.G.C.)

mercado global. Mercado a nivel mundial. A veces suele aplicarse al mercado bursátil mundial. (C.G.C.)

mercado gris. Mercado donde se intercambian productos a precios inferiores que en los canales oficiales, con intermediarios no acreditados y sin garantía. También es denominado mercado paralelo. (C.G.C.)

mercado hipotecario. Mercado de créditos hipotecarios, específicos para la financiación de viviendas. Los participantes en el mercado hipotecario, la banca privada, las cajas de ahorro y las asociaciones de crédito hipotecario, pueden emitir cédulas, bonos y participaciones hipotecarias, títulos de gran liquidez en el mercado secundario de títulos hipotecarios. (C.G.C.)

mercado imperfecto. Mercado que carece de alguna de las características de un mercado perfecto. (C.G.C.)

mercado interbancario. Mercado donde concurren Bancos Comerciales, Bancos Industriales y de Negocios y Cajas de Ahorros, con exceso o falta de liquidez, oferentes o demandantes de dinero, para equilibrar su tesorería. En España, este mercado se empezó a desarrollar en la década de los setenta y las transacciones se realizaban directamente, sin intermediarios, pero posteriormente, la ampliación de este mercado ha obligado a la aparición de intermediarios. Unos bancos, especialmente Cajas de Ahorros y Bancos Industriales y de Negocios, ofrecían sus excedentes de tesorería en sus cuentas corrientes del Banco de España a otros bancos, sobre todo Bancos Comerciales, con problemas de liquidez. Este mercado ha sido propiciado por las diferentes estructuras del Balance entre las distintas entidades financieras, la política monetaria restrictiva, la obligación de mantener un coeficiente de caja, las restricciones legales a la banca extranjera, etc. El tipo de interés del mercado interbancario se determina libremente, por la ley de la oferta y la demanda. El plazo de las operaciones es diario, aunque ampliable a varios días e incluso meses. Es un submercado del mercado monetario. (C.G.C.)

mercado interbancario de depósitos. Mercado para entidades de crédito, sociedades de crédito hipotecario, sociedades de financiación, sociedades de arrendamiento financiero y sociedades mediadoras del mercado de dinero. Se utiliza para gestionar excedentes y déficit de tesorería de las entidades financieras y opera a través del servicio telefónico del mercado de dinero. (C.G.C.)

mercado intermediado. Mercado de activos financieros, donde al menos uno de los agentes es un intermediario financiero. (C.G.C.)

mercado interno. Mercado donde los precios de los valores son negociados entre los agentes, distintos de los precios ofertados al público. También se denomina mercado entre agentes. (C.G.C.)

mercado libre. Mercado en el que los precios y la cantidad de producto intercambiada se determinan por la ley de la oferta y la demanda, sin intervención del poder público. Mercado transparente, donde el precio determinado refleja toda la información disponible, y de libre competencia, sin barreras de entrada. (C.G.C.)

mercado mayorista. Mercado abastecido por fabricantes o productores. (C.G.C.)

mercado minorista. Mercado abastecido por semimayoristas o mayoristas. (C.G.C.)

mercado monetario. Es un submercado del mercado financiero y también se denomina mercado de dinero. Mercado donde se negocian créditos y activos financieros a corto plazo y está formado por el mercado interbancario, de certificados de depósito, de bonos y pagarés del Tesoro, de letras de cambio y cualquier activo financiero a corto plazo. Los activos negociados son de bajo riesgo y de gran liquidez. (C.G.C.)

mercado nacional. Mercado dentro del territorio de un país. (C.G.C.)

mercado negro. Mercado ilegal o clandestino, donde se venden mercancías racionadas, prohibidas, robadas o controladas administrativamente, a precios superiores al máximo legal. (C.G.C.)

mercado *Off-Shore*. Mercado monetario no controlado por la autoridad nacional o internacional. (C.G.C.)

mercado oligopolístico. Mercado donde el número de vendedores es reducido y, por lo tanto, pueden influir en la determinación del precio o de la cantidad ofertada. Ver oligopolio. (C.G.C.)

mercado organizado. Mercado regulado que se celebra en un lugar físico determinado. Por el grado de formalización, es el mercado opuesto al mercado no inscrito y al mercado OTC (por ejemplo, la Bolsa de Valores). (C.G.C.)

mercado OTC. Mercado *over the counter*. Mercado no regulado donde los intercambios se realizan directamente entre compradores y vendedores, con o sin intermediarios, sin un lugar físico definido. Por el grado de formalización, es un mercado opuesto al mercado organizado. (C.G.C.)

mercado paralelo. Mercado no oficial, sin regulación, con total libertad de entrada. (C.G.C.)

mercado perfecto. Mercado en el que el producto es homogéneo, con gran número de compradores (demandantes) y vendedores (oferentes), sin barreras de entrada, el precio se determina por la ley de la oferta y la demanda, por lo que ningún comprador o vendedor puede influir en el precio, la información es perfecta para todos los agentes y se refleja en el precio; tanto compradores como vendedores buscan la maximización de su utilidad o de sus beneficios. *Vease*: mercado de competencia perfecta. (C.G.C.)

mercado plano. Mercado donde no se evidencia una tendencia dominante. (C.G.C.)

mercado potencial. Mercado formado por los consumidores actuales y por los posibles consumidores en el futuro. (C.G.C.)

mercado primario. Mercado donde se negocian las nuevas emisiones de activos financieros, también denominado mercado emisor. Es contrapuesto al mercado secundario. (C.G.C.)

mercado primario de valores. Mercado primario donde se venden las nuevas emisiones de acciones, obligaciones y títulos de deuda pública. (C.G.C.)

mercado regulado. Mercado donde las cantidades intercambiadas y/o los precios están sometidos a la normativa legal. (C.G.C.)

mercado secundario. Mercado donde se negocian activos financieros después de su emisión inicial, es decir, después de haberse negociado en el mercado primario. (C.G.C.)

mercado secundario de valores. Mercado secundario donde se negocian acciones, obligaciones y títulos de deuda pública, así como otros valores mobiliarios. (C.G.C.)

mercados eficientes, hipótesis de los. Teoría expuesta por E. Fama en 1970 en su obra, *"Efficient capital Market: a review of theoretical and empirical work*", *Journal of Finance*, 25, en la que hace referencia a la eficiencia desde el punto de vista de la información, de manera que todos los mercados competitivos determinan correctamente el precio de los activos, en el sentido en que en cualquier momento dado del tiempo, el precio refleja completamente y de forma instantánea toda la información relevante disponible en el mercado. Las condiciones que han de cumplirse para que los mercados sean eficientes son las siguientes: 1) que no existan costes de transacción en la negociación de activos, 2) que toda la información disponible pueda ser recibida sin costes por todos los participantes en el mercado,

3) que todos los participantes estén de acuerdo en las implicaciones de dicha información en los precios corrientes y sobre la distribución de precios de los activos. Fama en un *Survey* en el *Journal of Finance* realizado en 1991 considera que esta versión extrema de eficiencia, con los supuestos anteriores, sea seguramente falsa y expresa una versión más modesta y más razonable en la que expresa que los precios reflejarán la información hasta el punto en que los beneficios marginales de actuar sobre la misma igualen o no excedan a los costes marginales de transacción e información. Fama distingue tres tipos de eficiencia basados en tres niveles de información disponibles:
Eficiencia débil: un mercado es eficiente si sus precios reflejan toda la información contenida en la serie histórica de precios, es decir toda la información pasada.
Eficiencia semifuerte: un mercado es eficiente si los precios corrientes reflejan no sólo la información pasada sino toda la información pública disponible por parte de una empresa sobre el activo que se negocia o sobre el entorno.
Eficiencia fuerte: En este caso los precios reflejan toda la información disponible tanto pública como privada. Este tipo de eficiencia es la más difícil de aceptar, ya que se trata de una hipótesis extrema que si se cumpliese significaría que dicho mercado es perfecto y eso es prácticamente una quimera. (M.L.P.M.)

mercado semimayorista. Mercado abastecido por mayoristas. (C.G.C.)

mercados de deuda. Mercado donde se intercambian créditos a corto plazo (mercado de dinero) y a medio y largo plazo (bonos públicos o privados). También se denominan mercados de crédito. (C.G.C.)

mercados emergentes. Mercados de países en vías de desarrollo, donde, generalmente, la propiedad para los extranjeros y la protección al inversor es limitada y existe la posibilidad de no convertibilidad de divisas. (C.G.C.)

mercados internos. Se han denominado así a los cuasimercados de servicios públicos, particularmente sanitarios, donde compiten proveedores públicos y privados, en un escenario de *competencia organizada* (*managed competition*), ideada por A. Enthoven. (C.G.C.)

mercancía. Bienes muebles susceptibles de ser comprados o vendidos. (C.G.C.)

mercancías genéricas. Mercancías de origen agrícola, como el trigo, la lana, el azúcar, o industrial, como el aluminio, el acero, etc., que se intercambian en un mercado específico para ellas. (C.G.C.)

metálico. Dinero en manos del público y en cuentas corrientes. (C.G.C.)

método. Procedimiento por el cual se adquiere un conocimiento científico. (C.G.C.)

método de Delfos. También denominado método Delphi, es una técnica de previsión cualitativa, utilizada para obtener y tratar información de expertos, que no constituyen un grupo de trabajo, consultados sobre un tema determinado. (C.G.C.)

método deductivo. Método por el que, partiendo de una ley o teoría universal, se intenta explicar hechos concretos. (C.G.C.)

método DIP. Instrumento de análisis económico, propuesto por el economista Ramón Tamames. D: Descripción de los acontecimientos y elementos más relevantes. I: Interpretación de las tensiones internas en la escena, explícitas o subyacentes. P: Prospectiva, previsiones posibles de futuro para formular recomendaciones para el cambio. (C.G.C.)

método INPUT-OUTPUT. Creado por Wassily W. Leontief (1906-1999), Premio Nobel de Economía en 1973 por el desarrollo de este método y su aplicación a los problemas económicos, representa una aproximación empírica de las interrelaciones existentes entre los distintos sectores en que puede dividirse una economía nacional, tratadas como piezas de un equilibrio general. Leontief se inspiró en la "Tableau Économique" de Quesnay, en el esquema de equilibrio general de Walras y en el sistema de Balances de la Planificación Soviética.

El método parte de las siguientes hipótesis:

- Una economía dividida en "n" sectores productivos.
- X_i es la producción del sector i, para $i = 1, 2, \ldots, n$
- b_{ij} es la parte de la producción del sector i que se reinvierte como factor productivo en el sector j.
- D_i es la demanda final del sector i.

La Tabla Input-Output se resume en el siguiente esquema de datos:

b_{11}	b_{12}	...	b_{1n}	d_1
b_{21}	b_{22}	...	b_{2n}	d_2
...	...	...	...	...
b_{n1}	b_{n2}	...	b_{nn}	d_n

En condiciones de equilibrio del sistema económico las producciones sectoriales se agotan al atender la demanda final y la demanda intermedia de todos los sectores, por lo que se verifican las siguientes condiciones:

$$X_1 = b_{11} + b_{12} + \ldots + D_1$$
$$X_2 = b_{21} + b_{22} + \ldots + D_2$$
$$\ldots \ldots \ldots \ldots \ldots$$
$$X_n = b_{n1} + b_{n2} + \ldots + D_n$$

Se definen los coeficientes tecnológicos a_{ij} como la cantidad necesaria del producto i para elaborar una unidad del producto j, es decir:

$$a_{ij} = \frac{b_{ij}}{x_j} \Rightarrow b_{ij} = a_{ij}x_j$$

La matriz formada por los coeficientes tecnológicos se denomina matriz tecnológica:

$$A = \begin{pmatrix} a_{11} & a_{12} & \cdots & a_{1n} \\ a_{21} & a_{22} & \cdots & a_{2n} \\ \cdots & \cdots & \cdots & \cdots \\ a_{n1} & a_{n2} & \cdots & a_{nn} \end{pmatrix}$$

Lo que permite reformular las condiciones de equilibrio en función de los coeficientes tecnológicos y de la matriz tecnológica:

$$X = A\,X + D \qquad \begin{cases} x_1 = a_{11}x_1 + a_{12}x_2 + \cdots + a_{1n}x_n + D_1 \\ x_2 = a_{21}x_1 + a_{22}x_2 + \cdots + a_{2n}x_n + D_2 \\ \cdots \quad \cdots \quad \cdots \quad \cdots \quad \cdots \quad \cdots \quad \cdots \\ x_n = a_{n1}x_1 + a_{n2}x_2 + \cdots + a_{nn}x_n + D_n \end{cases}$$

Expresado matricialmente con las demandas explícitas:

$$D = (I - A)X \;\Rightarrow \begin{pmatrix} D_1 \\ D_2 \\ \vdots \\ D_n \end{pmatrix} = \begin{pmatrix} 1 - a_{11} & -a_{12} & \cdots & -a_{1n} \\ -a_{21} & 1 - a_{22} & \cdots & -a_{2n} \\ \cdots & \cdots & \cdots & \cdots \\ -a_{n1} & -a_{n2} & \cdots & 1 - a_{nn} \end{pmatrix} \begin{pmatrix} x_1 \\ x_2 \\ \vdots \\ x_n \end{pmatrix}$$

o con la producción explícita:

$$X = (I - A)^{-1} D$$

donde D es el vector de demanda, I es la matriz identidad, A la matriz tecnológica y X el vector de producción. (C.G.C.)

MIBOR. Tasa de interés del mercado interbancario en España, referencia fundamental en el mercado financiero. (C.G.C.)

microeconomía. Rama de la teoría económica que estudia el comportamiento de los agentes económicos individuales. El análisis microeconómico se centra en las unidades económicas de producción (empresas) y de consumo (familias), de los mercados en los que se relacionan y de los precios que se forman en estos mercados. (C.G.C.)

millardo. Equivale a mil millones (1.000.000.000). En Estados Unidos se denomina billion. (C.G.C.)

minifundio. Pequeña propiedad de tierra no susceptible de explotación económica, por su tamaño, por lo que suele dedicarse para el autoabastecimiento. (C.G.C.)

minimización. Método matemático para hallar el valor de una variable para el que una función alcanza el mínimo, o valor más bajo. Método muy utilizado en el ámbito económico para hallar el valor de una o más variables económicas que minimizan una función económica. (C.G.C.)

mínimo. Valor más bajo. En términos matemáticos, menor valor que puede tomar una función. (C.G.C.)

mínimo adverso. Coste que, como mínimo, tiene que soportar una empresa para hacer uso de un determinado activo inmovilizado. (C.G.C.)

mínimo de explotación. Volumen de producción en la empresa correspondiente con el mínimo de la función de costes variables medios. Cuando el precio de venta coincide con el mínimo de los costes variables medios (punto C del gráfico adjunto), la empresa cubre todos los costes a excepción de los costes fijos, es decir, las pérdidas son igual a los costes fijos. También se denomina *punto de cierre*. (C.G.C.)

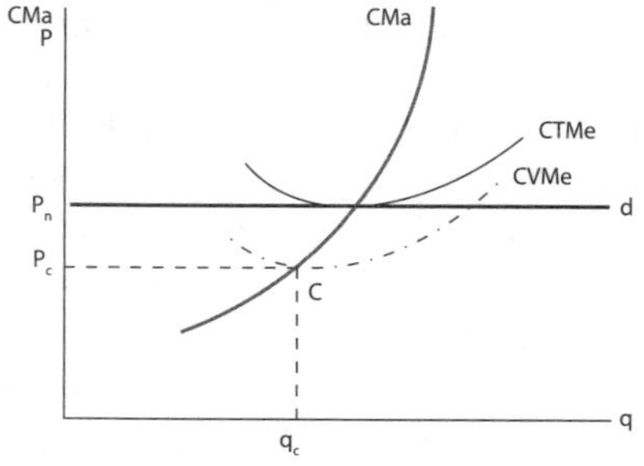

minorista. Comerciante que vende al consumidor final y compra a un mayorista o a un fabricante. También se denomina comerciante al por menor o al detall. Su elevado margen de ventas puede justificarse por las actividades importantes que realiza: promoción del producto, servicio postventa, etc. Son minoristas los grandes almacenes, los supermercados, los hipermercados, las tiendas especializadas, etc. (C.G.C.)

minusvalía. Pérdida del valor económico de un activo por deterioro, obsolescencia o descenso de su precio en el mercado. Algunas minusvalías son deducibles fiscalmente. (C.G.C.)

modelo. Representación simplificada de la realidad, ampliamente utilizada en economía para analizar características de un sistema económico y su comportamiento ante las variaciones de sus componentes fundamentales. (C.G.C.)

modelo de Baumol. *Véase* maximización de los ingresos.

modelo de Bertrand. Modelo de estrategia de un duopolio no cooperativo, donde el comprador solo tiene en cuenta la diferencia de precios de dos empresas. Cada empresa decide su precio suponiendo que la rival no va a modificar el suyo, como el modelo es simétrico, la opción de vender a un precio más bajo que la empresa competidora será la estrategia elegida por ambas empresas, por lo que no hay un equilibrio estable. El proceso reiterativo llevará a bajar el precio hasta igualarlo al coste marginal, por lo que el punto de equilibrio, en precio y cantidad, coincidirá con el de un mercado de competencia perfecta. (C.G.C.)

modelo de búsqueda de empleo. Este modelo explica la existencia de desempleo friccional, pues argumenta que tanto los trabajadores como los empleos son muy diferenciados, por lo que un desempleado dedicará un tiempo determinado de búsqueda para encontrar el empleo que más se ajusta a sus preferencias y capacidades. El desempleado se enfrenta a dos tipos de costes: el coste directo de búsqueda de empleo y el coste de oportunidad al rechazar un empleo que no se ajusta a sus características. El desempleado comparará estos costes con los beneficios potenciales de encontrar un empleo más adaptado a sus preferencias y dejará de buscarlo cuando los costes se igualen a los beneficios esperados. (C.G.C.)

modelo de cartel. También denominado de confabulación abierta o Modelo de Oligopolio de Stigler. Es un modelo de oligopolio colusivo, donde las empresas llegan a un acuerdo, implícito o explícito, para actuar como un monopolio. El acuerdo lleva consigo unos costes (de transacción y de vigilancia de cumplimiento del mismo) y es inestable por los incentivos de las empresas integrantes a romperlo. La negociación será más fácil cuanto más reducido sea el número de empresas, más homogéneo el producto, más estable el mercado y el mercado esté formado por pequeños compradores. La maximización del beneficio conjunto se consigue cuando el coste marginal es igual al ingreso marginal y se alcanzará, en el largo plazo, siempre que se mantengan las barreras de entrada. Ver Maximización conjunta de beneficios por los oligopolistas. (C.G.C.)

modelo de Chamberlin. Modelo de estrategia de un duopolio, donde ambas empresas comprueban que existe una reacción de la otra ante una bajada de precios, por lo que deciden compartir las ganancias monopolísticas, pero sin acuerdo explícito. (C.G.C.)

modelo de Cournot. Modelo de duopolio no cooperativo y de decisión simultánea, donde las empresas deciden sobre la cantidad de producto, no sobre el precio como en el modelo de Bertrand. Las hipótesis fundamentales del Modelo de Cournot son: el producto ofrecido por ambas empresas es homogéneo; el precio de mercado es el resultante de la suma de las ofertas individuales de las dos empresas y, dada la demanda, no existe exceso ni escasez de oferta; la variable sobre la que deciden ambas empresas es la cantidad ofertada; la decisión es simultánea en las dos empresas, por lo que ninguna conoce de antemano la decisión de la otra, pero sí hace una estimación de la misma. Siendo dos empresas, A y B, la cantidad producida por la empresa A, q_A, será la que maximice su beneficio según la estimación del volumen de producción de la empresa B, q_B, que puede notarse por:

$$q_A = f_A(q_B)$$

y se denomina *función de reacción* de la empresa A. Del mismo modo, se definiría la función de reacción de la empresa B:

$$q_B = f_B(q_A)$$

La función de reacción de cada empresa viene determinada por los puntos máximos de las curvas de isobeneficio.

El punto de equilibrio, llamado *Equilibrio de Cournot*, se sitúa en la producción óptima para una empresa, habiendo estimado que la producción de la otra empresa también se encuentra en su óptimo. Gráficamente, el equilibrio del duopolio viene determinado por el punto de corte de las funciones de reacción:

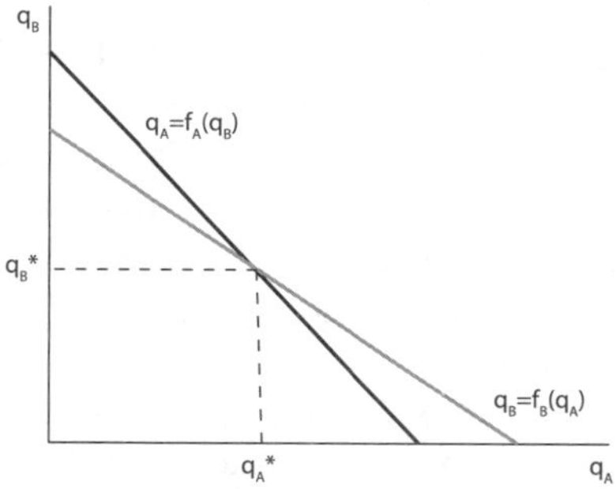

El punto de equilibrio no llega al del modelo de competencia perfecta, pero es mejor que en el monopolio. Si las dos empresas tienen costes iguales, se repartirán el mercado en partes iguales. (C.G.C.)

modelo de curva de demanda quebrada. Modelo de oligopolio puro, no colusivo, también denominado Modelo de Sweezy. La estrategia de cada empresa para maximizar sus beneficios dependerá de las actuaciones de las competidoras. En un mercado oligopolístico los precios suelen permanecer relativamente estables, lo que puede explicarse por la curva de demanda quebrada, pues las empresas competidoras reducirán sus precios si una de ellas lo hace, pero no le seguirán si los incrementa, porque entonces disminuirá la cantidad vendida.

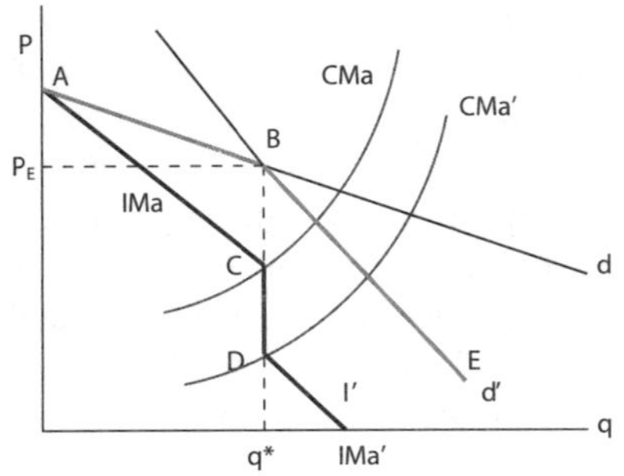

La curva de demanda individual de cada empresa es quebrada (ABE, en la Figura), pues a partir del precio de equilibrio la función de demanda sería más elástica. Cada tramo de la función de demanda determina la correspondiente función de ingreso marginal (IMa e IMa'). La función de ingreso marginal correspondiente con la curva de demanda quebrada sería ACDI, donde el tramo CD sería vertical. A lo largo de este tramo vertical, los desplazamientos de la curva de CMa no conllevan variaciones del IMa, por lo que no afectarán a las condiciones de equilibrio, a la cantidad producida q* ni al precio P_E , pero sí influirán en los beneficios. El tramo vertical de la curva IMa será mayor cuanto mayor sea la diferencia entre las elasticidades de las dos curvas de demanda. (C.G.C.)

modelo de Edgeworth. Es un modelo de duopolio no cooperativo. Parte del supuesto de que cada empresa considera el precio de la otra empresa como fijo y, al tener una capacidad productiva limitada, pueden existir diferentes precios en el mercado, de forma temporal. Aunque es parecido al modelo de Bertrand, el resultado son oscilaciones continuas del precio entre el precio de monopolio y el precio máximo de producción de cada empresa. (C.G.C.)

modelo de empresa líder. Es un modelo de oligopolio de cooperación implícita, donde existe una empresa con una gran cuota de mercado, que ejerce el papel de líder frente a otras empresas que ofrecen el mismo producto o uno similar. Con economías de escala, la empresa dominante consigue costes inferiores a las demás empresas y fija el precio del producto donde maximiza sus beneficios (Coste marginal = Ingreso marginal); el resto de las empresas actúan como si estuvieran en competencia perfecta, siendo seguidoras de la empresa líder en la fijación del precio. (C.G.C.)

modelo de equilibrio general. Fue formulado originariamente por L. Walras y supone una aplicación de los instrumentos matemáticos al análisis económico. Según la teoría del equilibrio general, en un sistema de economía de mercado, donde todos los bienes se intercambian en mercados de competencia perfecta, se consigue un punto de equilibrio en cada mercado en el que el precio resultante iguala la oferta y la demanda. Este modelo utiliza un sistema de ecuaciones simultáneas que representan el comportamiento de cada uno de los mercados y, con su resolución, se obtendrían los precios de equilibrio de cada bien y, por lo tanto, se podría simular el comportamiento del sistema económico en su conjunto. El modelo de Walras ha sido mejorado posteriormente por W. Pareto y otros economistas. Más recientemente, se ha desarrollado la teoría del equilibrio general competitivo. Ver Teoría del equilibrio general. (C.G.C.)

modelo de Hicks-Hansen. Original de Paul Samuelson (1948) y conocido también como modelo IS-LM o Síntesis Neoclásica, es una de las interpretaciones de la *Teoría General* de Keynes. Según este modelo, los mercados se "vacían" por unos mecanismos de autoajuste que son los precios, los cuales transmiten toda la información necesaria en el mercado. Aunque algunas variables son rígidas en el corto plazo, en el largo plazo son flexibles, por lo que los mercados retornan al equilibrio. La originalidad del modelo radica en mostrar la interacción entre los mercados de bienes (curva IS) y los mercados de dinero (curva LM). Los mercados de bienes determinan el nivel de renta, éste determinará la demanda de dinero y, por lo tanto, el tipo de interés, el cual influye en la demanda de inversión, tanto en la renta como en la producción real. El modelo no reconoce la neutralidad del dinero y requiere que en ambos mercados (bienes y dinero) se produzca el equilibrio simultáneamente. Una de las críticas que ha tenido este modelo ha sido por la exclusión de algunas variables significativas. (C.G.C.)

modelo de la telaraña dinámica. En un mercado de competencia perfecta, donde la oferta y la demanda dependen del precio de cada bien, manteniéndose constantes el resto de los factores que también afectan a la oferta y la demanda, el equilibrio del mercado se produciría para un precio P* y una cantidad q*. Pero la alteración de algunos de esos factores que hemos considerado constantes (variables exógenas) influirían en la oferta y en la demanda, rompiendo el equilibrio del mercado e iniciándose un proceso de reajuste que puede llevar a un nuevo punto de equilibrio o alejarlo del mismo, describiendo gráficamente algo similar a una telaraña.

Figura 1

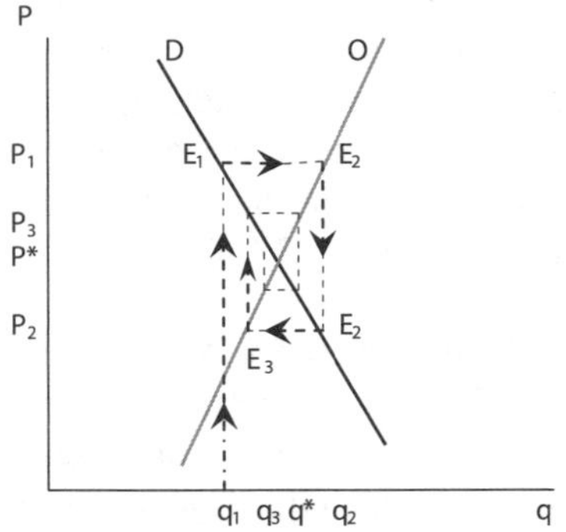

En el primer caso (Figura 1), en el momento 1, la oferta de la cantidad q_1 se iguala a la demanda a un precio P_1, pero a este precio, en el momento 2, la cantidad ofertada será q_2, que se iguala a la demanda para un precio P_2; para este precio, en el momento 3, la cantidad ofrecida será q_3, que se iguala a la demanda a un precio P_3, y así sucesivamente, va convergiendo hacia el punto de equilibrio (q*, P*), describiendo una *telaraña convergente*. En la Figura 2, sin embargo, no se produce un reajuste hacia el punto de equilibrio, sino que las oscilaciones en el precio P y la cantidad q se van alejando del equilibrio, describiendo una *telaraña divergente*.

Figura 2

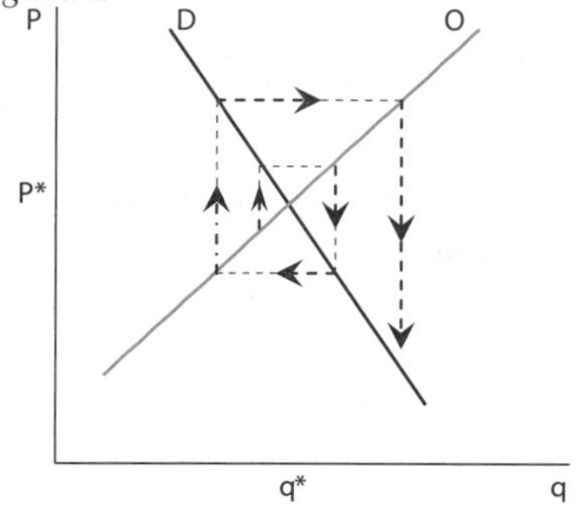

Para que la telaraña sea convergente, es necesario que la elasticidad de la demanda sea superior a la de la oferta, en el punto de equilibrio; será divergente si la elasticidad de la demanda es inferior a la de la oferta y será oscilante cuando sean iguales las elasticidades de ambas funciones. (C.G.C.)

modelo de mercado. Modelo creado por W. F. Sharpe (1963), perfeccionado por J. L. Treynor (1965), utilizado para estimar la rentabilidad y el riesgo de activos financieros o de valores mobiliarios. El modelo considera que la rentabilidad de un activo financiero es una función lineal de la rentabilidad del mercado, representada por una recta de regresión. El término independiente de la recta de regresión (coeficiente alfa) expresaría la rentabilidad del activo financiero independiente de las variaciones del mercado, y el coeficiente de la variable independiente (rentabilidad del mercado), también denominado coeficiente de volatilidad (coeficiente beta), mide el grado de relación de la rentabilidad de ese activo con la del mercado. A partir de las series históricas de datos de cotización de los activos financieros y utilizando el método de los mínimos cuadrados, puede estimarse el valor de ambos coeficientes y hacer predicciones en el futuro. (C.G.C.)

modelo de Nash. Formulado por el matemático John Nash (1951) representa un juego de estrategia con dos jugadores. Con dos jugadores, 1 y 2, y dos estrategias, A y B, el equilibrio se produce si la estrategia A es la óptima para el jugador 1 cuando el jugador 2 elige la estrategia B, y la estrategia B es la óptima del jugador 2 cuando el jugador 1 elige la estrategia A. El conocimiento previo de la estrategia elegida por el otro jugador no beneficia a ninguno de los dos. Un juego puede tener más de un punto de equilibrio de Nash o no tener ninguno. (C.G.C.)

modelo de negociación de Zeuthen. Es un modelo de estrategia de juego, precursor del modelo de Nash. Se plantea un proceso de negociación bipersonal, que conduce a la misma solución que el equilibrio de Nash. Este proceso se inicia con una propuesta simultánea de ambas partes; cada propuesta representa un punto de la frontera de posibilidades (óptimo de Pareto). El jugador que se ve obligado a modificar su primera propuesta contemplará la mínima concesión al formular la segunda, y así sucesivamente, hasta alcanzar el punto de equilibrio. (C.G.C.)

modelo de Stackelberg. Es un modelo de duopolio, en el que una de las empresas ejerce un papel de líder, de juego no cooperativo de estrategia secuencial, por lo tanto, dinámico, al contrario del modelo de Cournot, que es estático, con decisiones simultáneas de ambas empresas. Las decisiones de la empresa líder, A, influyen en el volumen de producción de la empresa seguidora, B, y podría expresarse:

$$q_B = f_B(q_A)$$

que se denomina función de reacción.

El equilibrio se sitúa para un nivel de producción de la empresa líder, q_A*, y de la empresa seguidora, q_B*, que es la abscisa y la ordenada del punto de la función de reacción de la empresa B tangente con una de las curvas de isobeneficio de la empresa A.

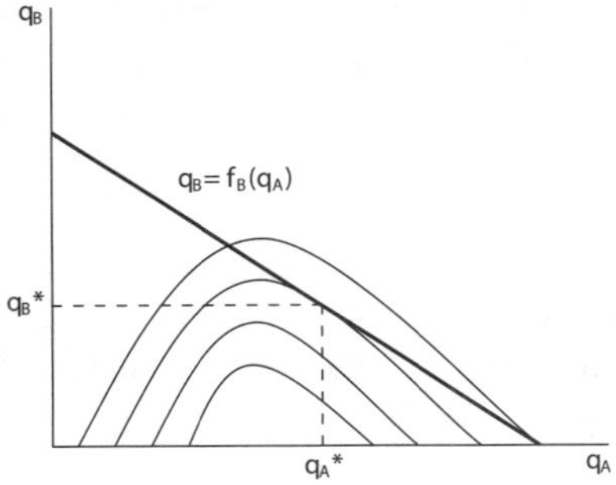

La empresa líder maximiza sus beneficios cuando el ingreso marginal sea igual al coste marginal y obtiene mejores resultados que en el modelo de Cournot, pues con su estrategia puede manipular la conducta de la otra empresa. La producción total es mayor a la del equilibrio de Cournot y el precio inferior. (C.G.C.)

modelo econométrico. Modelo matemático aplicado a la economía, cuyos parámetros son estimados por técnicas econométricas. (C.G.C.)

modelo económico. Modelo que representa de forma simplificada la realidad económica, expresada generalmente en términos matemáticos, y que explica el funcionamiento de una economía o un sistema económico. (C.G.C.)

modelos de utilidad. Inventos aplicables al proceso productivo que forman parte de la propiedad industrial, al igual que las patentes, y tienen protección legal. (C.G.C.)

Modigliani-Miller, tesis de. También denominado Teorema de Modigliani-Miller. Franco Modigliani y Merton Miller (1958) demostraron que el valor de una empresa y su coste capital medio ponderado son independientes de su estructura financiera, es decir, si la empresa necesita recursos para su funcionamiento, es indiferente que recurra a la financiación externa o a sus accionistas, pues el valor de la empresa no se va a ver afectado. Tampoco le afectaría la política de reparto de dividendos. La tesis tradicional defendía que existe una estructura financiera óptima que maximiza el valor de la empresa o minimiza su coste capital medio ponderado, y viene dada por el ratio RECURSOS AJENOS/RECURSOS PROPIOS. (C.G.C.)

moneda. Dinero emitido por el Banco Central de un Estado o por el propio Estado y reconocido como moneda de curso legal del país. Instrumento que permite los intercambios comerciales, constituyendo un patrón del valor de un producto susceptible de ser vendido, y reserva de valor totalmente disponible. La moneda sustituyó al trueque en los intercambios comerciales y surgió con la división entre la producción y la venta, y ya fue utilizada en la civilización egipcia. Las primeras monedas eran productos como cereales, ganado, etc. La necesidad de una moneda divisible y transportable generalizó el uso del metal. Aunque al principio se utilizaron otros metales, finalmente el oro y la plata fueron elegidos para las monedas de mayor valor. La acuñación de la moneda era un privilegio del rey y su peso representaba su valor, pero progresivamente ha ido separándose su valor nominal de su valor real. Posteriormente, se introdujo el billete de banco, que era convertible, pues se podía cambiar en el Banco Central que los había emitido por su valor en oro o plata. Después de la crisis de 1929, cesó la convertibilidad de los billetes de banco y se inició la era del papel moneda. La moneda escrita (talones y transferencias) constituye la parte más importante de la masa monetaria, sustituyendo a la moneda fiduciaria (billetes y papel moneda). (C.G.C.)

moneda base. Moneda utilizada en los libros de contabilidad de una entidad, normalmente la moneda nacional. (C.G.C.)

moneda común. Ver moneda única. (C.G.C.)

moneda contable. Dinero anotado en cuenta que no circula en forma de billetes o monedas. (C.G.C.)

moneda convertible. Moneda que puede utilizarse como medio de pago en los intercambios comerciales entre distintos países y puede ser cambiada por la moneda de otro país. (C.G.C.)

moneda de cuenta. Moneda teórica, sin existencia física, que sirve para fijar algunos tipos de transacciones. (C.G.C.)

moneda de curso legal. Moneda que tiene la facultad de servir de medio de pago, conferida por el Estado, y aceptada para todas las transacciones comerciales en un país. (C.G.C.)

moneda de reserva. Moneda que goza de confianza generalizada y se utiliza para dotar las reservas internacionales de los Bancos Centrales. (C.G.C.)

moneda débil. Moneda cuyo tipo de cambio baja continuamente, debido a déficit permanente de la balanza de pagos. (C.G.C.)

moneda depreciada. Moneda que ha perdido valor respecto al resto de las monedas en el mercado de divisas. (C.G.C.)

moneda divisionaria. Moneda fraccionaria. (C.G.C.)

moneda estable. Moneda que mantiene su valor en el tiempo respecto al resto de las monedas que cotizan en el mercado de divisas. (C.G.C.)

moneda extranjera. Moneda legal emitida en otro país. (C.G.C.)

moneda fiduciaria. Moneda no garantizada por oro o plata. Su valor nominal es superior a su valor intrínseco. (C.G.C.)

moneda fraccionaria. Moneda metálica de valor nominal inferior al de la unidad de cuenta oficial de un país. También se denomina moneda divisionaria. (C.G.C.)

moneda fuerte. Moneda que mantiene un elevado nivel de demanda en el mercado de divisas y es muy utilizada en las transacciones internacionales. Moneda muy estable respecto a otras monedas. (C.G.C.)

moneda imaginaria. Moneda que no existe físicamente, pero que se utiliza como unidad de cuenta para ciertas transacciones. También se denomina moneda de cuenta. (C.G.C.)

moneda legal. Moneda de curso legal no respaldada o convertible en metales preciosos. (C.G.C.)

moneda mixta. Moneda compuesta por varias monedas. También se denomina cesta de monedas. (C.G.C.)

moneda real. Dinero legal en circulación. (C.G.C.)

moneda refugio. Moneda en la que se invierten activos denominados en otras monedas más débiles. (C.G.C.)

moneda única. Moneda de curso legal en un área geográfica que integra a varios Estados. En el proceso de integración económica, hacia la Unión Económica y Monetaria Europea, desaparecieron las monedas propias de cada país para ser sustituidas por una moneda común: el euro. (C.G.C.)

monetizable. Que puede ser convertido en dinero mediante su venta. (C.G.C.)

monetización. Conversión de un activo no líquido en dinero líquido. (C.G.C.)

monometalismo. Sistema monetario caracterizado por monedas de un solo metal, generalmente el oro. Sistema en el que un solo metal desempeña el papel de patrón monetario. (C.G.C.)

monopolio. Mercado imperfecto con un único vendedor (el monopolista) y numerosos compradores, donde el producto es homogéneo y no tiene sustitutivos y existen barreras de entrada a los competidores. El monopolista puede decidir la cantidad y/o el precio del producto que maximiza sus beneficios, aunque solamente puede controlar una de ellas, pues también se han de considerar las reacciones de los demandantes y la elasticidad de la función de demanda.

La curva de demanda, al ser el único oferente, coincide con la función de demanda del mercado y es igual a la curva de ingresos medios, IMe. Si la función de demanda es muy elástica, un incremento del precio provocará una fuerte caída de la cantidad vendida, por lo que puede ser que no le compense un precio más alto. Si la función de demanda es rígida, como suele ser en los bienes de primera necesidad, un aumento del precio provocará un descenso de la demanda muy pequeño, lo que le otorga un poder casi absoluto para fijar el precio. La curva de oferta no coincide con la de costes marginales, CMa, y no existe como tal, sino que, conocida la demanda, el monopolista elegiría un punto oferta que maximice sus beneficios. Si aumenta la cantidad producida, el precio descenderá en mayor o menor cuantía, dependiendo de la elasticidad de la demanda y si reduce la cantidad producida, el precio aumentará, dependiendo asimismo de la elasticidad de la demanda.

Figura 1

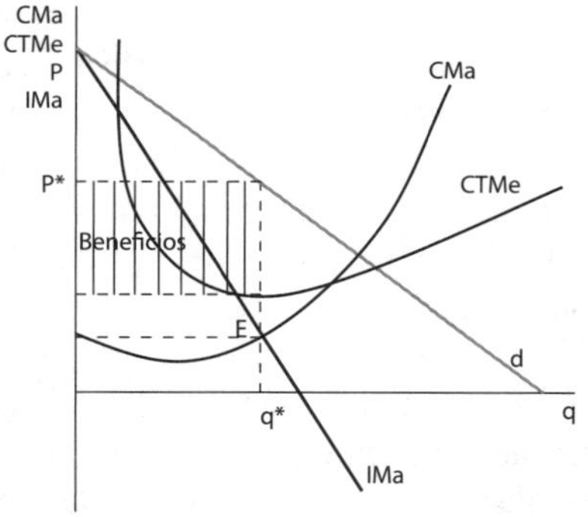

El monopolio se situará en el punto de equilibrio cuando un incremento de la producción en una unidad suponga la misma variación en los ingresos que en los costes, es decir, que los costes marginales, CMa, sean iguales a los ingresos marginales, IMa. En la Figura 1, para el volumen de producción q* y el precio P*, el monopolio está en equilibrio, CMa = IMa, y maximiza sus beneficios. En la Figura 2, el máximo de la función beneficios, se consigue para una producción q*, con un coste total CT* y un ingreso total IT*. La pendiente de la curva CT en el punto CT* es igual a la pendiente de la curva IT en IT*, es decir, para el volumen de producción q* se cumple la condición de equilibrio: CMa = IMa.

Figura 2

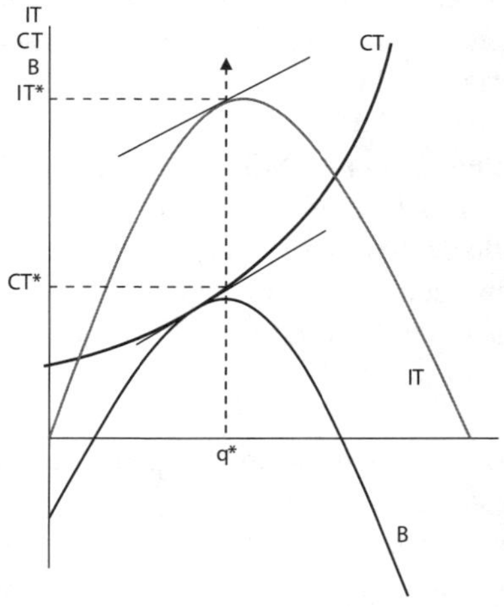

En el equilibrio del monopolio, la cantidad producida es inferior y el precio superior al de máxima eficiencia de un mercado de competencia perfecta (Figura 3), por lo tanto, se produce una pérdida de eficiencia en el sistema: por un lado, al producir menos cantidad y vender a precio más elevado se distorsionan el resto de los mercados; por otro, puede ocurrir que la empresa monopolística tenga que dedicar recursos para mantener su posición. Esta pérdida de eficiencia supone un coste para la sociedad, cuantificado en la diferencia acumulativa entre el precio y el coste marginal y representada en el gráfico por el área comprendida entre los puntos E_M, E_C y el punto A.

Figura 3

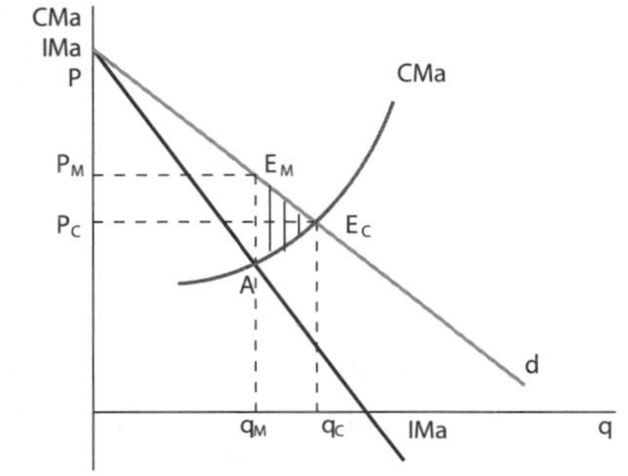

La pérdida de eficiencia viene determinada por la disminución del excedente de los consumidores y del productor (ver Excedente del consumidor).

El coste social del monopolio, debido a su ineficiencia, explica la normativa estatal, nacida en Estados Unidos y que se ha ido extendiendo al resto del mundo, que persigue las prácticas restrictivas de la libre competencia. Sin embargo, existen monopolios protegidos por los propios gobiernos por distintos motivos: monopolios legales, monopolios fiscales, etc.

El monopolio puede ser simple, discriminante o bilateral. En el primer caso, las decisiones del monopolista dependerán de sus curvas de costes; si son decrecientes, elegirá un precio bajo para incrementar sus ventas; si son crecientes, preferirá limitar la oferta y subir el precio. En el segundo caso, el monopolista ofrece el mismo producto a precios distintos, lo que implica la existencia de más de un mercado para el mismo producto, con respuesta distinta de los compradores. En el tercer caso, existe un único vendedor, pero también existe un único comprador, lo que obligaría a negociar el precio entre ambos para realizar el intercambio. (C.G.C.)

monopolio bilateral. Mercado donde un monopolio, por el lado de la oferta, se enfrenta a un monopsonio, por el lado de la demanda. Como ambos tienen poder de mercado, el precio y la cantidad de producto intercambiado dependerán de la fuerza de negociación de cada una de las partes. El precio estaría comprendido entre un precio básico, que no proporcionaría ningún beneficio al vendedor, y un precio máximo, sin ningún atractivo para el comprador. En esta negociación entre comprador y vendedor, el resultado dependerá del poder de decisión de cada uno de ellos.

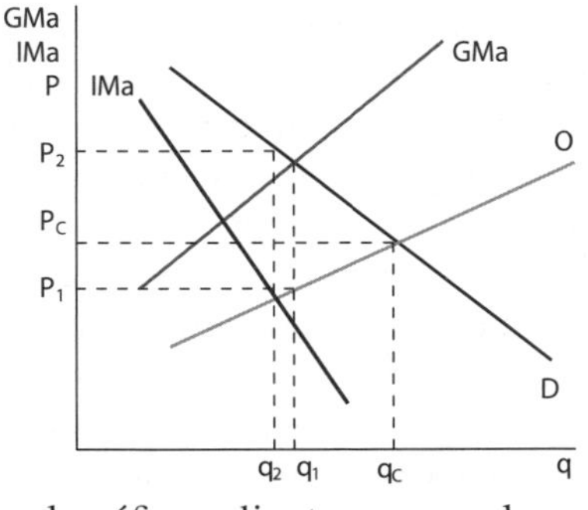

En el gráfico adjunto vemos el equilibrio competitivo, para un precio P_C y una cantidad q_C. El monopolio de demanda se enfrenta a un monopolio de oferta y ambos tienen como objetivo maximizar sus beneficios. Por ello, al primero le interesa comprar a un precio P_1 la cantidad q_1, pero el segundo preferiría vender a un precio P_2 la cantidad q_2. El equilibrio en el monopolio bilateral, por lo tanto, depende del poder en la negociación;

el precio puede ser cualquier punto entre P_1 y P_2. (C.G.C.)

monopolio de demanda. Mercado donde solamente existe un comprador y numerosos vendedores. Ver monopsonio. (C.G.C.)

monopolio de emisión. Concesión en exclusiva a una entidad financiera de la puesta en circulación de billetes. (C.G.C.)

monopolio de oferta. Mercado imperfecto donde existe un único vendedor y numerosos compradores. Ver monopolio. (C.G.C.)

monopolio discriminador de precios. También denominado monopolio discriminante, es un monopolio que ofrece su producto en distintos mercados y a distintos precios, distinguiendo diversos tipos de compradores. Se pretende con ello reducir la pérdida de eficiencia que provoca el monopolio. La discriminación de precios sería perfecta si el monopolista adapta el precio de la unidad de producto a la disposición marginal a pagar de cada consumidor, apropiándose del total del excedente del consumidor, generado por el mercado cuando el precio es fijo e igual para todos los compradores. El beneficio máximo se consigue para un volumen de producción en que el precio pagado por lo última unidad, IMa = P*, es igual al coste marginal.

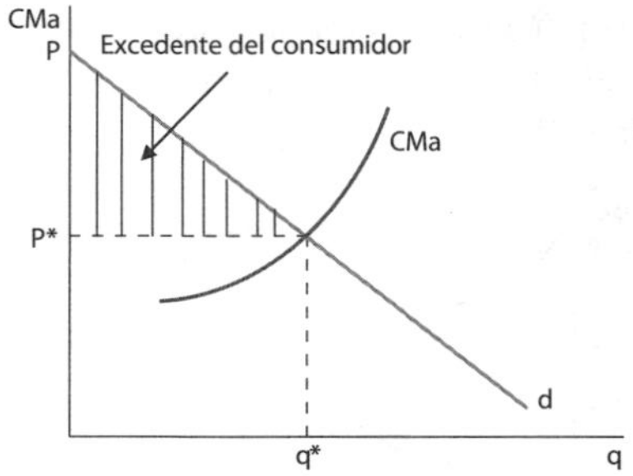

Pero la discriminación perfecta es muy difícil, pues el monopolista ha de conocer individualmente a cada comprador, para poder segmentar el mercado, y que los compradores, que han adquirido el bien a distintos precios, no puedan especular con las unidades compradas en el mercado. (C.G.C.)

monopolio discriminante. *Véase* monopolio discriminador de precios. (C.G.C.)

monopolio fiscal. Monopolio que tiene conferida por el Estado la producción y/o venta de un producto en exclusiva, con el fin de recaudar determinados impuestos. (C.G.C.)

monopolio grado de. Poder para influir en el mercado de un producto, especialmente sobre su precio. (C.G.C.)

monopolio legal. El poder normativo del Estado puede impedir la libre competencia en algunos mercados: la explotación durante un período determinado de una patente, creada o adquirida por una empresa, la franquicia, la producción de un bien esencial en el proceso productivo o la explotación de un recurso estratégico, la provisión de determinados servicios públicos, etc.

Si el monopolio es estatal y los precios fijados son inferiores a los costes, las pérdidas generadas se cubren con cargo al presupuesto público; si los precios son superiores a los costes, el beneficio generado es un ingreso para las arcas públicas.

Si el monopolio es regulado, existen varias posibilidades de regulación que dejarían mayor o menor libertad al monopolista para fijar el precio. Con una regulación mínima, se le puede permitir fijar un precio P_M (ver gráfico adjunto), que le reportará beneficios extraordinarios; en este caso, suele ser frecuente el establecimiento de un impuesto a estos beneficios para recuperar el exceso de precio que han soportado los consumidores.

Otra posibilidad es la *regla del coste medio*, que elimina los beneficios extraordinarios del monopolio al establecer un precio igual al coste medio (punto A del gráfico). El precio es superior al de un mercado competitivo, P_C, pero es inferior al de monopolio, P_M, y la cantidad, q_A, es inferior a la de competencia perfecta, q_C, pero al menos es superior a la de monopolio, q_M, con lo que el coste social del monopolio se reduce, los consumidores salen ganando y el monopolista, al no incurrir en pérdidas, no abandonará el mercado. La limitación de esta regla es la falta de incentivo del monopolista para reducir costes, pues siempre van a ser trasladados al consumidor a través del precio.

También se puede fijar el precio en función del coste marginal, P = CMa, que coincide con la situación de un mercado competitivo, por lo tanto, mejor que las dos soluciones anteriores, pues el precio es inferior y la cantidad mayor (punto C) y no existe coste social. Sin embargo, si opera en el tramo decreciente de la curva de costes medios, como suele ocurrir en el monopolio natural, siempre incurriría en pérdidas, pues el precio P_C es inferior al CMe, quedando sólo dos alternativas: abandonar el mercado o subsistir con ayudas públicas para cubrir las pérdidas.

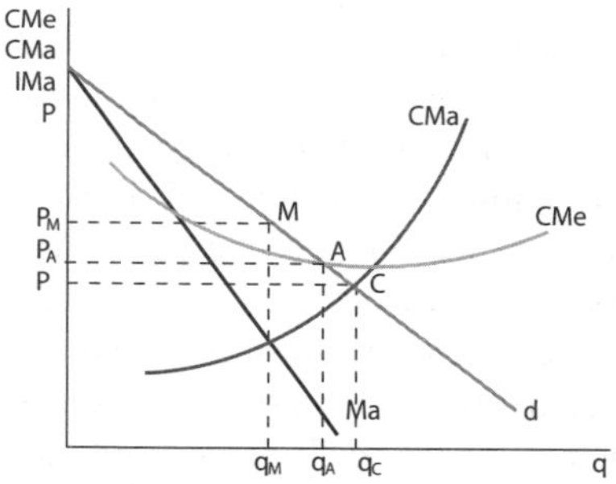

Uno de los objetivos fundamentales del monopolio legal es promocionar la innovación y la investigación aplicada. (C.G.C.)

monopolio natural. Cuando en una industria hay economías de escala y la tecnología utilizada en el proceso productivo determina costes medios decrecientes, una empresa grande conseguirá menores costes y podrá vender más barato que las empresas más pequeñas, con costes comparativamente más elevados, por lo que éstas no podrían competir y desaparecerían del mercado, quedando una sola empresa para cubrir toda la demanda, que sería la solución más eficiente, y estaríamos ante un monopolio natural. En este caso, la curva de demanda de la industria corta la curva de los costes medios en un punto del tramo donde es decreciente, por lo que puede expandirse hasta monopolizar el mercado, aprovechando las economías de escala. Ver Monopolio. (C.G.C.)

monopolio puro. Monopolio que controla el total de la oferta de un producto en el mercado. (C.G.C.)

monopsonio. Monopolio de demanda. Mercado donde existe un único comprador y múltiples vendedores. La función de demanda del mercado coincide con la función de demanda del monopsonio, pues es el único que adquiere ese producto. Su capacidad para influir en el precio depende de su poder de negociación con los vendedores del producto y de su grado de sustituibilidad. El monopsonio se enfrenta a una curva de oferta de pendiente positiva, por lo que el incremento del número de unidades adquiridas presiona al alza el precio. Por ello, ha de tener el cuenta el aumento en el coste al emplear una unidad del factor productivo que necesita, también llamado gasto marginal del factor, GMa.

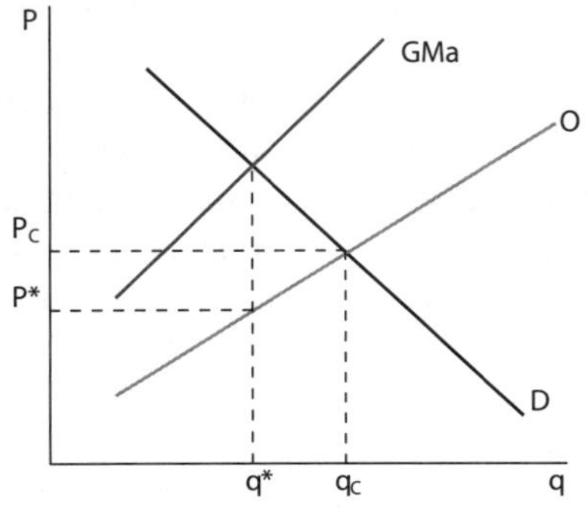

El monopsonista maximiza sus beneficios al elegir la cantidad de factores a comprar para la cual el valor marginal del producto del factor es igual al gasto marginal. Según el gráfico adjunto, en el equilibrio de este mercado, el precio, P*, es inferior al de un mercado competitivo, P_C, y la cantidad, q*, también es inferior a la de un mercado en competencia, q_C. (C.G.C.)

Montante Compensatorio Monetario, MCM. Los MCM se fijan para los distintos países y productos dentro de la Unión Europea. Los MCM positivos los perciben aquellos países con monedas revaluadas, con el fin de mantener su nivel de precios en sus exportaciones intracomunitarias. Los MCM negativos suponen un gravamen a las exportaciones intracomunitarias para aquellos países cuya moneda se ha depreciado, pues sus precios, respecto al ECU, serían inferiores a los fijados en los reglamentos agrícolas comunitarios. (C.G.C.)

morosidad. Retraso en el cumplimiento de una obligación, penalizada con la aplicación del interés de moratoria. (C.G.C.)

multiplicador. Variación de la renta nacional de equilibrio ante una variación de la inversión, del gasto público, de los impuestos, de las exportaciones o cualquier otra variable agregada. (C.G.C.)

multiplicador de la inversión. Efecto sobre la renta nacional de equilibrio que ejerce un incremento autónomo de la inversión en una unidad. Cociente de la variación de la renta nacional y la variación de la inversión:

$$Multiplicador = k = \frac{\Delta Y}{\Delta I}$$

siendo Y la renta nacional e I la inversión. En el modelo más simple (sin impuestos ni importaciones), el multiplicador depende de la propensión marginal al consumo (PMaC) y, por lo tanto, de la pendiente de la función de consumo:

$$k = 1 + PMaC + PMaC^2 + \cdots = \frac{1}{1 - PMaC}$$

o también

$$k = \frac{1}{PMaS}$$

siendo PMaS la propensión marginal al ahorro, puesto que

$$PMaC + PMaS = 1$$

Al depender el volumen de empleo de la renta nacional, conocido el multiplicador de la inversión, se puede fijar el incremento necesario de la misma para alcanzar un nivel de empleo determinado. (C.G.C.)

multiplicador de la renta. Efecto sobre la renta nacional que ejerce un incremento autónomo de la demanda agregada. (C.G.C.)

multiplicador del crédito. Cociente de la masa monetaria y la base monetaria contabilizada en el pasivo del banco emisor. (C.G.C.)

multiplicador del dinero bancario. Es el resultado de dividir los nuevos depósitos por el incremento de reservas o el inverso al coeficiente de reservas. (C.G.C)

$$K = \frac{Nuevos\ depósitos}{Incremento\ de\ reservas} = \frac{1}{Coeficiente\ de\ reservas}$$

multiplicador del gasto público. Efecto sobre la renta nacional de equilibrio que ejerce un incremento autónomo del gasto público. Sin embargo, si el gasto público se financia con impuestos, el efecto expansivo sobre la renta nacional en equilibrio puede ser neutralizado por el efecto contractivo de los impuestos y el multiplicador del gasto público será la unidad. (C.G.C.)

multiplicador del presupuesto equilibrado. Variación de la renta nacional de equilibrio cuando se incrementa el gasto público en la misma cuantía que los ingresos públicos. (C.G.C.)

multiplicador fiscal. Variación de la renta nacional de equilibrio con un incremento de los ingresos fiscales. (C.G.C.)

multiplicador monetario. El número de unidades monetarias en que puede aumentarse la oferta por el incremento en una unidad de las reservas de las instituciones depositarias. (C.G.C.)

N

nación más favorecida, cláusula de. Cláusula por la que se otorgan privilegios comerciales entre países que tienen firmados convenios o tratados comerciales. (C.G.C.)

nacionalización. Acción legal por la que el Estado adquiere la propiedad o el control de bienes o actividades privados. La nacionalización puede tener compensación económica o no. La acción contraria a la nacionalización es la privatización. (C.G.C.)

NAFTA. *North American Free Trade Agreement*, Tratado de Libre Comercio Norteamericano. (C.G.C.)

NAIRU. *Véase:* Tasa natural de desempleo.

NASDAQ. National Association of Securities Dealers Automated Quotations, es un mercado secundario de valores de Estados Unidos, especializado en pequeñas y medianas empresas (más de cinco mil). (C.G.C.)

Nash, equilibrio de. En el modelo de Nash, un juego no cooperativo, con dos jugadores, una combinación de estrategias, una por jugador, está en equilibrio de Nash si ningún jugador puede aumentar sus ganancias cambiando unilateralmente su estrategia. (C.G.C.)

necesidad de endeudamiento. Es una magnitud macroeconómica que representa la cantidad por la que el Sector Público de un país tendría que endeudarse para atender sus obligaciones. Es el resultado de sumar la necesidad de financiación y la variación neta de los activos financieros. (C.G.C.)

necesidad de financiación. Es una magnitud macroeconómica que cuantifica los recursos que ha de pedir un país al resto del mundo para hacer frente a sus gastos. Un país tiene necesidad de financiación cuando el ahorro nacional bruto es inferior a la formación bruta de capital. Si el gasto público es superior a los ingresos públicos, el Estado necesita recursos para cubrir el déficit público. (C.G.C.)

necesidades preferentes. Necesidades que se cubren con bienes o servicios de titularidad pública. Por ejemplo, la sanidad. (C.G.C.)

neutralidad del dinero. El dinero es neutral si un cambio en la cantidad de dinero sólo influye en el nivel general de precios, sin afectar a los precios relativos o a la distribución de la renta. (C.G.C.)

neutralidad impositiva. Característica de un sistema fiscal en el que los distintos gravámenes no afectan a los precios relativos, a la producción, al consumo privado ni a la asignación de recursos del sistema económico. (C.G.C.)

nicho de mercado. Segmento de mercado muy diferenciado del resto. Su tamaño ha de ser lo suficientemente grande para proporcionar beneficios, pero que no atraiga a otros competidores. (C.G.C.)

NIKKEI. Índice bursátil de la Bolsa de Valores de Tokio. (C.G.C.)

nivel de precios. Valor de mercado, en unidades monetarias, de una cesta de productos de un país que suele utilizarse para compararlos con los precios de los mismos productos en períodos anteriores. Si el nivel de precios sube, hablaremos de inflación; si el nivel de precios baja, hablaremos de deflación. (C.G.C)

nivel de reversión. Nivel al que vuelve un precio, en el largo plazo, después de sufrir diversos incrementos y descensos. (C.G.C.)

nivel de vida. Nivel de bienestar material que disfruta una sociedad.(C.G.C.)

nivel general de precios. El nivel de precios medido por un promedio general, tal como el índice de precios al consumo o el deflactor del PIB. (C.G.C.)

nomenclatura arancelaria. Clasificación de mercancías importadas y exportadas, según categorías, para facilitar su identificación y control. (C.G.C.)

nomenclatura de Bruselas. Convenio por el que se detallan los productos de importación y exportación, así como los aranceles de aduana aplicables en cada caso. (C.G.C.)

nominal. Valor expresado en términos monetarios. En contraposición al valor real, el valor nominal lleva incorporada la inflación. (C.G.C.)

norma o regla monetaria. Norma, propuesta por los monetaristas, según la cual el banco central debe lograr una tasa de crecimiento de la cantidad de dinero estable. (C.G.C.)

numerario. Medio de pago, formado por monedas y billetes de curso legal. (C.G.C.)

números índices. Porcentajes de cada valor que toma una variable, con respecto a un valor de referencia que se toma como base y se iguala a 100. (C.G.C.)

O

obsolescencia. Calidad de obsoleto. Se aplica a los bienes y procedimientos que están anticuados, han caído en desuso o resultan poco efectivos frente a otros aparecidos con posterioridad. La obsolescencia es un concepto más económico que tecnológico. Un bien de capital puede estar en perfectas condiciones y prestar sus servicios sin inconvenientes, pero será considerado obsoleto, relativo a otros bienes de capital, si éstos son capaces de generar los mismos productos o servicios a menor costo, a consecuencia de lo cual la productividad de aquél, resulta menor que la de éstos. La obsolescencia puede también aparecer respecto a los bienes de consumo duradero, en la medida en que dejen de prestar utilidad al consumidor frente a otros bienes más modernos. (C.B.)

oferta. La oferta se define como la cantidad de un bien o servicio que un productor está dispuesto a vender en el mercado, a un precio determinado, en un período de tiempo dado.
La *ley de la oferta* establece que conforme aumenta el precio de una mercancía, los productores desean ampliar su oferta en el mercado. *La curva de oferta* muestra gráficamente esta relación entre el precio y la cantidad que una empresa está dispuesta a vender.

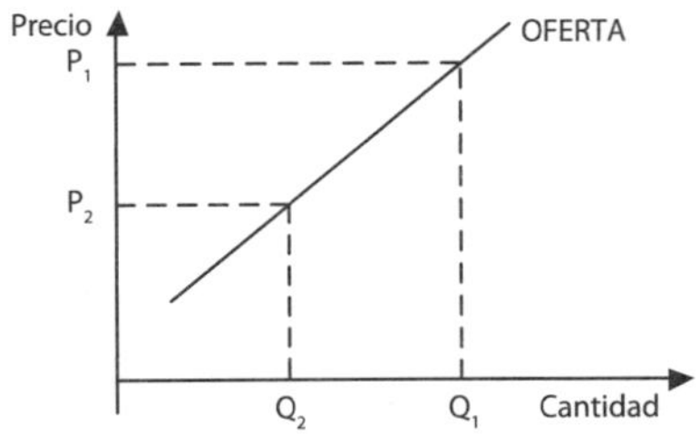

La curva de oferta se dibuja considerando el supuesto de ceteris paribus - es decir, que todos los factores que influyen en la oferta se mantienen constantes, excepto el precio. Si el precio del bien varía, nos movemos a lo largo de una curva de oferta. En el diagrama anterior, al aumentar los precios de P2 a P1 hay un aumento de la cantidad ofrecida. Si el precio del mercado cae de P1 a P2 habrá una disminución de la cantidad ofrecida en el mercado. Las empresas responden a las señales de los precios al realizar sus decisiones de producción.

Hay dos razones fundamentales por las que la curva de oferta tiene pendiente positiva:

- El motivo de la maximización del beneficio: Los aumentos de precio envían señales a las empresas para que incrementen la cantidad ofrecida, consiguiendo aumentos en sus beneficios. Incluso empresas correspondientes a otros mercados pueden entran en éste si se observan beneficios.
- El aumento de costes: Para aumentar la producción, se requiere un mayor precio, pues con los aumentos en la cantidad de producto, crecen los costes de producción correspondientes a la última unidad y se necesita un mayor precio para que tal producción merezca la pena.

La oferta de un bien o servicio depende de otros factores diferentes de su precio. Destacan fundamentalmente los precios de los inputs (factores productivos), el estado de la tecnología y las expectativas. Cualquier modificación en una de estas otras variables distintas del precio del bien o servicio origina un desplazamiento de la curva de oferta. Por ejemplo, un aumento de la oferta (paso de S1 a S2, en la gráfica) puede deberse a una reducción de costes, una mejora tecnológica o una expectativa favorable al bien. Una disminución de la oferta (de S2 a S1, en la gráfica) puede deberse a un aumento de los costes, un shock tecnológico desfavorable o un empeoramiento de las expectativas. (C.B.)

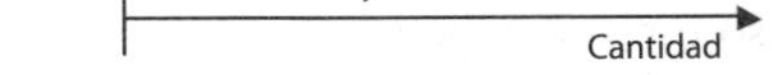

oferta agregada. La oferta agregada mide el volumen de bienes y servicios que están dispuestas a ofrecer las empresas a cada nivel dado de precios.

A largo plazo, la curva de oferta agregada (OAL) es vertical, de modo que aumentos en el nivel de precios no afectan a la cantidad de bienes y servicios producida por la economía. La oferta agregada a largo plazo depende de los recursos existentes y de la productividad de los factores (tierra, trabajo y capital).

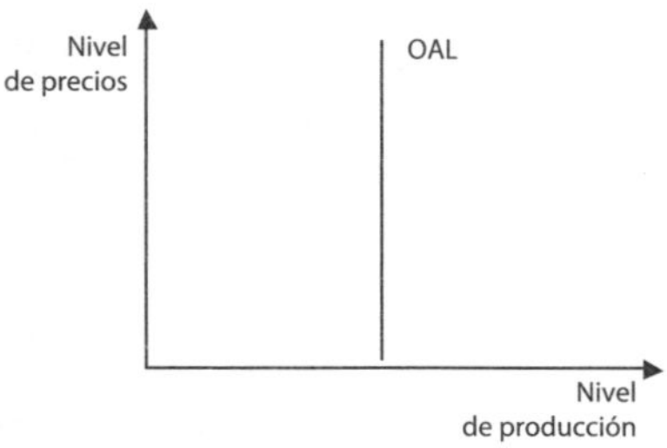

Mejoras en la productividad, en la eficiencia o en la cantidad disponible de factores desplazan la curva de oferta agregada a largo plazo hacia la derecha con el paso de los años, tal y como muestra el diagrama siguiente.

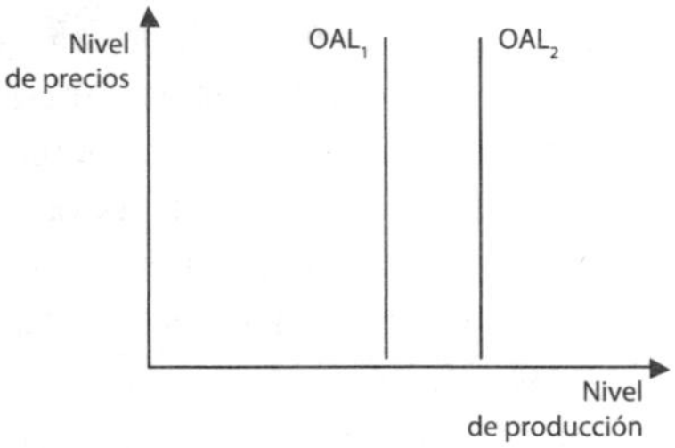

A corto plazo, sin embargo, la curva de oferta agregada es horizontal. Se producen fuertes oscilaciones en el nivel de producción sin apenas modificaciones del nivel de precios. A corto plazo, por tanto el nivel de producción depende de la demanda agregada (modificable a través de la política monetaria y la política fiscal) y no influye en los precios.

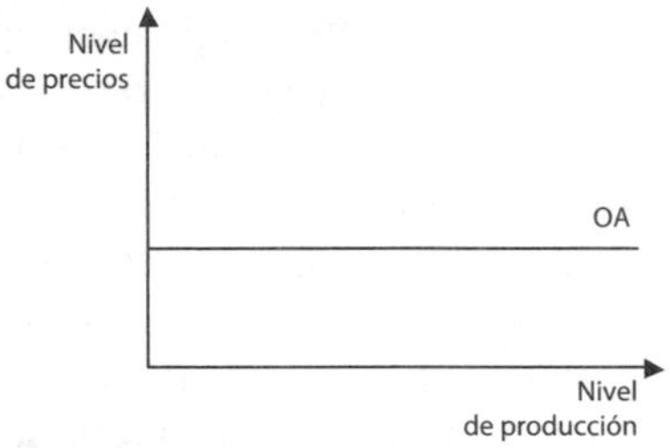

Por el contrario, en el medio plazo, existe una relación positiva entre la oferta agregada y el nivel de precios. El aumento en la producción y el menor desempleo que ello conlleva determina un crecimiento de los salarios nominales que provoca el incremento de los precios. La curva de oferta agregada tiene por tanto pendiente positiva en el medio plazo.

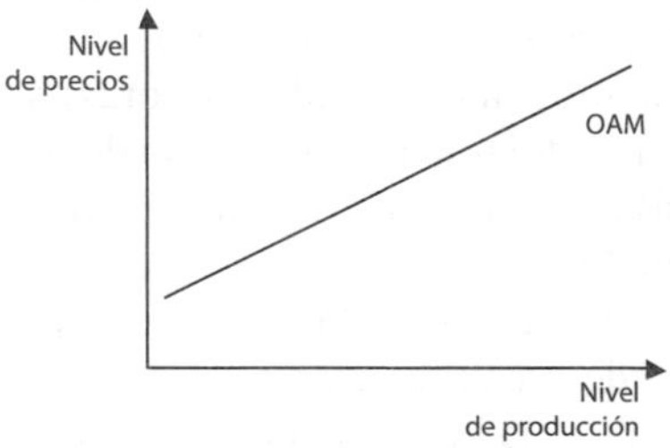

La curva de oferta agregada a medio plazo se desplaza automáticamente cuando la producción corriente difiere de la producción natural o de pleno empleo. Se desplaza hacia arriba, si la producción corriente es superior a la de pleno empleo, y hacia abajo, si es inferior.

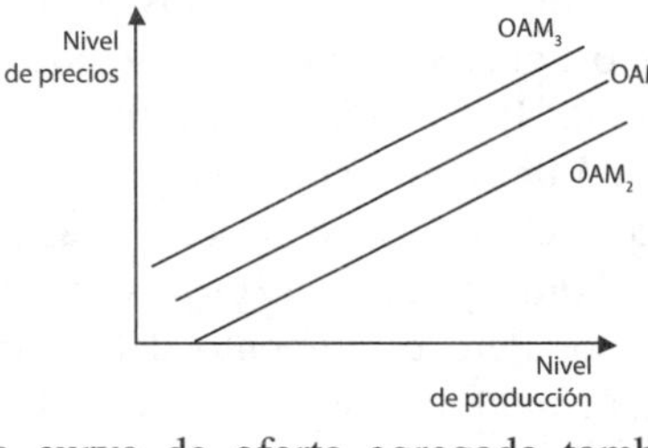

La curva de oferta agregada también puede desplazarse ante cambios en la cantidad o calidad de los factores, cambios en los precios de éstos, progreso tecnológico o cambios en las expectativas de inflación. En la gráfica siguiente se muestra un aumento de la oferta de OAM1 a OAM2, causado quizás por una mejora tecnológica y una reducción de la oferta de OAM1 a OAM3 motivado, por ejemplo, por un incremento en los precios del crudo. (C.B.)

oferta de trabajo. La oferta de trabajo hace referencia a la cantidad de trabajo que está dispuesta a emplearse a los distintos salarios. Puede hablarse de oferta individual de trabajo (que generalmente se mide en horas) y de oferta de trabajo del mercado (normalmente medida en número de trabajadores).

La oferta individual de trabajo se decide en un contexto de maximización de la utilidad en la asignación del tiempo. En la versión más simple de este modelo, el individuo puede emplear su tiempo en ocio o en un trabajo remunerado. El coste de oportunidad del ocio consiste en el salario que deja de obtenerse por cada hora no trabajada.

Se dice que un aumento en el salario de un individuo genera dos posibles efectos: el efecto renta y el efecto sustitución. Por el efecto sustitución, el tiempo de ocio resulta más caro, por lo que el individuo deseará trabajar más horas y dedicar menos tiempo al ocio. Pero el aumento del salario genera también un incremento de la renta, incluso manteniendo constante el tiempo dedicado al trabajo. Según este efecto renta, el individuo puede desear 'comprar' más ocio y trabajar menos. Por este motivo es perfectamente posible que la curva de oferta individual de trabajo pueda volverse hacia atrás a partir de un cierto salario, tal y como recoge la gráfica adjunta.

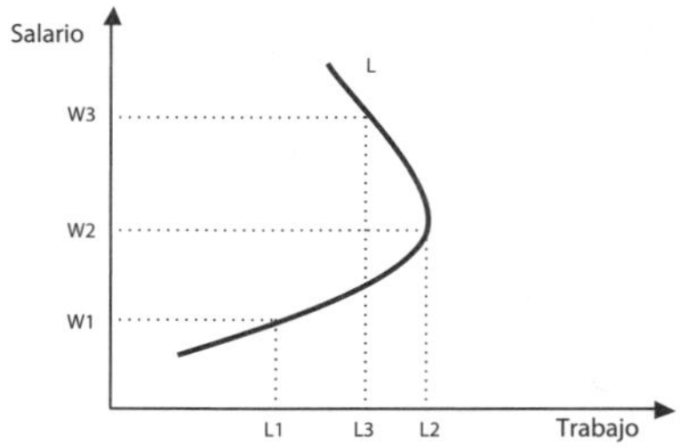

La oferta de trabajo del mercado constituye la suma horizontal de las curvas de oferta individuales de trabajo de los individuos que componen el mercado. En este caso, ante un aumento en el salario, aunque haya trabajadores que tengan curvas de oferta individuales de trabajo que se vuelvan hacia atrás, la curva de oferta de trabajo de mercado tendrá pendiente positiva en todos sus puntos. El motivo es que los mayores salarios animan a que nuevos trabajadores ingresen en la población activa, de modo que el total de horas ofrecidas en el mercado aumenta finalmente. (C.B.)

oferta monetaria. Dinero en manos del público más los depósitos. Ver M1, M2 y M3. (C.G.C.)

oligopolio. El oligopolio es una estructura de mercado en la que unos pocos oferentes, que reconocen su mutua interdependencia, ofrecen producto que puede ser tanto homogéneo como diferenciado, operando en un mercado en el que existen barreras de entrada.

La característica más importante del oligopolio es precisamente la interdependencia existente entre las empresas. Esto significa que cada empresa debe tener en cuenta las reacciones de sus rivales al tomar sus decisiones de pre-

cios, cantidades o inversión. Este modo de operar se modeliza frecuentemente gracias a la Teoría de Juegos, de modo que la actuación de los oligopolistas se analiza como un juego en el que cada jugador anticipa los movimientos del otro (u otros).
Desde el punto de vista de la Teoría de Juegos, existen al menos dos opciones al alcance de los oligopolistas: cooperar y competir. Cuando las empresas cooperan, pueden actuar conjuntamente como si se tratara de un monopolio. Esta situación se llama colusión y la estructura de mercado resultante se conoce como cártel.
Cuando las empresas compiten, pueden establecerse diferentes modelos. Si la competencia es en precios y las empresas deciden simultáneamente (modelo de Bertrand), el resultado puede ser bastante parecido al de la competencia perfecta. Cuando la competencia es en cantidades y las empresas deciden simultáneamente (modelo de Cournot), el nivel de precios y de beneficios conjuntos suele ser algo superior a los de competencia perfecta, pero menores que los de la colusión. Cuando la competencia es en cantidades pero las empresas deciden secuencialmente (modelo de Stackelberg), la empresa líder, que decide en primer lugar, obtiene mayores beneficios relativos. (C.B.)

oligopsonio. Mercado con pocos compradores. Oligopolio de demanda. (C.G.C.)

óptimo. Solución que maximiza una función objetivo, dadas las restricciones existentes. (C.B.)

óptimo de Pareto. Una situación es óptima o eficiente en el sentido de Pareto si no es posible realizar ninguna reasignación de recursos que mejore la situación de un consumidor sin que ello sea a costa de otro. La optimalidad paretiana implica tanto la eficiencia en la producción (o técnica) como la eficiencia en el consumo. La eficiencia técnica se alcanza si la producción de cada bien supone el menor coste de oportunidad posible, en términos de producción perdida de otros bienes. La eficiencia en el consumo requiere además que el conjunto de bienes y servicios producidos no pueda modificarse para mejorar el bienestar de un individuo, si no es empeorando el bienestar de otro.
No existe una única situación de óptimo paretiano, sino una multitud de posibles situaciones, todas eficientes en el sentido de Pareto. Según el primer teorema del bienestar, si todos los mercados funcionan según el modelo de la competencia perfecta, la situación resultante será eficiente en el sentido de Pareto. Sin embargo, nada asegura que esta situación, ni ninguna otra de las pareto-eficientes, se ajuste a nuestros conceptos de justicia o equidad. (C.B.)

óptimo técnico. Punto máximo de la función de producción, con una cantidad de factores productivos y una tecnología determinados. (C.G.C.)

Organización de Países Exportadores de Petróleo, OPEP. La OPEP es una organización económica internacional creada para la defensa de los intereses de los países productores de petróleo considerada un cártel por los países consumidores. Casi todos los manuales de economía también consideran la OPEP un claro ejemplo de cártel. Por tanto, su objetivo no escrito consiste en el incremento del precio de los productos petrolíferos. Para ello, necesariamente debe restringir la cantidad de petróleo que vende, por lo que establece cuotas de producción. La OPEP se enfrenta al clásico problema de cumplimiento de los acuerdos en los cárteles: colectivamente a los países les interesa reducir la producción para conseguir aumentos de los precios; pero individualmente a cada país productor le conviene aumentar la producción para aprovechar esos elevados precios; si todos los países actúan igual, no se conseguirá mantener los precios altos. Se considera que la OPEP ha conseguido elevar los precios en 1973, en 1979, en 1990-91 y en 2003 coincidiendo con la guerra del Golfo. (C.B.)

organización industrial. La Organización Industrial, en ocasiones también conocida como Economía Industrial es una rama del análisis económico interesada por el estudio del funcionamiento de los mercados en los que no se cumplen los teoremas generales del equilibrio competitivo. El énfasis especial de la organización industrial radica en el estudio de las estrategias de las empresas en su interactuación en los mercados: competencia en precios, diferenciación del producto, publicidad, inversión en I+D,... El enfoque tradicional para el estudio de la organización industrial procede del paradigma Estructura-Conducta-Resultados. Según éste, los mercados difieren en ciertas características que conforman la estructura y, según sea ésta, la conducta queda determinada. A su vez, el comportamiento de las empresas, su conducta, define los resultados del funcionamiento del mercado: nivel de beneficios, tasa de progreso tecnológico,... (C.B.)

P

paradoja de la frugalidad. Es una paradoja definida por Keynes, en la que un incremento en el deseo de ahorrar puede provocar un descenso en la cantidad de ahorro de equilibrio. (C.G.C.)

paradoja del valor. La paradoja del valor (o paradoja de los brillantes y el agua) es una paradoja dentro de la economía clásica sobre el valor económico que expresa que, aunque el agua sea más útil que los diamantes, éstos tienen un precio más alto en el mercado. La teoría de la utilidad marginal, que originó la economía neoclásica, resolvió esta paradoja, indicando que no es la demanda de un bien lo que determina su precio, sino su utilidad marginal. Hoy diríamos que el precio de un bien depende tanto de su demanda como de su oferta. (C.B.)

paridad de los tipos de interés. Según la Teoría de la Paridad de los Tipos de Interés, la diferencia entre los tipos de cambio al contado y a futuro de dos divisas queda plenamente explicada por la diferencia entre los tipos de interés en esos países. Existe paridad de tipos de interés cuando no es posible el arbitraje rentable. (C.B.)

paridad del poder adquisitivo. La paridad del poder adquisitivo (PPA) es una teoría de los tipos de cambio de equilibrio a largo plazo basada en los niveles de precios relativos de ambos países. Se dice que dos monedas cumplen la paridad del poder adquisitivo cuando con una unidad de moneda de un país se puede comprar la misma cesta de bienes en ese país y en el país extranjero. Es una teoría de largo plazo pues supone que los tipos de cambio entre las monedas tienden a otorgar el mismo poder adquisitivo en cada uno de los dos países. Esto significa que cuando el nivel de precios internos de un país está aumentando por que está experimentando inflación, su tipo de cambio tenderá a depreciarse para volver a cumplir la PPA.

La base para estas asociaciones es la "ley del precio único". En ausencia de costes de transporte y otros costes de transacción, los mercados competitivos igualarán el precio de un mismo bien en dos países cuando los precios se expresen en una misma moneda. Por ejemplo, un televisor que se vende por 750 dólares en Seattle debería costar 500 euros en Madrid cuando el tipo de cambio entre los EE.UU. y el euro es de 1,50 EUR/USD. Si el precio de la TV en Seattle fuese sólo 700 USD, los consumidores en Madrid preferirían comprar el televisor en Seattle. (C.B.)

pérdida irrecuperable de eficiencia. La pérdida irrecuperable de eficiencia es la reducción en el excedente del consumidor y en el excedente del productor que resulta de la existencia de un nivel de producción no eficiente. La pérdida irrecuperable de eficiencia aparece en situaciones de existencia de impuestos o subsidios, controles de precios (máximos o mínimos) vinculantes y monopolio. También se denomina a veces pérdida de peso muerto.

La gráfica adyacente muestra la pérdida irrecuperable de eficiencia generada por un monopolio maximizador que reduce la cantidad al objeto de poder gravar mayores precios. El excedente del consumidor inicial representado por el triángulo ABC, queda reducido al triángulo ADF. El rectángulo FDHC representa ahora los beneficios del monopolista. El triángulo DBH deja de producirse y constituye la pérdida irrecuperable de eficiencia. (C.B.)

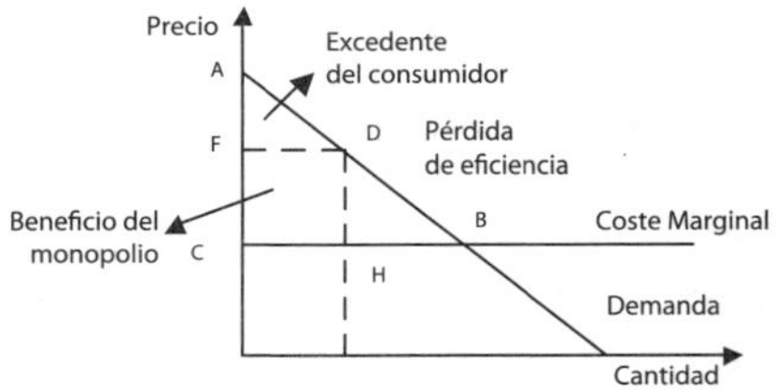

perturbación. En el modelo de oferta y demanda agregada macroeconómico se denomina perturbación a cualquier alteración en los factores que afectan a la demanda agregada y/o a la oferta agregada. (C.B.)

perturbación de la demanda. Cualquier factor que afecta en primera instancia a la demanda agregada. Constituyen perturbaciones de demanda un cambio en el gasto público, en el nivel de inversión, en el consumo autónomo, las exportaciones netas, la cantidad de dinero y los impuestos. En el modelo de oferta y demanda agregada suponen un desplazamiento de la curva de demanda agregada. El gráfico adjunto representa una perturbación positiva de la demanda que implica una mayor producción demandada para cada nivel de precios. (C.B.)

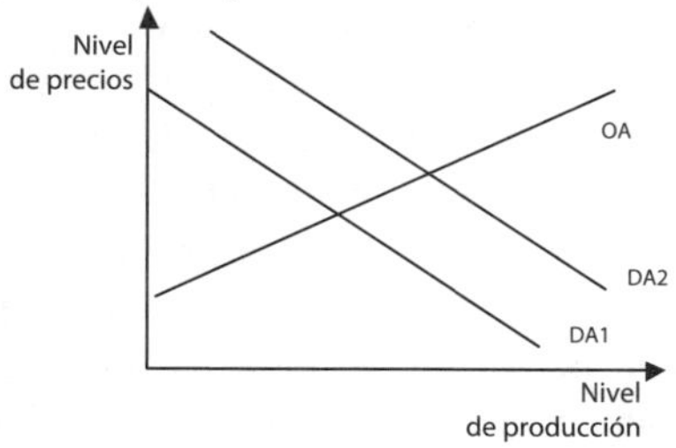

perturbación de la oferta. Cualquier factor que afecta en primera instancia a la curva de oferta agregada. Constituyen perturbaciones de la oferta todas aquellas circunstancias que afectan en primer lugar a los costes unitarios de las empresas o a sus márgenes, como una modificación en el precio de las materias primas, un cambio en los salarios, una mejora tecnológica o un aumento en los beneficios empresariales. En el modelo de oferta y demanda agregada, estas perturbaciones suponen un desplazamiento de la curva de oferta agregada. En el gráfico adjunto se representa el efecto de una perturbación negativa de la oferta, que reduce el nivel de producción para cada nivel de precios. (C.B.)

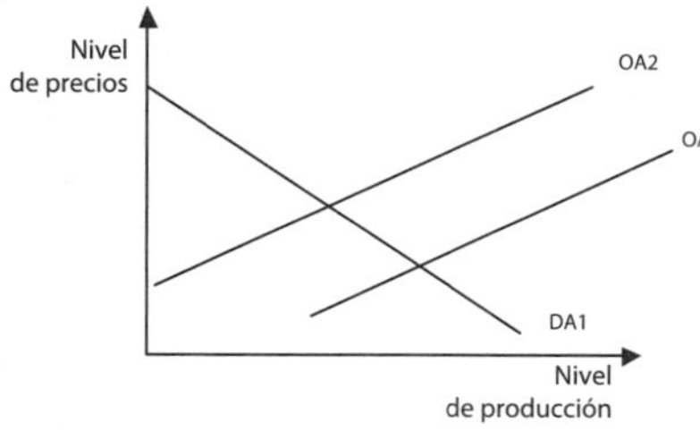

PIB nominal. Producto interior bruto nominal. Valor de mercado de los bienes y servicios finales producidos por una economía en un periodo, computado a precios corrientes. (C.B.)

PIB per cápita. Producto interior bruto per cápita. PIB por persona. Cociente entre el producto interior bruto y la población total de una economía. Permite realizar comparaciones internacionales o interterritoriales de nivel de producción agregada. (C.B.)

PIB real. Producto interior bruto real. Valor de mercado de los bienes y servicios finales producidos por una economía en un periodo, computado a precios constantes de un año base. De este modo puede analizarse la evolución de la producción agregada libre del efecto de la inflación. (C.B.)

pleno empleo. Situación en la que todos los recursos productivos están utilizados normalmente. En el mercado de trabajo todo aquel que quiere trabajar encuentra un empleo en un periodo de tiempo razonable. Para los factores de capital, no hay instalaciones ociosas. Se trata por tanto de una definición poco precisa que generalmente se interpreta como el nivel de empleo tendencial o de largo plazo. En el mercado de trabajo el pleno empleo es el nivel de empleo compatible con la tasa natural de desempleo. (C.B.)

población activa. Parte de la población que está trabajando o buscando trabajo activamente. Es por tanto la suma de los ocupados más los desempleados. Desde el punto de vista práctico, en España, la Encuesta de Población Activa, para incluir una persona en la población activa requiere que ésta tenga trabajo en el momento de la entrevista o haya estado buscándolo activamente en las cuatro últimas semanas. El resto de las personas en edad de trabajar, normalmente entre 16 y 65 años, que no están trabajando ni buscando trabajo se consideran inactivas. (C.B.)

poder de mercado. Capacidad de un agente del mercado (oferente o demandante) para influir individualmente en el precio de mercado. (C.B.)

precio. A cada mercancía se le asigna un precio que puede ser expresado de dos maneras. En primer lugar, puede escogerse una mercancía como numerario, es decir, una mercancía a partir de la cual se expresan todos los precios de las demás mercancías. Si, por ejemplo, eligiéramos el oro, el precio de cada mercancía es el número de unidades de oro que cambiamos por una unidad de esa mercancía. El precio del oro sería, por supuesto, igual a 1. Hay que señalar que el numerario se toma como unidad de cuenta o unidad de medida de los precios de la economía.
La segunda manera en la cual se pueden expresar los precios no implica un numerario, sino que tomamos como unidad de cuenta a una unidad abstracta, empleada para hacer las entradas de contabilidad. El precio sería el número de unidades de cuenta adeudadas o abonadas por unidad de mercancía. Resulta útil dar un nombre a esta unidad de cuenta, así podemos llamarla euro, dólar o libra esterlina. (L.P.M.)

precio de equilibrio. En el modelo básico de oferta y demanda, precio al que la cantidad ofrecida y la cantidad demandada son iguales. En el gráfico adyacente, viene representado mediante P_0. Si suponemos que la curva de oferta tiene pendiente positiva en todos sus puntos y que la curva de demanda tiene pendiente negativa en todo su recorrido, el precio de equilibrio es único.

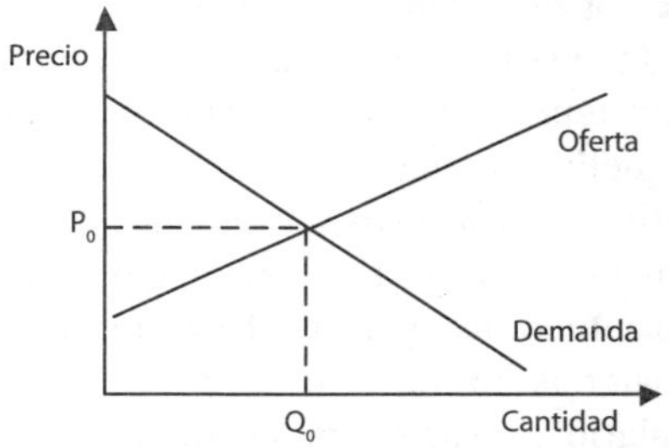

Para precios como P_1 situados por debajo del precio de equilibrio, la cantidad demandada supera a la cantidad ofrecida; surge lo que se denomina exceso de demanda (Q_{D1} - Q_{S1}). El modelo de oferta y demanda supone que la existencia de este exceso de demanda, en el que algunos compradores no pueden comprar todo lo que desean, genera una tendencia del precio al alza.

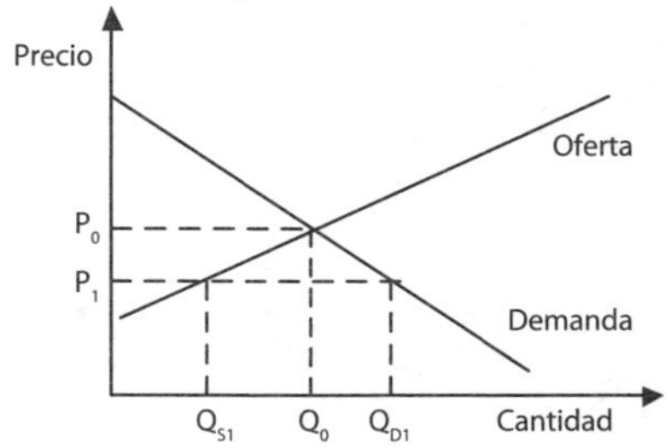

Para precios como P_2 situados por encima del precio de equilibrio, la cantidad demandada es inferior a la cantidad ofrecida; surge lo que se denomina exceso de oferta (Q_{S2} - Q_{D2}). El modelo de oferta y demanda supone que la existencia de este exceso de oferta, en el que algunas empresas no pueden vender todo lo que desean, genera una tendencia del precio a la baja.

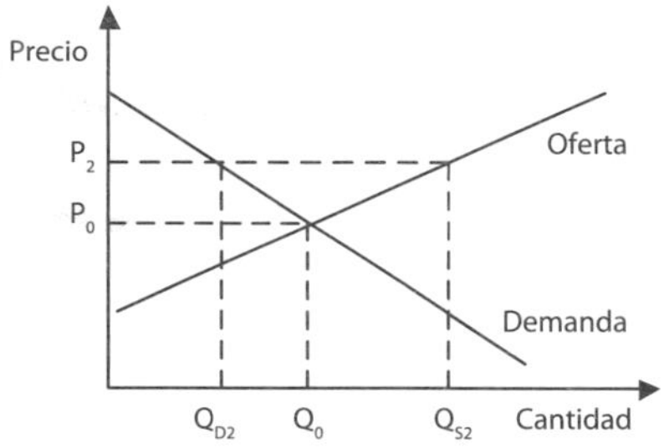

Por lo tanto, en el modelo de oferta y demanda, el precio de equilibrio es único y es estable, de modo que ante cualquier cambio, existe una tendencia de vuelta al precio de equilibrio. (C.B.)

precio relativo. Cualquier precio expresado como cociente de otro. (C.B.)

precio-aceptante. Individuo o empresa que no tiene suficiente influencia para afectar al precio de un bien. En competencia perfecta existe un gran número de compradores y vendedores de modo que ninguno ejerce una influencia determinante sobre el precio aisladamente. (C.B.)

preferencia por la liquidez. Término utilizado por Keynes en la *Teoría General del Empleo, el Interés y el Dinero* para referirse a la demanda de dinero. Desde su punto de vista el dinero es tanto un medio de cambio como un depósito de valor. Hace hincapié en esta segunda función para analizar una demanda de dinero con tres posibles motivos: el motivo transacción (para hacer frente a pagos regulares), el motivo precaución (para hacer frente a pagos inesperados) y el motivo especulación (para aprovechar los cambios en los precios esperados de los diferentes activos). La novedad introducida por Keynes no reside en el hecho de que reconociera que el dinero también es un depósito de valor, pues este elemento ya estaba presente en la literatura anterior. La novedad radica en su énfasis en el motivo especulación, según el cual la demanda de dinero depende de las variaciones esperadas del tipo de interés y por consiguiente de las variaciones esperadas en el valor de capital de los activos financieros. (C.B.)

presupuesto. Documento que recoge los ingresos y los gastos del Estado y sus Administraciones Públicas. (C.B.)

prima de riesgo. Es el exceso de rendimiento que requiere un inversionista a medida que el riesgo de impago del activo financiero crece; se calcula restando la tasa de rendimiento de un activo sin riesgo, a la tasa de rendimiento esperada sobre la inversión en cuestión, teniendo ambas el mismo vencimiento. (C.B.)

privatización. Transferencia de empresas estatales a propietarios privados. La privatización es un fenómeno reciente, iniciado a comienzos de los ochenta en el Reino Unido. Las primeras privatizaciones tuvieron lugar en los sectores energético y de transporte de las economías occidentales. Hoy en día, han sido mucho más importantes los procesos de privatización realizados por las economías de la Europa del Este. La privatización se efectúa mediante la venta de acciones en subasta pública, a través de ventas directas a grupos empresariales nacionales o extranjeros o por medio de otras modalidades, que incluyen la retención de la propiedad pública pero la concesión a particulares de instalaciones o licencias específicas mediante acuerdos de pagos determinados. En algunos casos, se reserva una parte del paquete accionarial a los trabajadores, como un medio de comprometer su lealtad y de asegurar menores resistencias a lo largo del proceso. (C.B.)

problema agente-principal. En una relación de agencia un individuo, el principal, contrata a otra, el agente, para actuar en su nombre. El problema surge porque el agente puede intentar perseguir sus propios objetivos incluso a costa del bienestar del principal. Su origen radica en la existencia de información asimétrica, normalmente el agente tiene más información de la actividad, y de costes para controlar el esfuerzo de los agentes.

Existen multitud de relaciones de agencia sujetas a la posibilidad del problema agente-principal. Por ejemplo, en la relación entre los altos ejecutivos de las empresas y los accionistas, a los primeros puede interesarles más el crecimiento del volumen de ventas o los gastos de representación que el nivel de beneficios. También los médicos son agentes de los hospitales y pueden seleccionar procedimientos que aunque sean acordes con sus intereses, no lo sean con los del hospital. Otros ejemplos pueden ser la relación entre el inquilino y el propietario de un bien inmueble o la relación entre un banco y aquellos a quienes presta fondos. (C.B.)

problema del usuario gratuito. Los bienes públicos se suelen clasificar en: excluibles y no excluibles. Un bien público es no excluible cuando no se puede impedir que lo consuma alguien que no pague por él. Los bienes públicos no excluibles no pueden ser de provisión privada, puesto que el individuo, decidiendo racionalmente, preferirá consumir gratuitamente la cantidad pagada por el resto: este es el problema del usuario gratuito. Si todos los individuos se comportaran de la misma manera, nadie estaría dispuesto a pagar por el bien público, por lo que se dejaría de producir. La existencia de bienes públicos no excluibles justifica la provisión pública de los mismos. (C.G.C.)

producción. La producción depende de los factores productivos utilizados para una tecnología dada; de esta forma, se puede definir una relación funcional entre la producción y dichos factores: $Q = f(F_1, F_2, ..., F_n)$, donde Q representa el volumen de producción y F_i, $i = 1,..., n$, los factores productivos utilizados. Si consideramos un único factor productivo, por ejemplo, el trabajo

L, la función de producción se representaría gráficamente:

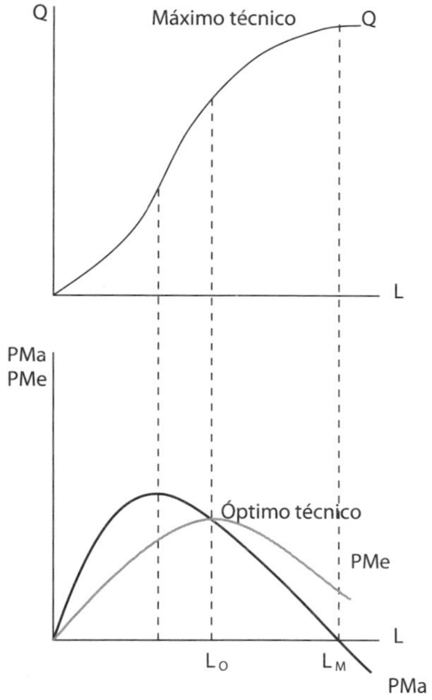

La producción total va aumentando a medida que se van añadiendo unidades del factor productivo, hasta alcanzar su valor más elevado en el *máximo técnico*, que representa el mayor volumen de producción para una tecnología dada. Pero este crecimiento cada vez es menor, debido a la *ley de rendimientos decrecientes*, según la cual, el producto marginal de un factor productivo variable disminuye, a partir de un determinado volumen de producción, al incrementarse la cantidad utilizada de dicho factor. Ante la decisión sobre la cantidad de factor productivo a emplear, en este caso trabajo a contratar, la empresa no superará L_M; por otra parte, hasta un nivel de contratación L_O, la productividad media es creciente, hasta alcanzar el *óptimo técnico*, punto máximo de la curva PMe; por lo tanto, la empresa se moverá entre L_O y L_M para decidir la cantidad de trabajo a utilizar.
En el corto plazo, es difícil variar algunos de los factores productivos y/o la tecnología empleada, aunque se pueden ajustar aquellos factores que sean variables. Pero en el largo plazo, es posible modificar todos los factores y la tecnología, consiguiendo rendimientos a escala. (C.G.C.)

producción agregada. Producción de un país, resultado de la suma de la producción de las empresas, las familias, los individuos y el sector público, recogida en la contabilidad nacional. Ver Producto Interior Bruto. (C.G.C.)

productividad marginal. Incremento de la producción cuando se utiliza una unidad adicional de un factor productivo, permaneciendo constantes el resto de los factores. (C.G.C.)

productividad media. Cociente entre la producción obtenida y la cantidad de factores empleados. Generalmente suele aplicarse al factor trabajo, por lo que sería el cociente de la producción total y la cantidad de trabajo utilizada. (C.G.C.)

producción potencial. Es el volumen de producción que se alcanzaría si se emplearan todos los recursos disponibles. (C.G.C.)

Productividad total. Volumen de producción que se obtiene para una cantidad determinada de factores productivos, con una tecnología dada. (C.G.C.)

Producto Interior Bruto, PIB. Indicador de la producción agregada en la contabilidad nacional. Se define como el valor de mercado de los bienes y servicios finales producidos por una economía en un periodo. De esta definición deben señalarse los siguientes rasgos. En primer lugar, el PIB se valora a precios de mercado, de modo que incluye todos los impuestos indirectos sobre la producción y la importación. En segundo lugar, sólo incluye los fines y servicios finales, y no los intermedios. En la práctica, para su cómputo se incluye el valor añadido en cada etapa del proceso productivo, evitándose así el problema de la doble contabilización. En tercer lugar, se trata de una variable flujo, que hace referencia a lo producido en un periodo, generalmente un año. Por último, es interior y bruto: interior, de modo que incluye lo producido en un territorio concreto, por factores productivos nacionales o extranjeros; y bruto, de modo que incluye la depreciación, la reducción en el valor del capital fruto del uso o la obsolescencia.

El PIB se puede determinar de tres maneras, todas las cuales deberían, en principio, dar el mismo resultado. Éstas son el enfoque del producto, el enfoque de la renta, y el enfoque del gasto. La forma más directa es el enfoque del producto, según el cual los productos de cada industria se suman para obtener el producto total. La perspectiva del gasto se basa en la idea de que todos los productos deben ser comprados por alguien, por lo tanto el valor total del producto debe ser igual al gasto total en consumo, inversión, compras del Estado y exportaciones netas. El enfoque de la renta supone a su vez que los ingresos de los factores productivos deben ser igual al valor de su producto, y determina el PIB como suma de las rentas percibidas por los factores que han intervenido en la producción. (C.B.)

Producto Interior Neto, PIN. Valor de los bienes y servicios finales producidos por una economía en un periodo (PIB) menos los bienes y servicios utilizados en el proceso productivo. Se obtiene restando la depreciación del producto interior bruto. Este concepto permite conocer el valor de la nueva producción final, al suprimirse la parte de la formación de capital destinada a sustituir el capital fijo obsoleto. (C.B.)

Producto Nacional Bruto, PNB. Valor de los bienes y servicios finales producidos por los factores productivos propiedad de una economía en un periodo. La diferencia entre el PIB y el PNB radica en que una parte de la producción de un territorio determinado es realizada por factores de producción de propiedad extranjera. Para calcular el producto nacional bruto deben incluirse las rentas obtenidas por factores propiedad del territorio en el extranjero y excluirse las rentas obtenidas por factores de propiedad extranjera en el territorio. (C.B.)

Producto Nacional Neto, PNN. Valor de los bienes y servicios finales producidos por los factores productivos propiedad de una economía en un periodo (PNB) menos los bienes y servicios utilizados en el proceso productivo. Se obtiene restando la depreciación del producto nacional bruto. (C.B.)

progreso técnico. Desarrollo y perfeccionamiento técnico y tecnológico con aplicaciones a la producción, que pueden basarse en inventos o descubrimientos científicos o técnicos que contribuyen a incrementar la productividad del trabajo. (C.G.C.)

propensión marginal al ahorro. Relación entre la variación del ahorro, S, y la variación de la renta, Y: $PMS = \frac{\Delta S}{\Delta Y}$. Se cumple que la suma de la propensión marginal al consumo y la propensión marginal al ahorro es igual a la unidad: PMC + PMS = 1. (C.G.C.)

propensión marginal al consumo. Relación entre la variación del consumo, C, y la variación de la renta, Y: $PMC = \frac{\Delta C}{\Delta Y}$. La PMC es positiva pero menor que la unidad, pues un incremento en una unidad en la renta, Y, se traduce en un aumento menor del consumo. (C.G.C.)

proteccionismo. Establecimiento de tarifas elevadas a las importaciones para proteger los productos nacionales de la competencia exterior. (C.G.C.)

punto crítico. Volumen de producción para el que los costes totales se igualan a los ingresos totales y, por lo tanto, los beneficios son nulos. (C.G.C.)

Q

Q de Tobin. Indicador de rendimiento formulado por James Tobin en 1969; relación entre el valor de mercado de los activos de una empresa (según el valor de mercado de sus acciones en circulación y la deuda) y el coste de reposición del capital.

$$Q = \frac{valor\ de\ mercado}{coste\ de\ reposición}$$

La interpretación de este índice es la siguiente:

- Si el índice Q es superior a 1, la empresa está valorada por encima de su valor real material, esto es, la rentabilidad de sus activos es mayor que la exigida por el mercado. En tal caso, es rentable y adecuado para la empresa invertir en más activos materiales (maquinaria, equipo, instalaciones...)
- Si el índice Q es inferior a 1, indica que el mercado no valora adecuadamente el esfuerzo inversor de la empresa y que, por tanto, no está dispuesto a pagar, en forma de capital o de préstamos, el capital requerido para nuevas inversiones. En esta situación, es recomendable que la empresa disminuya su inversión en activos materiales y se oriente a la adquisición de activos financieros (bonos, acciones).
- Si el índice Q es igual a 1, la empresa está valorada en su justo valor, por lo que la rentabilidad de sus activos es igual a la exigida por el mercado.

Se trata de una situación ideal a partir de la cual lo mejor es esperar para ver la inclinación del índice (mayor o menor a 1) e iniciar el proceso inversor o desinversor.

Lo interesante de este índice es que incorpora al análisis las expectativas del rendimiento futuro de la inversión, reflejado por la cotización de las acciones, a la vez que relaciona, por primera vez, la inversión y la bolsa de valores. (A.R.R.)

quiebra. Situación de insolvencia en la que una empresa no puede hacer frente a sus pagos (pasivo exigible) al ser éstos superiores a sus recursos económicos disponibles (activos). Desde un punto de vista contable la quiebra se produce cuando el importe de las deudas (a largo y corto plazo) supera al activo total, es decir, que los fondos propios son negativos. Desde un punto de vista económico existe un pequeño margen con respecto al contable, ya que determinados activos (generalmente activos fijos tales como edificios y terrenos) se valoran en contabilidad a precio de adquisición y podrían tener un valor de mercado superior.(A.R.R.)

R

relación paro-inflación. *Véase*: curva de Phillips.

relación marginal de sustitución. Dada una función ordinal de utilidad $U = f(A, B)$, se define la relación marginal de sustitución del bien B por el bien A (RMS_{BA}) como la cantidad de B que el consumidor está exactamente dispuesto a ceder para obtener una unidad adicional de A, manteniéndose en el mismo nivel de satisfacción, esto es, desplazándose a lo largo de una misma curva de indiferencia. La RMS_{BA} es la pendiente de la curva de indiferencia, el cociente entre las utilidades marginales de los bienes y, en la situación de equilibrio del consumidor, es igual a la relación de precios entre los bienes. Por tanto,

$$RMS_{BA} = -\frac{dB}{dA} = \frac{UMa_A}{UMa_B} = (en\ equilibrio) = \frac{P_A}{P_B}$$

(A.R.R.)

relación marginal de sustitución técnica. Dada una función de producción $A = f(a, b)$, se define la relación marginal de sustitución técnica de b por a ($RMST_{ba}$) como la cantidad de b que sería exactamente compensada con el aumento de una unidad de a sin variar el nivel de producción, esto es, a lo largo de una misma isocuanta. La $RMST_{ba}$ es la pendiente de la curva isocuanta, el cociente entre los productos marginales de los factores y, en la situación de equilibrio en la producción, es igual a la relación de precios entre los factores. Por tanto,

$$RMST_{ba} = -\frac{db}{da} = \frac{PMa_a}{PMa_b} = (en\ equilibrio) = \frac{P_a}{P_b}$$

(A.R.R.).

relación marginal de transformación. La relación marginal de transformación de un bien B en un bien A es la producción adicional que se obtiene del bien A al reducir en una unidad la producción de B *(RMT_{BA})* cuando la tecnología y los recursos están dados y existe pleno empleo. Es el valor numérico de la pendiente de la curva de transformación o frontera de posibilidades de producción (cantidades máximas de bienes y servicios que pueden producirse en una economía en un determinado período a partir de unos factores productivos y unos conocimientos tecnológicos dados). En el contexto de la teoría económica del bienestar, la eficiencia en la combinación de productos en el sentido de Pareto requiere que la relación marginal de transformación del bien B en el A sea igual a la relación marginal de sustitución de B por A. (A.R.R.)

$$RMT_{BA} = RMS_{BA}$$

relación real de intercambio. Medida del poder adquisitivo de las exportaciones de un país en relación al volumen de sus importaciones. Se define como el cociente entre los índices de los precios de exportación y de importación.

$$RRI = \frac{p_e}{p_i} x\,100$$

donde p_e es el índice de los precios de exportación y p_i es el índice de los precios de importación. Un tipo superior a 100 señala una mejora de la relación real de intercambio, una subida del precio relativo de nuestras exportaciones; esto es, se vende al extranjero más caro de lo que se le compra. O, en otras palabras, se necesita exportar menos bienes para pagar las importaciones. Por el contrario, un tipo inferior a 100 refleja un empeoramiento de la relación real de intercambio: se compra en el extranjero más caro de lo que se vende; o bien, se necesita exportar más para pagar las importaciones. En la actualidad se ha desarrollado un nuevo concepto de relación real de intercambio, el de *Income Terms of Trade*, definido como la relación entre un índice del valor de las exportaciones y un índice de los precios de exportación. Esta relación indica las variaciones en el volumen de las importaciones que pueden obtenerse a cambio de la exportación.

Entre los múltiples factores que afectan a la relación real de intercambio destacan tres:

a) La intensidad relativa de las demandas nacional y extranjera. En concreto, un aumento de la demanda de productos extranjeros de un país y/o la disminución de la demanda exterior de sus productos, a través de sus efectos sobre los precios, tendrá como consecuencia el empeoramiento de su relación real de intercambio.

b) El nivel de desarrollo económico. Con el desarrollo económico, los países disminuyen sus costes de producción a largo plazo, lo que se traducirá en una disminución de los precios de exportación y, por tanto, en un empeoramiento de la relación real de cambio. No obstante, este efecto puede ser contrarrestado por las innovaciones y la introducción en el comercio internacional de nuevos bienes con una intensa demanda.

c) La política de cambios de un país. Con el fin de lograr una relación real de intercambio favorable, un país puede establecer un tipo de cambio sobrevalorado que mantenga en niveles altos sus precios de exportación. Análogamente, un país puede aceptar un tipo de cambio devaluado para mantener bajos sus precios de exportación, lo que empeorará su relación real de intercambio.(A.R.R.)

rendimientos a escala constantes. Una función de producción $A = f(a, b)$ presenta rendimientos a escala constantes si ante un aumento de todos los factores (a, b) en una proporción dada (x) la producción (A) se incrementa en la misma proporción. Es decir, si se duplican las cantidades de todos los factores productivos la producción se duplicará. Sea,

$$f(xa,xb) = x^n f(a,b) \quad x^n A$$

(Función homogénea de grado n) donde n es una constante y x un número real positivo.
Si n =1 existen rendimientos a escala constantes. Y la función se denomina función de producción homogénea y lineal. (A.R.R.)

rendimientos a escala crecientes. Una función de producción $A = f(a, b)$ presenta rendimientos crecientes a escala si ante un aumento de todos los factores (a, b) en una proporción dada (x) la producción (A) se incrementa en una proporción mayor. Es decir, si se duplican las cantidades de todos los factores productivos la producción aumentará más del doble. Sea,

$$f(xa,xb) = x^n f(a,b) \quad x^n A$$

(Función homogénea de grado n) donde n es una constante y x un número real positivo.
Si n >1 existen rendimientos a escala crecientes. (A.R.R.)

rendimientos a escala decrecientes. Una función de producción $A = f(a, b)$ presenta rendimientos a escala decrecientes si ante un aumento de todos los factores (a, b) en una proporción dada (x) la producción (A) se incrementa en una proporción menor. Es decir, si se duplican las cantidades de todos los factores productivos se obtendrá una producción inferior al doble. Sea,

$$f(xa,xb) = x^n f(a,b) \quad x^n A$$

(Función homogénea de grado n) donde n es una constante y x un número real positivo.
Si $0 < n < 1$ existen rendimientos a escala decrecientes. (A.R.R.)

renta. Flujo anual compuesto por la suma de todos los salarios, beneficios, intereses, dividendos, transferencias, contribuciones e impuestos que se generan en un país o una región. O también de toda la producción de bienes y servicios que se computa cada año para calcular el valor añadido acumulado en su proceso productivo. (A.R.R.)

renta absoluta, teoría de la. Teoría keynesiana del consumo que establece que el consumo de un individuo o familia en un determinado período es función del nivel de renta absoluta disponible en ese período. Ello no significa que la renta disponible sea el único factor que afecte al consumo, pero sí el más importante. Keynes no sólo señala que el consumo depende de la renta sino que, a través de su Ley Psicológica Fundamental, indica cuánto varía el consumo ante un cambio en la renta: "en general, y como norma, las personas están dispuestas a aumentar su consumo cuando aumenta su renta, pero no en la misma cantidad en que ésta aumenta". Es decir, ante un incremento de renta, parte del mismo se destina al consumo y parte al ahorro. Además, a medida que aumenta la renta, menores cantidades de los incrementos adicionales se destinan al consumo y mayores al ahorro. Y ello porque alcanzado el nivel de consumo necesario para cubrir las necesidades básicas, la tendencia es a la acumulación de renta (aumentar el ahorro).

En un modelo básico, donde no existe sector público ni sector exterior, la función de consumo keynesiana se define como:

$$C = C_0 + c\,Y,\ 0 < c < 1$$

Donde C es el gasto de consumo de un determinado período; C_0 es el nivel de consumo que no depende de la renta, denominado consumo autónomo o consumo de subsistencia; representa los factores que afectan al consumo además de la renta, como acciones, bonos y viviendas. c es la propensión marginal al consumo, el aumento que experimenta el consumo por cada aumento unitario de renta e Y es el nivel de renta absoluta disponible en ese período. A partir de la función de consumo es posible determinar el ahorro (S) como aquella parte de la renta que no se consume. Luego,

$$S = Y - C = Y - (C_0 + c\,Y) = - C_0 + (1-c)\,Y$$

Donde (1-c) es la propensión marginal a ahorrar, el aumento del ahorro por cada aumento unitario de renta. Gráficamente:

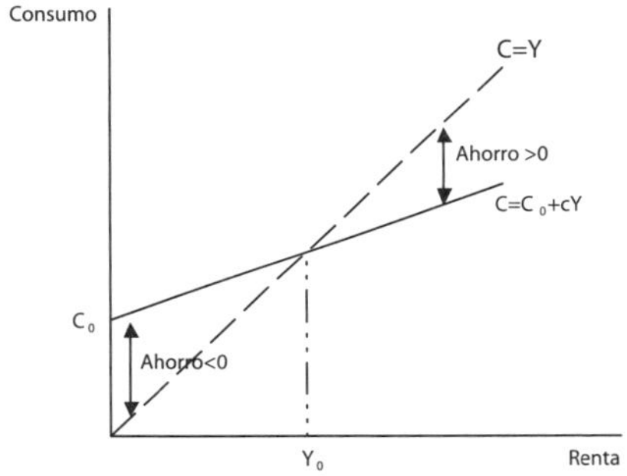

Cuando la renta es igual a Y_0, toda la renta se consume y, por tanto, el ahorro es nulo. Para niveles superiores a Y_0, el consumo es inferior a la renta por lo que existe un ahorro positivo. Análogamente, para rentas inferiores a Y_0 el consumo excede a la renta y se producirá endeudamiento o desahorro (ahorro negativo).

Las propiedades de la función de consumo formulada por Keynes son:

- La propensión media al consumo, relación entre consumo y la renta (C/Y) disminuye a medida que aumenta la renta y viceversa. Es decir, conforme aumenta la renta, el consumo también lo hace, pero menos que proporcionalmente. Análogamente, el consumo disminuye menos que proporcionalmente cuando la renta se reduce.
- La propensión marginal al consumo, pendiente de la función de consumo

(dC/dY), es siempre positiva y menor que uno; esto es, no toda la renta se destina al consumo, una parte se ahorra.

- La propensión marginal al consumo es menor que la propensión media. Esto significa que, por mucho que disminuya la renta, el consumo será siempre positivo, por lo que para ciertos niveles de renta existirá endeudamiento.
- La propensión marginal al consumo disminuye ante los sucesivos aumentos de renta; a medida que aumenta la renta cada vez se destina una proporción menor de dicho aumento al consumo y mayor al ahorro. Ello implica que la función de consumo keynesiana no es lineal (si bien, a efectos de facilitar el análisis se considera como tal).

Por otra parte, Keynes consideraba que a corto plazo el consumo dependía exclusivamente de la renta real disponible, rechazando el efecto de las modificaciones de los precios sobre el consumo; ausencia, pues, de ilusión monetaria. Por último, si bien para Keynes la renta es el determinante del nivel de consumo, señala la existencia de una serie de factores, estables a corto plazo en su opinión, que pueden influir directa o indirectamente (a través de la influencia en la renta) en el consumo. Tales factores son:

- Expectativas de los consumidores respecto a imprevistos, necesidades futuras, acumulación de renta, especulación.
- Expectativas de las empresas respecto a reservas para imprevistos, inversiones etc.
- Ganancias o pérdidas imprevistas originadas por cambios en el valor de los activos mantenidos por las economías domésticas.
- Alteraciones en los tipos de interés.
- Distribución de la renta.
- Cambios en la política fiscal.

A diferencia de la teoría keynesiana, las modernas teorías del consumo (hipótesis del ciclo vital o teoría de la renta permanente) relacionan el consumo a lo largo de toda la vida con la renta obtenida a lo largo de toda la vida. (A.R.R.)

renta-consumo, curva de. Lugar geométrico de las posiciones de equilibrio del consumidor generadas como consecuencia de las variaciones de renta cuando los precios de los bienes permanecen constantes. La curva de renta-consumo recoge las combinaciones de bienes maximizadoras de la utilidad del consumidor (verifican la condición de igualdad entre la relación marginal de sustitución de los bienes y el cociente de sus precios) ante aumentos, *ceteris paribus*, de renta. Reflejaría, por tanto, la senda de expansión del consumo ante cambios en la renta del consumidor. Cuando la información contenida en la curva renta-consumo (definida en el plano bien x, bien z) se traslada al plano consumo-renta (bien x, y) se obtiene la denominada curva de Engel. (A.R.R.)

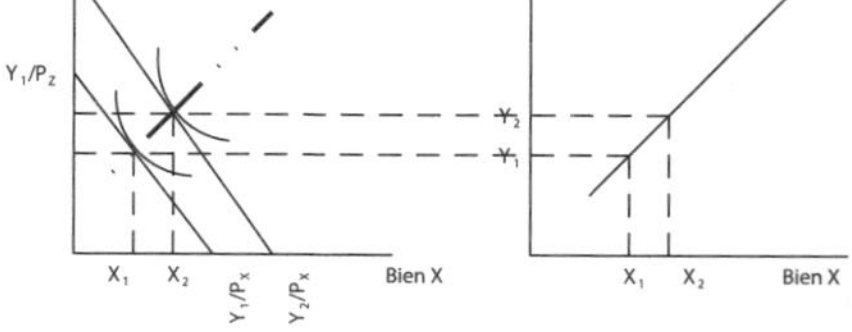

renta nacional. La renta nacional es la suma de las retribuciones de todos los factores de producción nacionales. Por tanto, en la composición del Producto Interior Bruto (PIB) desde el punto de vista de la renta se tiene en cuenta todas aquellas partidas que constituyen una retribución a los factores de producción, es decir: Rentas del trabajo (sueldos y salarios), Rentas de la tierra (alquileres) y Rentas del capital (intereses y beneficio del empresario). Asimismo, se incluye también los impuestos sobre la producción e importaciones netos de subvenciones (Ti - Sub). En contabilidad nacional, el concepto de Renta Nacional (RN) es equivalente al de Producto Nacional Neto valorado al coste de los factores (PNNcf), esto es, valor al coste de los factores de todos los bienes y servicios elaborados con factores de producción de propiedad nacional. Se establecen, pues, las siguientes relaciones contables:

RN = PNNcf = PIBpm - (Ti - Sub) - Depreciación + Rentas de los residentes nacionales fuera de España - Rentas de los residentes extranjeros dentro de España.

Por otra parte, desde la perspectiva del Gasto, la Renta nacional (Y) de un país es la suma del gasto de los hogares en consumo (C); el gasto de inversión de las empresas y de los hogares (I); las compras de bienes y servicios por parte del Estado (G) y la demanda exterior (diferencia entre exportaciones e importaciones XN). Lo que determina la identidad fundamental de la contabilidad nacional:

$$Y \equiv C + I + G + XN$$

(A.R.R.)

renta permanente, teoría de la. La teoría de la renta permanente, elaborada por Milton Friedman, sostiene que los individuos adoptan su comportamiento respecto al consumo de acuerdo con sus oportunidades de consumo permanente o a largo plazo y no en función de su renta corriente. Es decir, el gasto en consumo depende de la renta a largo plazo, media o permanente. En su versión más sencilla, esta hipótesis sostiene que el consumo (C) es proporcional a la renta (disponible) permanente (YP):

$$C = c\,YP \quad (1)$$

El problema estriba en cómo medir la renta permanente. Si bien no hay, en la exposición de Friedman, una definición general de la renta permanente, ésta puede entenderse como la tasa constante de consumo que una persona podría mantener el resto de su vida dados su nivel actual de riqueza y su renta actual y futura. El problema estriba en determinar si un aumento de renta es permanente (y, por tanto, afectará al consumo) o es una variación transitoria, que no durará, por lo que no alterará el consumo.

Una forma de estimar la renta permanente es mediante la expresión:

$$YP = Y_{-1} + \theta\,(Y - Y_{-1}) = \theta\,Y + (1-\theta)\,Y_{-1}$$
$$0 < \theta < 1 \quad (2)$$

Donde θ es una fracción e Y_{-1} es la renta del año anterior. Es decir, la renta permanente se define, así, como una media ponderada de la renta corriente y de la renta del período anterior. La ponderación, θ , determinará que YP esté más próxima a la renta de este año o a la del anterior. En el caso extremo de $\theta = 1$, la renta permanente y la renta corriente serán iguales. Hay dos características que se derivan de la ecuación anterior. Por una parte, cuando $Y = Y_{-1}$, la renta permanente es igual a la de este año y a la del anterior, es decir, una persona que hubiera ganado siempre la misma renta, esperaría seguir ganándola en el futuro. Por otra, si la renta de este año aumenta en comparación con la del anterior, la renta permanente aumenta pero en menor proporción que aquélla. Ello es debido a que el individuo no sabe si ese incremento será permanente, por lo que no aumentará de forma inmediata su medida de la renta esperada o permanente en la cuantía total del incremento de su renta corriente.

Friedman establece una estimación de la renta permanente incluyendo rentas de muchos períodos anteriores además de la renta corriente, con ponderaciones mayores para los períodos más recientes en comparación con los más lejanos; incluso incorpora el crecimiento intertemporal de la renta. En este sentido, una estimación de la renta permanente según la ecuación (2), es una simplificación.

A partir de (1) y (2) se puede escribir la función de consumo:

$$C = cYP = c\theta Y + c(1-\theta)\,Y_{-1}$$

Donde $c\theta$ es la propensión marginal a consumir respecto a la renta corriente mientras q c es la propensión marginal a consumir a largo plazo (igual a la propensión media a largo plazo). Además, se observa que $c\theta$ es menor que c. Es decir, la propensión marginal a corto es menor que a largo; es decir, cuando aumenta la renta, el individuo no adapta totalmente su gasto al nuevo nivel pues no sabe si se va a mantener a lo largo del tiempo. Si el incremento se hace permanente, entonces el individuo adaptaría totalmente su consumo al nivel de renta más elevado.

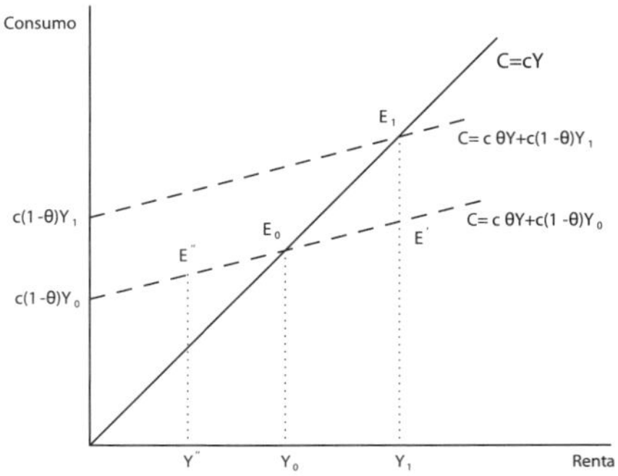

El gráfico anterior ilustra la adaptación a corto y largo plazo del consumo ante un incremento de renta. Las líneas discontinuas representan las funciones a corto plazo, con propensión marginal a consumir igual a $c\theta$. La línea negra continua que parte del origen de coordenadas representa la función de consumo a largo plazo, con una propensión marginal (y media) igual a c. Partiendo de una situación de equilibrio E_0, en la que la renta corriente y permanente son iguales a Y_0, si la renta aumenta de Y_0 a Y_1, a corto plazo, el consumo sólo aumenta hasta E' (a lo largo de la función a corto) porque los consumidores no están seguros de que este aumento sea permanente. Si la renta se mantiene en ese nuevo nivel, Y_1, la función de consumo a corto plazo se traslada hacia arriba y el consumo aumenta hasta E_1, al revisar al alza los consumidores su estimación de la renta permanente. En E_1, la relación entre el consumo y la renta ha vuelto a su nivel a largo plazo.

La hipótesis de la renta permanente tiene importantes implicaciones, a saber: un individuo cuya renta sea muy inestable tendrá un valor de θ bajo, mientras que otro cuya renta sea más estable tendría un valor alto. Esto significa que los individuos con rentas muy variables tendrán una propensión marginal a consumir a corto plazo ($c\theta$) relativamente pequeña. Friedman indica que los hechos corroboran esta implicación, señalando como ejemplo a los agricultores, que al tener rentas muy variables muestran una baja propensión marginal a consumir respecto a la renta corriente.

Por último, respecto a la relación entre la hipótesis de la renta permanente y otras teorías del consumo, como la del ciclo vital, hay que señalar que estas dos hipótesis no son excluyentes. No obstante, mientras esta última se centra en los motivos para ahorrar e incluye la riqueza, además de la renta, en la función de consumo, la primera presta mayor atención a la manera en que las personas forman sus expectativas respecto a sus rentas futuras. Las modernas teorías de la función de consumo combinan la formación de expectativas, destacada por la hipótesis de la renta permanente, con la riqueza y las variables demográficas, señaladas por el enfoque del ciclo vital. Así, una versión simplificada de una función de consumo moderna sería:

$$C = a\,WR + b\,\theta\,YD + b\,(1-\theta)\,YD_{-1}$$

Donde YD es la renta laboral disponible del período; YD_{-1} es la renta laboral disponible del período anterior y WR es la riqueza. (A.R.R.)

renta personal. Renta recibida por las familias o economías domésticas (retribución por sus servicios productivos más las transferencias recibidas por el Estado) antes del pago de los impuestos directos. Se obtiene restando de la Renta Nacional los impuestos sobre beneficios, los beneficios no distribuidos, los pagos a la Seguridad Social y sumándole las transferencias. (A.R.R.)

renta personal disponible. Renta personal de las familias deducidos los impuestos directos. La renta personal disponible tiene tres posibles usos: gastos de consumo, pago de los intereses sobre las deudas del consumidor o ahorro. (A.R.R.)

renta relativa, teoría de la. Teoría sobre la determinación de la función de consumo que afirma que el consumo de un individuo y/o familia no depende de su nivel de renta absoluta, sino que es función de la renta relativa, entendida ésta en un doble sentido: en relación con la renta de otros individuos o familias y en relación con el nivel de renta de períodos anteriores. Si bien el origen de la hipótesis de la renta relativa se encuentra en un articulo de Dorothy Brady y Rose D. Friedman (*Saving and the Income Distribution en Studies in Income and Wealth* Vol. X, 1.947 pp. 247—265), fue James Duesenberry quien en 1949 (*Income, Saving and the Theory of Consumer Behavior*) le dio un mayor contenido teórico y respaldo empírico. Según este autor la satisfacción que los individuos o familias obtienen del consumo depende no sólo de su propio nivel de consumo sino también del de los otros consumidores con los que se relacionan. Así, como señala la primera parte de la hipótesis, la fracción de renta que una familia dedica al consumo depende del nivel de su renta frente a la renta de las familias vecinas o de otras familias con la que aquélla se identifica, es decir, de su posición en la distribución de la renta, y no del nivel absoluto de la renta de la familia. De este modo, si la renta de un individuo aumenta pero su posición relativa en la escala de renta no varía, porque simultáneamente han aumentado las rentas de las demás, no variará la proporción de renta que dedica al consumo; es decir, su propensión media a consumir permanecerá invariable. Más exactamente, para la teoría de la renta relativa la proporción de renta consumida por una familia es una función decreciente de su posición relativa en la distribución de renta. Duesenberry introduce el factor psicológico y social en el análisis del consuno al entender que éste tiene un componente social de reafirmación del estándar de vida de las familias; así, el aumento del consumo de aquellos hogares con los que la familia se relaciona impulsa a aumentar el propio consumo. Es lo que se denomina "efecto demostración". Conforme a esta teoría, la función de consumo vendría dada por:

$$C_{i,t} = c(Y_{i,t} / Y_t)\, Y_{i,t}$$

$$0 < c(.) < 1$$

Donde $C_{i,t}$ es el consumo de la familia i en el período t ; $Y_{i,t}$ renta disponible de la familia i en el período t ; Y_t renta media disponible en el período t.

La segunda parte de la hipótesis establece que a las familias les resulta más fácil ajustar su consumo ante las rentas crecientes que ante las rentas decrecientes; esto es, es más duro para una familia reducir sus gastos desde niveles elevados que abstenerse de realizar estos gastos elevados en primer lugar. Por ello, cuando disminuye la renta durante una fase recesiva del ciclo económico, las familias intentan mantener su estándar de vida y su consumo disminuye menos que la renta. De hecho, la teoría sugiere que el comportamiento del consumidor es irreversible, de modo que una reducción de la renta conducirá a un desahorro para que el consumo pueda mantenerse; es más, el consumo sólo consigue revertirse muy lentamente a lo largo del tiempo. (A.R.R.)

reservas bancarias. Cantidad de dinero que poseen los bancos para hacer frente a la devolución de sus depósitos de manera fácil e inmediata, sin tener que reclamar préstamos, pedir, a su vez, préstamos o vender activos que no son perfectamente líquidos. Las reservas bancarias están constituidas por el efectivo en las cajas fuertes de los bancos más el dinero que tienen los bancos depositados en el banco central. Las reservas bancarias también reciben la denominación de Activos de caja del sistema bancario. (A.R.R.)

reservas obligatorias. Cantidad de reservas exigidas legalmente. Las autoridades bancarias obligan a los bancos a tener una cantidad determinada de reservas proporcional al total de depósitos que han aceptado. Este porcentaje reservas-depósitos constituye una de los principales determinantes del multiplicador monetario. (A.R.R.)

restricción presupuestaria. En general, el término restricción presupuestaria hace referencia a la limitación establecida para los gastos en un presupuesto. (A.R.R.)

restricción presupuestaria del consumidor. Combinaciones de bienes que son asequibles al consumidor dados sus precios y la renta de que dispone; cestas de bienes en las que el gasto es igual o inferior a la renta. Sean A y B dos bienes, P_A y P_B su precios respectivos y R la renta del consumidor, la restricción presupuestaria del consumidor o conjunto asequible se define por:

$$A\,P_A + B\,P_B \leq R$$

Cuando el consumidor agota toda su renta en la adquisición de los bienes A y B, la restricción vendrá dada en términos de igualdad, denominándose recta de balance. Así pues, la recta de balance es la frontera superior del conjunto asequible.

$$A\,P_A + B\,P_B = R$$

La pendiente de esta recta vendrá dada por el cociente, con signo negativo, de precios de los bienes ($-P_A / P_B$). (A.R.R)

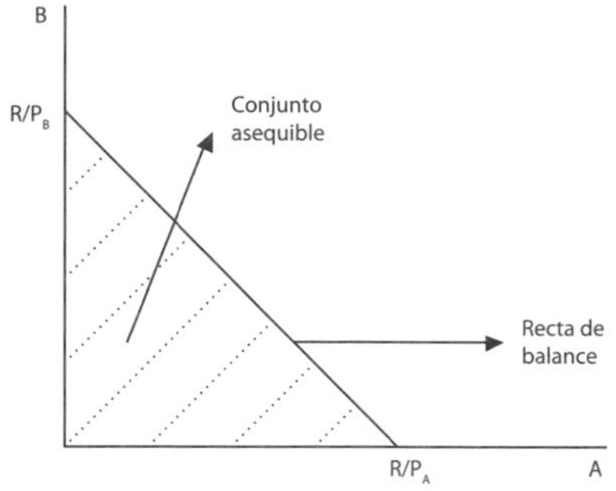

restricción presupuestaria del gobierno. La restricción presupuestaria del gobierno implica que el déficit fiscal (exceso de gastos, incluyendo los interese de la deuda, sobre ingresos) debe ser igual al incremento en la deuda. Véase superávit primario. (A.R.R.)

revaluación. Elevación del precio de la moneda nacional por parte del banco central. Operación contraria la devaluación. Conceptualmente, desde el punto de vista económico, la revaluación y la apreciación son términos equivalentes, aumento del precio de la moneda nacional respecto a la extranjera. La diferencia estriba en que mientras el primero se aplica en el contexto de un sistema de tipos de cambio fijos (determinado y controlado por el banco central), este último se utiliza en un escenario de tipos de cambio flexibles o flotantes, determinado libremente por el mercado. En un sistema de tipos fijos, el tipo de cambio se convierte en un instrumento de la política económica; el banco central puede devaluar la moneda ante previsiones de déficit prolongado por cuenta corriente. (A.R.R.)

riqueza. La riqueza es un fondo o un *stock* acumulado, que se mide para un momento determinado, y que se compone de todos los activos reales y financieros públicos y privados acumulados durante mucho años que incluyen, por un lado, el capital físico o los bienes tangibles, desde la tierra a la plataforma marina y los recursos naturales, desde las infraestructuras, las construcciones residenciales, productivas o de trabajo y los bienes de equipo, hasta el capital financiero. Por otro, el capital humano, es decir, la fuerza de trabajo, sus capacidades de creación, organización y conocimientos y, finalmente, el capital tecnológico, producido por la innovación y la investigación y desarrollo. (A.R.R.)

S

salario. Remuneración del factor productivo trabajo por su participación en el proceso de producción. (A.R.R.)

salario de aceptación. Salario mínimo necesario para inducir a un individuo a aceptar una oferta de trabajo.
Concepto utilizado, en el contexto de la economía laboral, en los denominados modelos de búsqueda (*job search*) de trabajo. En éstos, el individuo busca empleo examinando secuencialmente los distintos puestos de trabajo que se encuentran disponibles y cuando obtiene información sobre cada uno de ellos decide si desea aceptarlo o no. En los modelos más simples, los puestos de trabajo difieren entre sí únicamente en el salario. El sujeto desconoce el salario pagado en un puesto hasta que éste le es ofrecido, pero sí conoce la distribución de probabilidad de los salarios. Un sujeto racional maximizará sus beneficios esperados por lo que continuará la búsqueda hasta que el coste de buscar un nuevo puesto se iguale a la ganancia esperada de la búsqueda adicional.
Según la regla de parada óptima, un individuo desempleado que examina posibles empleos de forma secuencial fijará, al principio del período de búsqueda, un salario mínimo de aceptación, o salario de reserva, tal que aceptará el primer empleo cuya remuneración sea igual o superior a dicho salario. Sea w_o el salario a considerar: w_r el salario de

reserva. La regla de decisión toma la forma:

- Si $w_o \geq w_r$ aceptación del empleo
- Si $w_o < w_r$ seguir buscando

El valor del salario de reserva óptimo es el que maximiza la diferencia entre el beneficio total de la búsqueda, $B_T(w_r)$ y el coste total de la misma, $C_T(w_r)$, esto es, el que iguala los beneficios marginales y los costes marginales. Tanto los costes como los beneficios totales aumentan a medida que el salario de reserva o de aceptación es mayor. Pero, en el margen, mientras los costes marginales son constantes (o crecientes, dependiendo del supuesto de partida) con el salario de reserva, los beneficios marginales son decrecientes a medida que aquél aumenta. Gráficamente:

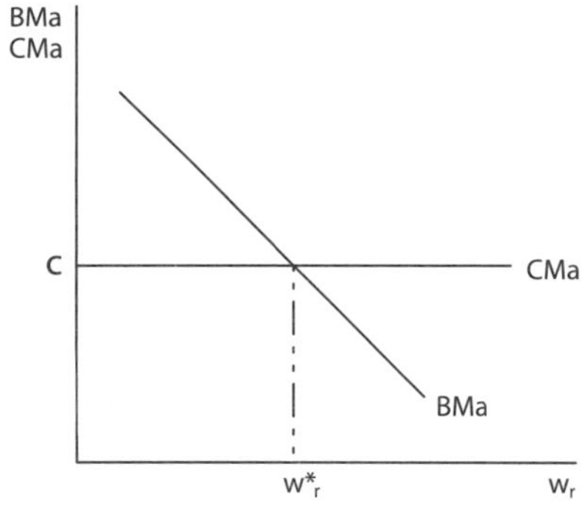

A partir de este resultado se pueden establecer algunas predicciones del modelo:

- Un aumento de los costes de búsqueda se traduce en una disminución del salario de reserva. Es más, si el aumento en los costes de búsqueda (directos e indirectos) es muy elevado, es posible que no se lleve a cabo ninguna búsqueda y el trabajador se empleará en la primera empresa que visite.
- Una reducción en los costes prolongará el período de búsqueda. En este sentido las políticas públicas de subsidio de desempleo tienen especial relevancia desde el punto de vista de la teoría de la búsqueda. Dichos subsidios permiten, a los trabajadores que lo reciben, estudiar más ofertas y esperar salarios más elevados, ampliando, con ello, el tiempo de búsqueda, lo que incidirá, directamente, en la tasa de desempleo del sistema económico.
- Un aumento generalizado de los salarios ofrecidos por todas las empresas, mejorará los beneficios esperados de la búsqueda y, por tanto, elevará el salario de reserva de los trabajadores. (A.R.R.)

salario de eficiencia. Salario que minimiza el coste del empresario por unidad efectiva de trabajo empleada. En el contexto de la economía laboral, este término se emplea para indicar niveles salariales superiores a los que vacía el mercado entendiendo que la subida salarial puede afectar positivamente a la eficiencia del trabajo. La teorías que consideran esta posibilidad, esto es, que las subidas salariales pueden aumentar la productividad se denominan teorías de los salarios de eficiencia.

La teoría de los salarios de eficiencia constituye una explicación de la rigidez salarial en situaciones de desempleo. Conforme a esta teoría, los salarios elevados aumentan la productividad de los trabajadores y, es precisamente esta influencia de los salarios sobre la eficiencia de los trabajadores lo que explicaría el hecho de que las empresas no disminuyan el salario a pesar del exceso de oferta de trabajo (desempleo). Según esta teoría, una reducción del salario reduciría la masa salarial de la empresa pero también la productividad de los trabajadores y, en último término los beneficios de la empresa (el descenso de la productividad provocaría un coste superior al ahorro generado por el recorte salarial). De este modo, aparece el desempleo involuntario, ya que los trabajadores desempleados no pueden encontrar un trabajo a pesar de estar dispuestos a aceptar un salario inferior al vigente en el mercado.

Existen distintas teorías para explicar cómo afectan los salarios a la productividad de los trabajadores:

- El modelo de los salarios de eficiencia basado en la existencia de trabajadores que eluden sus responsabilidades. En situaciones en la que los empresarios tienen poca información sobre la diligencia con la que los trabajadores realizan su labor y la supervisión y control es costosa, las empresas, a fin de inducir a sus trabajadores a no vaguear, podrían pagarles un salario superior al que equilibra el mercado.
- El modelo de la nutrición. Aplicado a los países pobres, donde las subidas de los salarios reales podrían elevar el nivel de nutrición y salud de los trabajadores, lo que, a su vez, afectaría positivamente a su fuerza física y agilidad mental y, por tanto, a su productividad.
- El modelo de la rotación laboral. Según este modelo, un elevado salario reduce la rotación laboral, tasa a la que los trabajadores se dan de baja de su empleo lo que obliga a sustituirlos por otros. Un salario alto eleva el coste que tiene para los trabajadores abandonar su empleo, reduciendo, con ello, la probabilidad de que lo abandonen. La disminución de la rotación laboral eleva, en promedio, la productividad de los trabajadores al aumentar la proporción de los trabajadores que poseen experiencia en relación con los que están formándose.
- El modelo de selección adversa. Esta versión de la teoría de los salarios de eficiencia afirma que la calidad media de la plantilla de una empresa depende del salario pagado, produciéndose fenómenos de selección adversa ante reducciones salariales; esto es, un descenso del salario se traduce en una pérdida de los trabajadores más cualificados quedándose la empresa con aquellos que tienen menos oportunidades, normalmente, los peores. Al pagar un salario superior al de equilibrio la empresa puede reducir la selección adversa, mejorar la calidad media de sus trabajadores y aumentar, así, la productividad. (A.R.R.)

salario de reserva. Salario más elevado al que una persona decide no trabajar o, alternativamente, el salario más bajo al que decidiría trabajar. En el modelo de determinación de la oferta individual de trabajo como elección entre renta y ocio, el salario de reserva es aquél que iguala, para el individuo, el valor del trabajo y el valor del tiempo fuera del mercado laboral (ocio). Si el salario de mercado es inferior al de reserva, el individuo decidirá no participar en la población activa (el valor del ocio es superior al valor del trabajo y, por tanto, su bienestar disminuirá si trabaja). Por el contrario, si salario de mercado es superior al de reserva, el individuo estaría inducido a participar en la población activa (el valor del trabajo sería mayor que el del ocio y su bienestar aumentaría si trabajara). *Véase* también salario de aceptación. (A.R.R.)

salario nominal. Valor en unidades monetarias (euros, en el caso de los países pertenecientes a la zona euro) del salario. (A.R.R.)

salario real. Salario expresado en términos de la cantidad de bienes que el trabajador puede adquirir con su salario en dinero. Es igual al salario nominal descontada la inflación y representa el poder de compra o la capacidad adquisitiva de aquél. En una economía inflacionaria, si el salario nominal no es actualizado periódicamente, sufre erosión. Para eliminar el efecto inflacionista sobre las variables expresadas en unidades monetarias a fin de que dichas unidades resulten homogéneas en el tiempo, esto es, tengan un poder adquisitivo constante, se utilizan los índices de precios. Dicha operación recibe el nombre de deflactación (o deflación) estadística. Normalmente, para deflactar salarios o rentas, dado que su destino más probable es cubrir los gastos de consumo familiar, el deflactor utilizado es el IPC. Por ejemplo, el salario real de un año (t+1), es decir, a precios constantes del año anterior, se calcularía mediante la fórmula:

$$Salario\ t+1\,(precios\ cons\tan te\ t) = \frac{Salario\ t+1(precios\ corrientes\ t+1)}{IPC_t^{t+1}}$$

(A.R.R.)

sobreempleo. En el modelo renta-ocio de determinación individual de la oferta de trabajo, nivel de trabajo en el que la relación marginal de sustitución de renta por ocio es superior al salario. Es decir, en el margen, el trabajador valora el ocio más de lo que lo valora el mercado, por lo que podría aumentar su utilidad eligiendo más ocio y menos renta. (A.R.R.)

subempleo. En el modelo renta-ocio de determinación individual de la oferta de trabajo, nivel de trabajo en el que relación marginal de sustitución de la renta por ocio es inferior al salario. Es decir, en el margen, el trabajador valora el ocio menos de lo que lo valora el mercado, por lo que podría aumentar su utilidad eligiendo menos ocio y más renta. En general, este término hace referencia a aquellas situaciones en las que los trabajadores tienen un empleo para el que están excesivamente cualificados y/o a aquellas otras en las que la jornada de trabajo es inferior a la deseada.
Durante períodos de recesión económica aumenta el número de trabajadores que no pueden encontrar trabajo a tiempo completo y, por tanto, se ven obligados a trabajar a tiempo parcial, produciéndose así una situación de subempleo. Una segunda manifestación

del subempleo surge como consecuencia de la respuesta de las empresas a la caída de las ventas y, por tanto a sus necesidades de trabajo. A medida que la economía se debilita es más probable que las empresas supriman horas de trabajo de sus plantillas en lugar de proceder al despido para evitar, así, los gastos de contratación y aprendizaje asociados al empleo de un nuevo trabajador cuando las ventas se reanimen. Durante este período los trabajadores están subempleados en el sentido de que producen menos de lo que podrían. (A.R.R.)

subempleados. Personas que, por circunstancias económicas, se ven obligados a trabajar menos horas de las deseadas y/o en ocupaciones cuyos salarios son inferiores a los que podrían percibir en situaciones de pleno empleo. Así, los trabajadores están subempleados si: 1) pueden encontrar sólo trabajo a tiempo parcial cuando desean trabajo a tiempo completo; 2) reciben el salario correspondiente a tiempo completo aunque no permanecen ocupados todo este tiempo debido a la débil demanda de los productos de la empresa o 3) ocupan empleos que exigen una cualificación inferior a la que poseen. (A.R.R.)

superávit. En general, el término superávit hace referencia al exceso de los *ingresos* sobre los gastos durante un periodo determinado. (A.R.R.)

superávit comercial. Un país registra un superávit comercial o superávit de la balanza comercial cuando sus ingresos por las exportaciones que realiza son superiores a los gastos por las importaciones. La demanda internacional de los bienes y servicios producidos en el país es mayor que la demanda interior de los bienes y servicios producidos en el extranjero. (A.R.R.)

superávit del gobierno. Diferencia positiva entre los ingresos del Estado (impuestos) y sus gastos (compra de bienes y servicios, transferencias, intereses) incluyendo entre éstos los intereses generados por la deuda. Es decir,
Superávit total ≡ Superávit primario - pago de intereses

$$\text{Superávit} = T_t - G_t - r\,B_{t-1}$$

donde:

B_{t-1}: la deuda pública al final del año $t-1$

r: el tipo de interés real (constante)

rB_{t-1}: los intereses reales pagados por la deuda pública existente

G_t: el gasto público en bienes y servicios en el año t

T_t: los impuestos menos las transferencias en el año t

Todas las variables definidas en términos reales. (A.R.R.)

superávit primario. Ingresos menos gastos (excluidos los intereses y otros gastos financieros) del Estado generado durante un período de tiempo (déficit si esta diferencia es negativa). A partir de las definiciones anteriores, la restricción presupuestaria del sector público en cada período está dada por la siguiente ecuación:

$$NF_t = (D_t - D_{t-1}) = i_t D_{t-1} - SP_t \quad (1)$$

donde,

NF_t: Necesidad de financiación durante el período t

D_t: Saldo nominal de la deuda al final del período t

D_{t-1}: Saldo nominal de la deuda al final del período t-1

SP_t : Superávit primario generado durante el período t

i: Tasa de interés nominal durante el período t

Partiendo de (1), se puede derivar la ecuación que expresa la dinámica de la razón deuda-producto interior bruto PIB ($d = D/PIB$), que es igual a:

$$d_t = \beta_t d_{t-1} - sp_t \quad (2)$$

donde,

β: Factor de descuento definido como $(1+r_t)/(1+g_t)$

r: Tasa de interés real

g: Tasa de crecimiento del PIB real

sp: Superávit primario como porcentaje del PIB

En este análisis se supone que $r > g$ (y, por tanto, $(1+r_t)/(1+g_t)>1$), supuesto asociado con la denominada eficiencia dinámica (*dynamic efficiency*). Conforme a esta noción, si $r < g$, la economía habría acumulado demasiado capital (siendo *r* exactamente igual a la productividad marginal del capital) por lo que la generación actual podría consumir hoy en lugar de invertir, y dejar que el stock de capital se depreciara, sin que eso signifique que la generación futura va a estar peor (dado que la productividad marginal del capital es muy baja). En ocasiones, se observan casos en los que $r < g$ por un tiempo, lo que puede explicarse por: (1) Represión financiera en donde la tasa de retorno de los activos financieros es artificialmente mantenida por debajo de la tasa de retorno del capital (en esta situación, la tasa de interés financiera no es un buen indicador del verdadero coste de oportunidad); (2) Tasas de crecimiento temporalmente altas como resultado de reformas o de avances tecnológicos acelerados. En todos estos supuestos se espera que la situación de $r < g$ se presente sólo en el corto plazo y que no continúe en el largo plazo. (A.R.R.)

T

tabla de demanda. Cuadro que muestra la relación entre el precio de un bien o servicio y la cantidad demandada. Señala, por tanto, las cantidades de un bien que decidirían adquirir los consumidores a los distintos precios, manteniendo constantes todas las demás variables (es decir, ceteris paribus) que afectan a la decisión de la demanda. Esta tabla de demanda muestra que cuanto mayor es el precio de un artículo, menor cantidad de ese bien estarían dispuestos a comprar los consumidores, y cuanto más bajo es el precio más unidades del mismo se demandarán, ceteris paribus. (M.J. y L.P.)

tabla de ganancias. En la teoría de juegos, tabla utilizada para describir las estrategias y ganancias de un juego en el que participan dos o más jugadores. Los beneficios o utilidades de los diferentes jugadores se denominan ganancias. (M.J. y L.P.)

tabla de oferta. Cuadro que muestra la relación entre el precio de un bien o servicio y la cantidad ofertada. Señala, por tanto, todas las cantidades de un bien o servicio que las empresas decidirán producir y vender a los distintos precios, manteniendo constantes todas las demás variables (es decir, ceteris paribus) que afectan a la decisión de la oferta. Esta tabla de oferta muestra que cuanto mayor es el precio de un artículo, mayor cantidad de ese bien estarían dispuestos a ofertar las empresas, y cuanto más bajo es el precio menos unidades del mismo se producirán, ceteris paribus. (M.J. y L.P.)

TAE. Tipo Anual Efectivo o Tasa Anual Equivalente. Es el tipo de interés que indica el coste o rendimiento efectivo de un producto financiero. La TAE se calcula de acuerdo con una fórmula matemática normalizada que tiene en cuenta el tipo de interés nominal de la operación, la frecuencia de los pagos (mensuales, trimestrales, etc.), las comisiones bancarias y algunos gastos de la operación. (M.J. y L.P.)

tarifa arancelaria. Impuesto sobre un bien importado. Impuesto o tarifa que grava los productos transferidos de un país a otro. El incremento de esta tarifa sobre el producto a importar eleva su precio y lo hace menos competitivo dentro del mercado del país que importa, tendiendo con esto a restringir su comercialización. Constituye la barrera más comúnmente utilizada en el comercio internacional y persigue varios fines específicos tales como: disminuir las importaciones y mejorar la posición de la balanza comercial de los países; generar ingresos a la caja del Estado; proteger la producción nacional; y/o proteger y fomentar una industria incipiente. (M.J. y L.P.)

Tarifa Exterior Común, TEC. Arancel aduanero común aplicable por los países miembros de un proceso de integración económica (denominado, generalmente, Unión Aduanera) a la importación de mercancías provenientes de terceros países. (M.J. y L.P.)

tasa de actividad. Porcentaje que representa la población activa (es decir, la población en edad de trabajar que se encuentra ocupada o desempleada pero buscando empleo) respecto a la población en edad de trabajar. La tasa de actividad constituye una variable *proxy* de la oferta de trabajo de una economía. Precisamente, la creciente incorporación de la mujer al mercado de trabajo es uno de los factores explicativos del aumento de la tasa de actividad de la economía española durante los últimos años. (M.J. y L.P.M.)

tasa de ahorro. Ahorro (renta obtenida en un determinado período menos gasto realizado en necesidades durante ese período) dividido por la renta. Es, así, el porcentaje de la renta o el ingreso que se destina al ahorro. (M.J. y L.P.)

tasa de cobertura. En comercio exterior, porcentaje de importaciones que pueden pagarse con las exportaciones realizadas durante un mismo período de tiempo. (M.J. y L.P.)

tasa de descuento. *Véase:* tipo de descuento.

tasa de desempleo o paro. Porcentaje de la población activa que se encuentra desempleada o parada. Se calcula como cociente entre el paro total y la población activa total expresado en porcentaje. (M.J. y L.P.M.)

tasa de empleo o tasa de ocupación. Porcentaje de la población total en edad de trabajar (fuerza de trabajo) que se encuentra empleada. Se calcula como cociente entre el empleo y el total de la fuerza de trabajo expresada en porcentaje. (M.J. y L.P.M.)

tasa de inflación. Variación porcentual que experimenta el nivel general de precios con respecto al periodo anterior. Se mide como el crecimiento porcentual del índice de precios, generalmente el Índice de Precios al Consumo -IPC-, o el deflactor del Producto Interior Bruto. (M.J. y L.P.)

tasa de pobreza. Porcentaje de la población cuya renta familiar se encuentra por debajo de un nivel absoluto, llamado umbral de la pobreza. Este nivel se fija por los gobiernos para cada tamaño de la familia por debajo del cual se considera que una familia se encuentra en la pobreza. (M.J. y L.P.)

tasa de reemplazo. En demografía, relación entre la población joven (0-14) y la vieja (65 o más). Cuanto más alto sea el valor más fácil será que la población aumente en el futuro. En general, en el contexto de la economía laboral, una tasa de reemplazo es el cociente entre el ingreso de una persona como beneficio (pensión) y un ingreso de referencia. Éste puede ser el último sueldo de un trabajador, un promedio del sueldo durante su vida laboral, el ingreso de otros trabajadores activos u otro. Una definición estándar utilizada en la OCDE con fines de evaluación social es la siguiente: cociente de los ingresos promedio de los jubilados de 65 a 75 años entre los ingresos promedio de los trabajadores activos de 51 a 64 años o de 51 a 60. (M.J. y L.P.M.)

tasa de rendimiento. Rendimiento de una inversión o de un bien de capital. Es el beneficio que reportará dicha inversión expresado como un porcentaje del coste. (M.J. y L.P.)

tasa interna de rendimiento, TIR. Es el tipo de descuento, a efectos de actualización, con el que se igualan el valor actual de los beneficios futuros esperados y los costes de una inversión en capital. Alternativamente, puede definirse como la tasa de descuento a la que el valor actual neto de una inversión en capital es cero. Para que el proyecto sea rentable, la TIR debe ser superior al coste marginal de oportunidad del capital empleado. Es uno de los métodos más utilizados para juzgar sobre la bondad de una inversión. (M.J.y L.P.M.)

tasa natural de desempleo tasa de desempleo de equilibrio, en la que no existe ni exceso de demanda ni exceso de oferta en el mercado de trabajo. Es el denominado componente estructural del desempleo. Para referirese a este concepto también se utiliza el término NAIRU (acrónimo en inglés de *Non-Accelerating Inflation Rate of Unemployment*, tasa de desempleo no aceleradora de la inflación).El concepto de tasa natural de desempleo aparece a finales de la década de los 60 del siglo pasado en los trabajos de Friedman

(1968) y Phelps(1968), con el objetivo de criticar la curva de Phillips en cuanto a la existencia de un trade-off entre inflación y desempleo. El argumento principal de crítica es que, al no considerar las expectativas, la relación inversa entre inflación y desempleo solo podría mantenerse si las elevaciones de la tasa de inflación fuesen inesperadas, pues los aumentos de la producción y el empleo asociados a la misma son corregidos una vez que los trabajadores identifican la elevación de precios y reclaman aumentos, también, de sus salarios monetarios. Con ello, se reestablece el equilibrio en el nivel de desempleo original (tasa natural) pero con mayor inflación. Más tarde, bajo la denominación de tasa de desempleo no aceleradora de la inflación (acrónimo en inglés de *Non-Accelerating Inflation Rate of Unemployment*) este concepto fue replanteado por Modigliani y Papademos en 1975 y complementada por Tobin en 1980 y, en términos generales, coincide con la noción de tasa natural. Desde entonces y hasta finales de los noventa del siglo XX este concepto ha dominado la macroeconomía. Sin embargo, desde principios de esa década algunos economistas americanos comienzan a cuestionar esta idea al comprobar que la evidencia empírica no coincidía con el sustento teórico detrás del concepto (con el inicio de la recuperación tras la depresión de 1991 y en un contexto de reducción inflacionaria, el nivel de desempleo y la NAIRU descienden, manteniéndose aquél por debajo de la tasa natural, lo cual era contrario a los fundamentos de esta teoría). De todos, el más destacado crítico fue K. Galbraith, quien proponía abandonar el estudio de la NAIRU y en su lugar buscar políticas de demanda en favor del pleno empleo. (M.J. y L.P.M.)

taylorismo. Sistema de organización del trabajo cuyo propulsor fue Frederic W. Taylor (1856 - 1915), en su obra *Principles of Scientific Management* (1912). Consiste en la medición del tiempo que emplean los trabajadores en realizar una determinada tarea, estudiando los movimientos que realizan, a fin de tratar de ponerlos en su orden lógico, para así acortar al mínimo posible el tiempo empleado en conseguir una unidad de producto y mejorar, así, la productividad del trabajo. (M.J. y L.P.)

tecnología. Conjunto de conocimientos y medios técnicos y formas de hacer y actuar con los que se cuenta para producir bienes y servicios. Establece el límite máximo que se puede producir con cada combinación de cantidades de factores. Cuando aparecen nuevos conocimientos relacionados con la producción, se dice que se ha producido un cambio tecnológico, el cual permitirá producir mayor cantidad de bienes y servicios con la misma cantidad de recursos, mejorando los niveles de vida de la sociedad. Dicho avance tecnológico puede consistir en alguna invención o descubrimiento de nuevos factores, productos o métodos para llevar a cabo la producción. (M.J. y L.P.)

tendencia secular. Tendencia en la actividad económica a lo largo de muchos años. Trayectoria que sigue una serie cronológica a largo plazo, una vez corregidos efectos estacionales y cíclicos. (M.J. y L.P.)

teorema de Coase. Idea expuesta por Ronald H. Coase, según la cual las externalidades o las ineficiencias económicas se corrigen mediante la negociación de las partes afectadas. Si los individuos pueden negociar sin coste alguno la compra y la venta del derecho a realizar actividades que causan externalidades, siempre pueden encontrar soluciones eficientes para los problemas provocados por dichas externalidades. (M.J. y L.P.)

teorema de la telaraña. Explica el modelo general que sigue la formación de los precios de los productos cuya oferta se establece en función del precio observado en el período inmediatamente anterior. Los precios altos resultado de una cosecha escasa originan el impulso de una mayor superficie de cultivo y cosecha, que acaban provocando una caída de precios. Esto a su vez incita, en el periodo siguiente, a la contracción de la superficie, menor cosecha y mayores precios, y así sucesivamente. La espiral del precio y de la cantidad va hacia el centro (semeja una telaraña) y la economía converge a largo plazo hacia el precio del equilibrio. (M.J. y L.P.)

teoría clásica. En Macroeconomía, teoría que pone énfasis en las fuerzas autocorrectoras de la economía. En este enfoque, generalmente hay pleno empleo y las medidas para estimular la demanda agregada no influyen en la producción. (M.J. y L.P.)

teoría cuantitativa del dinero. Teoría según la cual la cantidad disponible de dinero determina el nivel de precios y la tasa de crecimiento de la cantidad disponible de dinero determina la tasa de inflación. Así, el crecimiento de los precios está determinado por el exceso de crecimiento de la oferta monetaria nominal sobre el crecimiento de la producción real. (M.J. y L.P.)

teoría de juegos. Teoría que trata de los conflictos y en la que se analizan formalmente estrategias alternativas. Analiza el modo de comportamiento de los individuos en situaciones estratégicas, entendidas como situaciones en las que cada persona, cuando toma las decisiones que va a emprender, debe considerar cómo podrían responder otras a esas acciones. Esta teoría se suele utilizar en el análisis del duopolio y el oligopolio. (M.J. y L.P.)

teoría de la mano invisible. Formulada por A. Smith, señala que las acciones de compradores y vendedores interesados e independientes suelen dar como resultado la asignación más eficiente de los recursos. La "mano invisible" del mercado hace que cada agente económico, al perseguir su propio interés, contribuya al interés general. (M.J. y L.P.)

teoría de la paridad del poder adquisitivo, PPA. Considera que las variaciones en los tipos de cambio reflejan y compensan las diferencias en el ritmo de inflación en diferentes países. Establece, por un lado, que una vez realizados los ajustes necesarios para tener en cuenta los tipos de cambio, los bienes se deberían vender al mismo precio en todo el mundo y, por otro, que el tipo de cambio entre dos países debe depender de sus niveles de precios. La PPA sostiene que cuando varían los precios interiores o los exteriores, el tipo de cambio nominal varía, de tal manera que el tipo de cambio real se mantiene constante. (M.J. y L.P.)

teoría de la preferencia por la liquidez. Teoría formulada por J. M. Keynes según la cual el tipo de interés se ajusta para equilibrar la oferta y la demanda de dinero. Es decir, el tipo de interés está determinado por la disposición a mantener dinero (preferencia por la liquidez) y la oferta de dinero (la cantidad de dinero existente). (M.J. y L.P.)

teoría de los ciclos económicos reales. Teoría que explica los ciclos económicos puramente como desplazamientos de la oferta agregada, debidos principalmente a perturbaciones tecnológicas, sin hacer referencia alguna a fuerzas monetarias u otras fuerzas del lado de la demanda. Señala, así, que las fluctuaciones en la tasa de crecimiento de la productividad total de los factores causan el ciclo económico. (M.J. y L.P.)

teoría de los salarios eficientes. Establece que cuando los salarios son más altos, los trabajadores están más sanos, tienen la moral más alta o tienen una rotación menor. Por tanto, las empresas desean pagar unos salarios por encima de los del mercado, ya que de esta forma pueden aumentar la productividad, aunque generarán desempleo en el mercado de trabajo. (M.J. y L.P.)

teoría del capital humano. Considera los gastos en educación, formación profesional, sanidad, etc., como una forma más de inversión. Se basa en la observación de que, en promedio, las personas que poseen mayores niveles de estudio y más experiencia laboral son las que obtienen salarios más elevados. Así, los individuos deciden participar en las actividades educativas y formativas cuando consideran que el proceso resultará rentable, es decir, que los costes presentes (por ejemplo, gastos de matrícula, libros, salario al que se renuncia por no trabajar durante algunos años) se compensan con los rendimientos futuros (salarios superiores y mejores perspectivas profesionales). (M.J. y L.P.)

Tesoro Público. La organización estatal, o de otros poderes públicos, que se ocupa de la recaudación de los impuestos, y que libra los mandamientos de pago para los gastos presupuestarios. Conjunto de bienes y rentas del estado. (M.J. y L.P.)

tierra. Es uno de los tres factores productivos tradicionalmente citados, junto al trabajo y al capital. En economía incluye no sólo la tierra cultivable, sino también otros recursos naturales (como los minerales) que vienen con la tierra. Es, por tanto, todo lo que aporta la naturaleza al proceso productivo. (M.J. y L.P.)

tipo de cambio. Es la razón a la cual una moneda se cambia por otra. Se expresa como el número de unidades de moneda nacional por unidad de moneda extranjera. Cabe hablar de tipo de cambio fijo o flexible. El *tipo de cambio fijo* es el determinado por las autoridades monetarias de un país, sin tener en cuenta la oferta y la demanda de divisas. Cuando el mercado tiende a situar el tipo de cambio en un valor distinto al oficial, la autoridad interviene comprando o vendiendo divisas. El *tipo de cambio flexible* (o flotante) es aquel que no es fijado por las autoridades monetarias, sino que fluctúa según el mercado, por lo que puede variar en respuesta a los cambios en las condiciones de oferta o demanda. (M.J. y L.P.)

tipo de descuento. En el sistema bancario, es el tipo de interés de los préstamos que concede el Banco Central a los bancos comerciales. También es el tipo de interés utilizado para calcular el valor actual. (M.J. y L.P.)

tipo de gravamen. *Véase:* tipo impositivo.

tipo de interés. En teoría económica se define como el precio del dinero. Es la retribución por los servicios del capital, es decir, el precio (calculado como porcentaje de la cantidad prestada) que se paga por tomar prestado dinero durante un período de tiempo determinado. Cabe hablar de tipo de interés nominal o real. El *tipo de interés nominal* es el que se recoge en los contratos de financiación o inversión. Es el incremento porcentual anual del dinero que recibe un prestamista al hacer un préstamo. El *tipo de interés real* es igual al tipo de interés nominal menos la tasa de inflación. Es el incremento porcentual anual del poder adquisitivo que recibe un prestamista por hacer un préstamo. Por otra parte, el *tipo de interés interbancario* es aquel que se carga sobre préstamos entre bancos de un día de duración. (M.J. y L.P.)

tipo impositivo. Tasa porcentual que se aplica a la base imponible para obtener la cuota tributaria o gravamen. Dicha proporción puede ser fija o variable. El *tipo impositivo marginal* es la fracción de la renta adicional pagada en impuestos. El *tipo impositivo medio* es el cociente entre los impuestos totales pagados y la renta total. (M.J. y L.P.)

títulos de deuda pública. Son los que emite el Estado para obtener un préstamo de los particulares y obtener, así, recursos financieros. Pueden ser a corto plazo (letras del Tesoro) o a más largo plazo (bonos y obligaciones del Estado). (M.J. y L.P.)

trabajadores desanimados. Aquellos individuos que querrían trabajar pero que han perdido la esperanza de encontrar un puesto de trabajo y ya no lo buscan. Un trabajador desanimado no se incluye en la población activa ni entre los desempleados. (M.J. y L.P.)

trabajo. Es uno de los tres factores productivos tradicionalmente citados, junto a la tierra y al capital. Es el servicio que prestan los seres humanos al incorporar su tiempo y esfuerzo a la producción de bienes y servicios. (M.J. y L.P.)

trampa de la liquidez. Situación en la que el público está dispuesto, dado un tipo de interés, a mantener cualquier cantidad de dinero que se ofrezca. Existe una trampa de liquidez cuando el tipo de interés es igual a cero o muy próximo a este valor. En este caso, el público no deseará bono sobre el dinero ya que los dos rinden un interés nulo y éste tiene la ventaja de que puede utilizarse en las transacciones. Es decir, el dinero y los otros activos son sustitutivos perfectos. En el contexto del modelo IS-LM el supuesto de trampa de la liquidez implica que la curva LM es horizontal y que las variaciones en la cantidad de dinero no la trasladan.

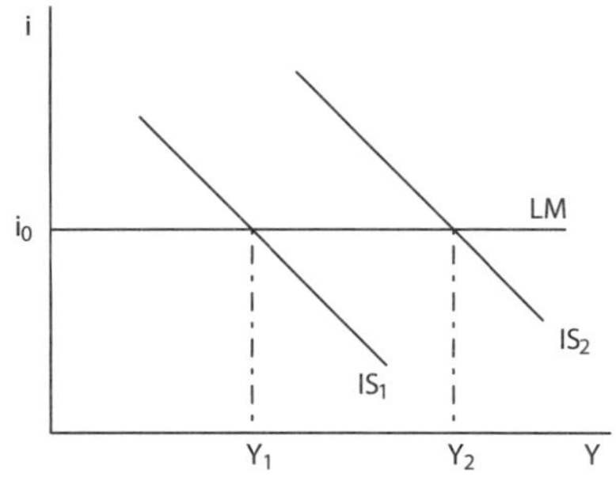

A efectos de la eficacia de políticas económicas, en una situación de trampa de la liquidez la política monetaria resulta ineficaz, por cuanto no afecta ni al tipo de interés ni al nivel de renta, mientras que la política fiscal resulta totalmente efectiva al elevar la renta sin afectar al tipo de interés. Como se observa en el gráfico inferior, un desplazamiento de la curva IS a la derecha consecuencia de la adopción de una política fiscal expansiva provoca un incremento de la renta (Y_1 a Y_2) sin modificar el tipo de interés. (M.J. y L.P.M.)

transferencias. Pagos efectuados, normalmente por el Estado, a los individuos que no se realizan a cambio de bienes o servicios. Ejemplos habituales son las pensiones o las prestaciones por desempleo. (M.J. y L.P.)

transferencias en especie. Pagos efectuados mediante la cesión de un bien o servicio. La sanidad o la educación gratuita son ejemplos clásicos. (M.J. y L.P.)

traslación de un impuesto. Situación en la cual el sujeto pasivo de un impuesto tiene la facultad de trasladar a otro el peso de dicho impuesto. (M.J. y L.P.)

tributos. Véase impuestos. (M.J. y L.P.)

trueque. Intercambio de unos bienes por otros bienes en lugar de dinero. (M.J. y L.P.)

trust. Conglomerado empresarial. (M.J. y L.P.)

U

unidad de cuenta o unidad de valor. Es una de las propiedades del dinero. Se utiliza para cuantificar el valor de un bien o servicio. (M.J. y L.P.)

unidad estratégica de negocio. Unidades o conjunto de actividades homogéneas en que puede dividirse una empresa respondiendo a su plan de negocios. (M.J. y L.P.)

unión aduanera. Conjunto de países que no se cobran aranceles en sus transacciones comerciales y cobran un arancel común a las importaciones o exportaciones a terceros. (M.J. y L.P.)

unión económica. Conjunto de países que practican políticas económicas comunes. (M.J. y L.P.)

unión económica y monetaria. Conjunto de países que practican políticas económicas y monetarias comunes. Dentro de la Unión Europea, conjunto de países que han adoptado una moneda común, el euro, y una política monetaria común sometiéndose a las directrices del Banco Central Europeo (BCE). (M.J. y L.P.)

Unión Europea. Unión económica formada por veintisiete países europeos Los requisitos fundamentales para formar parte de la, inicialmente, Comunidad Económica Europea y ahora Unión Europea eran que los países sean democracias estables con respeto a los derechos humanos, el imperio de la ley y la protección de las minorías, tener una economía de mercado en funcionamiento y acoger las reglas, normas y políticas comunes que constituyen el corpus legislativo de la Unión. (M.J. y L.P.)

unión monetaria. Conjunto de países con políticas monetarias comunes. (M.J. y L.P.)

utilidad. Se define como la puntuación numérica que representa la satisfacción que reporta a un consumidor una cesta de mercado.

La utilidad es cardinal cuando son directamente comparables los valores asignados y es ordinal cuando establece una ordenación sin implicar comparabilidad.

Una *función de utilidad* es una fórmula que asigna un nivel de utilidad a cada cesta de mercado.

La utilidad marginal es la satisfacción adicional obtenida consumiendo una unidad adicional de un bien. Es decreciente, es decir cuanto más se consume de un bien menos aumenta la utilidad con el consumo de unidades adicionales. (M.J. y L.P.)

utilitarismo. Corriente filosófica que sostiene que la sociedad debe maximizar la utilidad conjunta de sus miembros. (M.J. y L.P.)

V

valor actual o valor actual descontado esperado. Es el valor actual de una sucesión esperado de futuros pagos. (M.J. y L.P.)

valor añadido. El valor añadido en cada fase del proceso de producción es la diferencia entre el valor final de la producción en dicha fase y el valor de los bienes intermedios utilizados en la misma. (M.J.y L.P.M.)

valor añadido bruto, VAB. Es la suma del valor añadido de la economía durante un determinado período. (M.J. y L.P.)

valor cultural. El valor económico de un bien particular puede ser definido y estimado con apreciable certeza. Por ejemplo, un templo histórico puede tener un precio de venta, como activo real que es, y un valor de no mercado cuantificado por la disposición a pagar de las personas para su conservación. Sin embargo, el valor económico no necesariamente recoge la complejidad del valor cultural del activo como puede ser la calidad estética (propiedades de belleza, armonía, forma y otras características de la obras de arte), el significado espiritual (importancia religiosa), el significado social (vínculos entre las personas y los sentimientos de identidad con el territorio), la importancia histórica y el significado simbólico que representa el bien. En este sentido,

se puede afirmar que los bienes culturales encarnan dos tipos de valor: el valor económico asociado al precio de mercado, y el valor cultural asociado a aspectos estéticos, artísticos, históricos y sociales.
En general, se encuentran ciertos valores del arte y la cultura que no se reflejan fácilmente a través del mercado: Valor de existencia; la población se beneficia del hecho de que la cultura exista, incluso si algunos de sus individuos no toman parte en ninguna actividad artística. Valor de prestigio; porque determinadas instituciones, obras, sitios, contribuyen a un sentimiento de identidad regional o nacional. Valor de opción o elección; la gente se beneficia de la posibilidad de asistir a eventos culturales, incluso si no llega a hacerlo realmente. Valor de educación; el arte contribuye al refinamiento de los individuos y al desarrollo del pensamiento creativo de una sociedad. Valor de legado; las personas se benefician de la posibilidad de legar la cultura a las generaciones futuras. (L.F.A.Q.)

valor de mercado. Es el valor de un activo a precios de mercado. (M.J. y L.P.)

valor del producto marginal. Variación del valor total de la producción como consecuencia de una variación unitaria en la cantidad de un factor. Es el resultado de multiplicar el producto marginal de un factor (PMa) por el precio del producto (P). Así, VPMA= PxPMa. Si el factor es el trabajo, hablamos del valor del producto marginal del trabajo; si es el capital, valor del producto marginal del capital. (M.J.y L.P.M.)

valor esperado. Es la media ponderada de los rendimientos o valores correspondientes a todos los resultados posibles. Se utilizan como ponderaciones las probabilidades de cada resultado. (M.J. y L.P.)

valor temporal del dinero . Cambio en el valor real del dinero debido a la inflación. También, en opciones es es el que sumado al valor intrinseco de una opción da el valor de mercado de la opción. (M.J. y L.P.)

variable. Factor que puede tomar distintos valores a lo largo del tiempo o del espacio. (M.J. y L.P.)

variable dependiente. Variable cuyo valor depende de otra variable o más. (M.J. y L.P.)

variable endógena. Variable que depende de otras en un modelo y, por tanto, se explica dentro de ese modelo. (M.J. y L.P.)

variable exógena. Variable que no se explica dentro de un modelo sino que se considera dada. (M.J. y L.P.)

variable independiente. Variable que se considera dada en una relación o en un modelo. (M.J. y L.P.)

variación compensatoria. En el modelo de equilibrio del consumidor, ante un incremento del nivel de precios de uno de los bienes, renta que habría que darle al consumidor para que a los nuevos precios disfrutara del mismo nivel de satisfacción que inicialmente. El gráfico inferior permite determinar la variación compensatoria. Suponga un equilibrio inicial sobre la curva de indiferencia u_1, con una combinación de bienes $x^A{}_1$, $x^A{}_2$, un nivel de renta m_1 y unos precios de los bienes x_1 y x_2, $p^A{}_1$ y p_2, respectivamente. Un aumento del precio de x_1 a $p^B{}_1$ supone un nuevo equilibrio $x^B{}_1$, $x^B{}_2$, con un nivel de satisfacción sobre la curva de indiferencia u_2, siendo m_2, la renta que permite adquirir esta combinación de bienes a los nuevos precios. La variación compensatoria sería aquella variación de renta que le permite al consumidor situarse en el nivel de satisfacción inicial, u_1, a la nueva relación de precios $(p^B{}_1/p_2)$, calculada como la diferencia entre m_2 y m_1. (M.J. y L.P.M.)

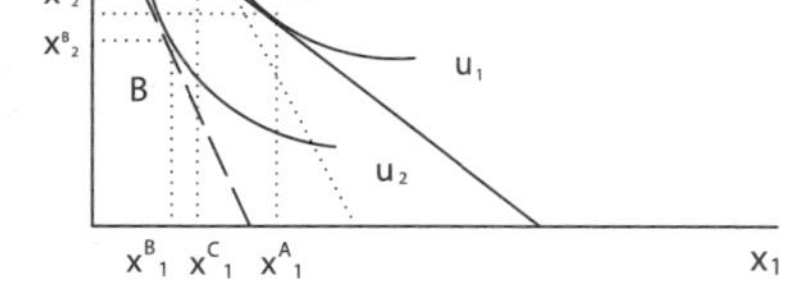

variación de la cantidad demandada. Movimientos que se producen a lo largo de la curva de demanda al variar el precio. (M.J. y L.P.)

variación de la cantidad ofrecida. Movimientos que se producen a lo largo de la curva de oferta al variar el precio. (M.J. y L.P.)

variación de la demanda. Desplazamientos de la curva de demanda al variar alguno de los factores que la determinan. Por ejemplo al variar la renta o los gustos de los consumidores. (M.J. y L.P.)

variación de la oferta. Desplazamiento de la curva de oferta al variar alguno de los factores que la determinan. Por ejemplo al variar los costes de producción. (M.J. y L.P.)

variación equivalente. En el modelo de equilibrio del consumidor, ante un incremento en el precio de uno de los bienes, renta que habría que quitarle al consumidor para que a los precios iniciales disfrutara del mismo nivel de satisfacción que en la situación final. El gráfico inferior permite determinar la variación compensatoria. Suponga un equilibrio inicial sobre la curva de indiferencia u_1, con una combinación de bienes $x^A{}_1$, $x^A{}_2$, un nivel de renta m_1 y unos precios de los bienes x_1 y x_2, $p^A{}_1$ y p_2, respectivamente. Un incremento del precio de x_1 a $p^B{}_1$ supone un nuevo equilibrio $(x^B{}_1, x^B{}_2)$ con un nivel de satisfacción menor sobre la curva de indiferencia u_2, La variación equivalente sería aquella variación de renta que le permite al consumidor situarse en el nivel de satisfacción final, u_2, a la relación de precios inicial $(p^A{}_1/p_2)$; dicha variación vendrá dada por la diferencia entre m_1 y m_2, siendo m_2 la renta que permite adquirir la combinación de bienes correspondientes al equilibrio final a la relación de precios inicial. (M.J. y L.P.M.).

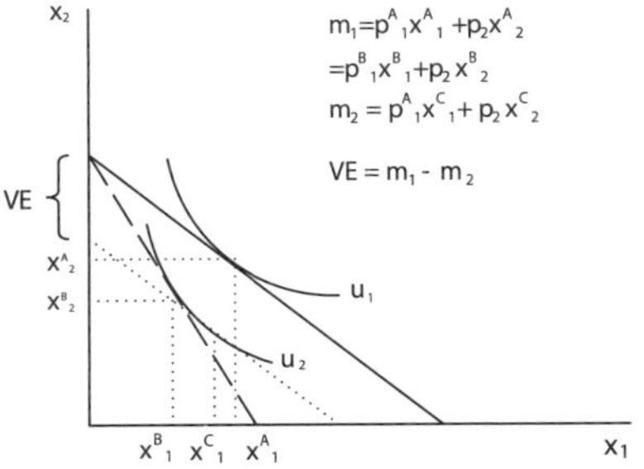

velocidad del dinero. Se define como el valor del PIB nominal dividido entre la cantidad nominal de dinero. Indica el número promedio de veces que se gasta cada unidad monetaria en la economía o, análogamente, el número medio de veces que una unidad mionetaria "rota", cambia de manos, para financiar el gasto agregado.

$V = \frac{P\,x Y}{M}$ donde V es la velocidad de circulación del dinero, P es el nivel de precios agregado, Y es la producción agregada medida a través del PIB real y M es la cantidad nominal de dinero. La expresión anterior puede modificarse dando lugar a la teoría cuantitativa del dinero: $M \; x \; V = P \; x \; Y$; la cantidad nominal de dinero multiplicada por la velocidad de circulación del mismo es igual a la producción en términos nominales (PIB nominal) (M.J. y L.P.M.)

venta de mercado abierto. Compra de bonos que realiza el banco central de un país y los paga imprimiendo dinero. Su fin es aumentar la cantidad de dinero de la economía. (M.J. y L.P.)

ventaja absoluta. Teoría sobre las ventajas del comercio internacional formulada por A. Smith en 1776 en su obra "La riqueza de las naciones" que establece que los países deben especializarse en la producción de aquellos bienes sobre los que tengan ventaja absoluta, es decir, sean capaces de producir el mismo número de bienes utilizando menor cantidad de factor. Si cada país se especializa en la producción de bienes en los que son más productivos y luego los intercambia a través del comercio, se produciría un beneficio mutuo manifestado en un incremento de la producción global de ambos bienes. Supongamos la siguiente tabla que recoge las cantidades de dos bienes X e Y obtenidas por unidad de factor en dos países A y B. Se observa que A es más eficiente en la producción de X (obtiene el doble de producción que B) mientras que B lo es en Y (donde obtiene por unidad de factor dos veces más producto Y que A). El país A tiene ventaja absoluta en la producción de X mientras que el B tiene ventaja absoluta en la producción de Y.

Cantidades por unidad de factor		
Países	Bienes	
	X	Y
A	4	3
B	2	6
Total	6	9

Según la teoría de las ventajas absolutas, A debería especializarse en la producción de X y B en la de Y y después intercambiar las producciones. Con ello los países se beneficiarían del intercambio mutuo pues el volumen total de ambos bienes sería mayor: 8 unidades de X y 12 de Y. (M.J. y L.P.M.)

ventaja comparativa o relativa. Teoría formulado por D. Ricardo en 1817 (*The Principles of Political Economy and Taxation*) que supone un paso más en la formulación de las ventajas absolutas de A. Smith. Según Ricardo todos los países pueden beneficiarse especializándose cada uno en la producción de bienes aunque no tengan ventaja absoluta en ellos; es suficiente que tengan ventaja comparativa, es decir, que sean capaces de producirlos a un coste relativo menor. Supongamos la siguiente tabla que recoge las cantidades de dos bienes X e Y obtenidas por unidad de factor en dos países A y B. Se observa que el país A es más eficiente tanto en la producción de X como en la de Y que el país B (tiene ventaja absoluta en ambos bienes pues es capaz de producir mayores cantidades de X e Y por unidad de factor que B). No obstante, lo es aún más produciendo Y que X, pues mientras en aquél obtiene el triple de producto, en éste solo el doble. Esto es, el coste de oportunidad de Y en términos de X en el país A (4/18) es menor que en el B (2/6) mientras que en éste el coste de oportunidad de X en términos de Y (6/2) es menor que en A (18/4).

Cantidades por unidad de factor		
Países	Bienes	
	X	Y
A	4	18
B	2	6

Por tanto, A tiene ventaja relativa en la producción de Y y B tiene ventaja relativa en la de X. El país A debería especializarse en la producción de Y y el país B en la de X. (M.J. y L.P.M.)

W

Wagner, Ley de. "Ley del crecimiento de los gastos públicos" o "Ley del crecimiento de la actividad del estado" cuya causa y justificación es la presión del progreso social y los cambios resultantes en las esferas de la economía pública y privada, siendo especialmente compulsivo en la economía pública. (M.J. y L.P.)

Y

yen. Moneda Japonesa. (M.J. y L.P.)

Z

zona de libre comercio. Conjunto de mercados nacionales que forman un mercado único a efectos aduaneros aun manteniendo los aranceles propios frente a terceros países. Como ejemplo más cercano tenemos la Unión Europea y en América el Tratado de Libre Comercio entre Estados Unidos, Canadá y México así como el Mercosur formado por varios países de América del Sur.

Zona franca. Especio delimitado y cerrado, generalmente dentro de zonas portuarias, exento de derechos aduaneros. Las importaciones y exportaciones realizadas a y desde esta zona no pagan aranceles. (M.J. y L.P.)

Diccionario de Teoría Económica

A

B

C

D

E

F

G

H

I

J

K

L

M

N

O

P

Q

R

S

T

U

V

W

Y

Z